insel taschenbuch 800
Goethes
Gedanken über Musik

GOETHES GEDANKEN ÜBER MUSIK

Eine Sammlung aus seinen Werken,
Briefen, Gesprächen und Tagebüchern
Herausgegeben von
Hedwig Walwei-Wiegelmann
Mit achtundvierzig Abbildungen
erläutert von Hartmut Schmidt
Insel Verlag

Umschlagabbildung: *Lotte am Klavier*
Illustration zu »Die Leiden des jungen Werthers«
Farbstich von Morange nach S. Amand
Goethe-Museum Düsseldorf

insel taschenbuch 800
Erste Auflage 1985
© dieser Ausgabe Insel Verlag Frankfurt am Main 1985
Alle Rechte vorbehalten
Vertrieb durch den Suhrkamp Taschenbuch Verlag
Umschlag nach Entwürfen von Willy Fleckhaus
Satz: LibroSatz, Kriftel
Druck: Nomos Verlagsgesellschaft, Baden-Baden
Printed in Germany

1   2   3   4   5   6   -   90   89   88   87   86   85

INHALT

I. Persönliche Erfahrungen mit Musik

II. Über Musik im allgemeinen

III. Wirkungen der Musik

IV. Lied und Gesang

V. Das musikalische Theater

VI. Über bedeutende Musik

VII. Musiktheoretisches

VIII. Abbildungen und Erläuterungen

I. PERSÖNLICHE ERFAHRUNGEN MIT MUSIK

Serlo, ohne selbst Genie zur Musik zu haben oder irgendein Instrument zu spielen, wußte ihren hohen Wert zu schätzen; er suchte sich so oft als möglich diesen Genuß, der mit keinem andern verglichen werden kann, zu verschaffen. Er hatte wöchentlich einmal Konzert, und nun hatte sich ihm durch Mignon, den Harfenspieler und Laertes, der auf der Violine nicht ungeschickt war, eine wunderliche kleine Hauskapelle gebildet.

Wilhelm Meisters Lehrjahre

IN DEN FRÜHEN JAHREN –
BIS NACH DER ITALIENREISE
(1788)

Malerei und Musik und was Kunst heißt, ist noch immer meinem Herzen so nah als ehmals.

An den Leipziger Studienfreund Christian Gottfried Hermann,
6. Februar 1770

Ich war gestern sehr traurig und wußte nicht warum. Es war mir, als wenn ich Sie heut nicht sehen sollte, ich ließ mir die Klarinettisten kommen, ging in meinem Garten herum, sie bliesen bis acht. Es war alles so herrlich, aber mein Herz taute nicht auf. *An Charlotte von Stein, 8. September 1776*

Bei der Arbeit am Schauspiel ›Iphigenie auf Tauris‹:

Den ganzen Tag brüt ich über Iphigenien, daß mir der Kopf ganz wüst ist, ob ich gleich zur schönen Vorbereitung letzte Nacht 10 Stunden geschlafen habe. So ganz ohne Sammlung, nur den einen Fuß im Steigriemen des Dichters Hippogryph, will es sehr schwer sein, etwas zu bringen, das nicht ganz mit Glanzleinwand-Lumpen gekleidet sei. Gute Nacht, Liebste. Musik hab ich mir kommen lassen, die Seele zu lindern und die Geister zu entbinden.

An Charlotte von Stein, 14. Februar 1779

Meine Seele löst sich nach und nach durch die lieblichen Töne aus den Banden der Protokolle und Akten. Ein Quatro [Quartett] neben in der grünen Stube, sitz ich und rufe die fernen Gestalten leise herüber. Eine Szene soll sich heut absondern, denk ich, drum komm ich schwerlich. Gute Nacht. *An Charlotte von Stein, 15. Februar 1779*

*

In Italien (1786-1788) suchte Goethe Volksgesang und viel Kir-
chen- und Bühnenmusik zu hören. Er ließ Philipp Christoph
Kayser, den musikalischen Freund aus der Frankfurter Zeit,
eigens nach Italien kommen, um gemeinsam mit ihm Genuß und
Verständnis italienischer Musik zu erhöhen. »So wird sich denn
auch noch die Musik zu mir gesellen, um den Reihen zu schließen,
den die Künste um mich ziehen«, schrieb er nach Weimar, und:
»Kayser ist nun da, und es ist ein dreifach Leben, da die Musik
sich anschließt«. Auch trieb es ihn, gemeinsam mit Kayser seine
Pläne fürs musikalische Theater auszuführen und ihnen »einen
Grad von Vollkommenheit« zu geben. Die daheim gebliebenen
Freunde ließ er in Briefen und Berichten an seinen Musikerleb-
nissen teilnehmen.

Über Volksgesang, in Venedig und Rom gehört:

Auf heute abend hatte ich mir den famosen Gesang der
Schiffer bestellt, die den Tasso und Ariost auf ihre eignen
Melodien singen. Dieses muß wirklich bestellt werden, es
kommt nicht gewöhnlich vor, es gehört vielmehr zu den
halb verklungenen Sagen der Vorzeit. Bei Mondenschein
bestieg ich eine Gondel, den einen Sänger vorn, den andern
hinten; sie fingen ihr Lied an und sangen abwechselnd Vers
für Vers. Die Melodie, welche wir durch Rousseau kennen,
ist eine Mittelart zwischen Choral und Rezitativ, sie behält
immer denselbigen Gang, ohne Takt zu haben; die Modulation ist auch dieselbige, nur verändern sie, nach dem
Inhalt des Verses, mit einer Art von Deklamation sowohl
Ton als Maß; der Geist aber, das Leben davon, läßt sich
begreifen wie folgt.

Auf welchem Wege sich die Melodie gemacht hat, will
ich nicht untersuchen, genug, sie paßt gar trefflich für einen
müßigen Menschen, der sich etwas vormoduliert und Gedichte, die er auswendig kann, solchem Gesang unter-
schiebt.

Mit einer durchdringenden Stimme – das Volk schätzt Stärke vor allem – sitzt er am Ufer einer Insel, eines Kanals, auf einer Barke und läßt sein Lied schallen, so weit er kann. Über den stillen Spiegel verbreitet sich's. In der Ferne vernimmt es ein anderer, der die Melodie kennt, die Worte versteht und mit dem folgenden Verse antwortet; hierauf erwidert der erste, und so ist einer immer das Echo des andern. Der Gesang währt Nächte durch, unterhält sie, ohne zu ermüden. Je ferner sie also voneinander sind, desto reizender kann das Lied werden: wenn der Hörer alsdann zwischen beiden steht, so ist er am rechten Flecke.

Um dieses mich vernehmen zu lassen, stiegen sie am Ufer der Giudecca aus, sie teilten sich am Kanal hin, ich ging zwischen ihnen auf und ab, so daß ich immer den verließ, der zu singen anfangen sollte, und mich demjenigen wieder näherte, der aufgehört hatte. Da ward mir der Sinn des Gesangs erst aufgeschlossen. Als Stimme aus der Ferne klingt es höchst sonderbar, wie eine Klage ohne Trauer; es ist darin etwas unglaublich, bis zu Tränen Rührendes. Ich schrieb es meiner Stimmung zu; aber mein Alter sagte: »È singolare, come quel canto intenerisce, e molto più quando è più ben cantato[1].« Er wünschte, daß ich die Weiber vom Lido, besonders die von Malamocco und Pelestrina[2] hören möchte, auch diese sängen den Tasso auf gleiche und ähnliche Melodien. Er sagte ferner: sie haben die Gewohnheit, wenn ihre Männer aufs Fischen ins Meer sind, sich ans Ufer zu setzen und mit durchdringender Stimme abends diese Gesänge erschallen zu lassen, bis sie auch von ferne die Stimme der Ihrigen vernehmen und sich so mit ihnen unterhalten. Ist das nicht sehr schön? und doch läßt sich wohl denken, daß ein Zuhörer in der Nähe wenig Freude an solchen Stimmen haben möchte, die mit den Wellen des Meeres kämpfen. Menschlich aber und wahr wird der Begriff dieses Gesanges, lebendig wird die Melodie, über deren tote Buchstaben wir uns sonst den Kopf zerbrochen haben. Gesang ist es eines Einsamen in die Ferne und Weite, damit ein anderer, Gleichgestimmter, höre und antworte.

Italienische Reise, Venedig, den 6. Oktober 1786

Mit einem ähnlichen Gesang, der aber in keinem Sinne gefällig oder reizend ist, pflegt der Pöbel von Rom sich zu unterhalten und beleidigt jedes Ohr außer sein eignes.

Es ist gleichfalls eine Art von Canto fermo, Rezitation oder Deklamation, wie man will. Keine melodische Bewegung zeichnet ihn aus, die Intervalle der Töne lassen sich durch unsere Art, die Noten zu schreiben, nicht ausdrücken, und diese seltsamen Intervalle, mit der größten Gewalt der Stimme vorgetragen, bezeichnen eigentlich diese Gesangsweise. Ebenso ist Ton und Manier der Singenden oder vielmehr Schreienden so vollkommen überein, daß man durch alle Straßen von Rom immer denselben tollen Menschen zu hören glaubt. Gewöhnlich hört man sie nur in der Dämmerung oder zur Nachtzeit; sobald sie sich frei und losgebunden fühlen, geht dieses Geschrei los. Ein Knabe, der nach einem heißen Tag abends die Fenster aufmacht, ein Fuhrmann, der mit seinem Karren zum Tor herausfährt, ein Arbeiter, der aus einem Haus heraustritt, bricht unmittelbar in das unbändige Geschrei aus. Sie heißen diese Art zu singen Ritornelli und legen dieser Unmelodie alle Worte unter, die ihnen einfallen, weil sich jede Art von Phrasen und Perioden, sie seien metrisch oder prosaisch, leicht damit begleiten läßt. Selten sind die Worte verständlich, und ich erinnere mich nur einigemal, einen solchen Sänger verstanden zu haben. Es schien mir sein Lied rohe, obgleich nicht ganz unwitzige Invektiven gegen die Nachbarinnen zu enthalten.

Über Italien. Fragmente eines Reisejournals

Die Mondnächte sind ganz unglaublich schön; der Aufgang, eh' sich der Mond durch die Dünste heraufgearbeitet hat, ganz gelb und warm, come il sole d'Inghilterra[3], die übrige Nacht klar und freundlich. Ein kühler Wind, und alles fängt an zu leben. Bis gegen Morgen sind immer Partien auf der Straße, die singen und spielen, man hört manchmal Duette, so schön und schöner als in einer Oper oder Konzert. *Italienische Reise*

*

Über Kirchenmusik:

Den Plan in der Hand suchte ich mich durch die wunderlichsten Irrgänge bis zur Kirche der Mendicanti zu finden. Hier ist das Konservatorium, welches gegenwärtig den meisten Beifall hat. Die Frauenzimmer führten ein Oratorium hinter dem Gitter auf, die Kirche war voll Zuhörer, die Musik sehr schön, und herrliche Stimmen. Ein Alt sang den König Saul, die Hauptperson des Gedichtes. Von einer solchen Stimme hatte ich gar keinen Begriff; einige Stellen der Musik waren unendlich schön, der Text vollkommen singbar, so italienisch Latein, daß man an manchen Stellen lachen muß; die Musik aber findet hier ein weites Feld.

Es wäre ein trefflicher Genuß gewesen, wenn nicht der vermaledeite Kapellmeister den Takt mit einer Rolle Noten wider das Gitter und so unverschämt geklappt hätte, als habe er mit Schuljungen zu tun, die er eben unterrichtete; und die Mädchen hatten das Stück oft wiederholt, sein Klatschen war ganz unnötig und zerstörte allen Eindruck, nicht anders, als wenn einer, um uns eine schöne Statue begreiflich zu machen, ihr Scharlachläppchen auf die Gelenke klebte. Der fremde Schall hebt alle Harmonie auf. Das ist nun ein Musiker, und er hört es nicht, oder er will vielmehr, daß man seine Gegenwart durch eine Unschicklichkeit vernehmen soll, da es besser wäre, er ließe seinen Wert an der Vollkommenheit der Ausführung erraten. Ich weiß, die Franzosen haben es an der Art, den Italienern hätte ich es nicht zugetraut, und das Publikum scheint daran gewöhnt. Es ist nicht das einzigemal, daß es sich einbilden läßt, das gerade gehöre zum Genuß, was den Genuß verdirbt.

Italienische Reise

Heute hab ich dir nicht viel zu erzählen, ich war wieder ai Mendicanti[4], wo die Frauenzimmer die Musiken aufführen, sie haben wieder ganz herrlich gesungen, besonders die eine, die ich dir neulich rühmte. Wenn man nur so einen Eindruck im Ohre behalten könnte.

An Charlotte von Stein, den 8. Oktober 1786

Rom, den 22. November 1786, am Cäcilienfeste

Viele Worte würde ich brauchen, um die Auszierung der ganz mit Menschen angefüllten Kirche zu beschreiben. Man sah eben keinen Stein der Architektur mehr. Die Säulen waren mit rotem Samt überzogen und mit goldenen Tressen umwunden, die Kapitäle mit gesticktem Samt in ungefährer Kapitälform, so alle Gesimse und Pfeiler behangen und bedeckt. Alle Zwischenräume der Mauern mit lebhaft gemalten Stücken bekleidet, daß die ganze Kirche mit Mosaik ausgelegt schien, und über zweihundert Wachskerzen brannten um und neben dem Hochaltar, so daß die ganze eine Wand mit Lichtern besetzt und das Schiff der Kirche vollkommen erleuchtet war. Die Seitengänge und Seitenaltäre ebenso geziert und erhellt. Gegen dem Hochaltar über, unter der Orgel, zwei Gerüste, auch mit Samt überzogen, auf deren einem die Sänger, auf dem andern die Instrumenter standen, die anhaltend Musik machten. Die Kirche war voll gedrängt.

Eine schöne Art musikalischer Aufführung hört' ich

hier. Wie man Violin- oder andere Konzerte hat, so führen sie Konzerte mit Stimmen auf, daß die eine Stimme, der Sopran zum Beispiel, herrschend ist und Solo singt, das Chor[5] von Zeit zu Zeit einfällt und ihn begleitet, es versteht sich, immer mit dem ganzen Orchester. Es tut gute Wirkung.

Rom, den 6. Januar 1787

Daß ich auch einmal wieder von kirchlichen Dingen rede, so will ich erzählen, daß wir die Christnacht herumschwärmten und die Kirchen besuchten, wo Funktionen gehalten werden. Eine besonders ist sehr besucht, deren Orgel und Musik überhaupt so eingerichtet ist, daß zu einer Pastoralmusik nichts an Klängen abgeht, weder die Schalmeien der Hirten, noch das Zwitschern der Vögel, noch das Blöken der Schafe.

Am ersten Christfeste sah ich den Papst und die ganze Klerisei in der Peterskirche, da er zum Teil vor dem Thron, zum Teil vom Thron herab das Hochamt hielt. Es ist ein einziges Schauspiel in seiner Art, prächtig und würdig genug, ich bin aber im protestantischen Diogenismus so alt geworden, daß mir diese Herrlichkeit mehr nimmt als gibt; ich möchte auch, wie mein frommer Vorfahre, zu diesen geistlichen Weltüberwindern sagen: »Verdeckt mir doch nicht die Sonne höherer Kunst und reiner Menschheit.«

Heute, als am Dreikönigsfeste, habe ich die Messe nach griechischem Ritus vortragen sehen und hören. Die Zeremonien scheinen mir stattlicher, strenger, nachdenklicher und doch populärer als die lateinischen.

Auch da hab' ich wieder gefühlt, daß ich für alles zu alt bin, nur fürs Wahre nicht. Ihre Zeremonien und Opern, ihre Umgänge und Ballette, es fließt alles wie Wasser von einem Wachstuchmantel an mir herunter. Eine Wirkung der Natur hingegen wie der Sonnenuntergang, von Villa Madama gesehen, ein Werk der Kunst wie die viel verehrte Juno machen tiefen und bleibenden Eindruck.

Sonntags gingen wir in die Sixtinische Kapelle, wo der Papst mit den Kardinälen der Messe beiwohnte. Da die letzteren wegen der Fastenzeit nicht rot, sondern violett gekleidet waren, gab es ein neues Schauspiel. Einige Tage vorher hatte ich Gemälde von Albrecht Dürer gesehen und freute mich nun, so etwas im Leben anzutreffen. Das Ganze zusammen war einzig groß und doch simpel, und ich wundere mich nicht, wenn Fremde, die eben in der Karwoche, wo alles zusammentrifft, hereinkommen, sich kaum fassen können. Die Kapelle selbst kenne ich recht gut, ich habe vorigen Sommer drin zu Mittag gegessen und auf des Papstes Thron Mittagsruhe gehalten und kann die Gemälde fast auswendig, und doch, wenn alles beisammen ist, was zur Funktion gehört, so ist es wieder was anders, und man findet sich kaum wieder.

Es ward ein altes Motett, von einem Spanier Morales komponiert, gesungen, und wir hatten den Vorschmack[10] von dem, was nun kommen wird. Kayser ist auch der Meinung, daß man diese Musik nur hier hören kann und sollte, teils weil nirgends Sänger ohne Orgel und Instrument auf einen solchen Gesang geübt sein können, teils weil er zum antiken Inventario der päpstlichen Kapelle und zu dem Ensemble der Michelangelos, des Jüngsten Gerichts, der Propheten und Biblischen Geschichte einzig passe.

Rom, den 7. März 1788

Heute waren die Exequien des Kardinal Visconti in der Kirche San Carlo. Da die päpstliche Kapelle zum Hochamt sang, gingen wir hin, die Ohren auf morgen recht auszuwaschen. Es ward ein Requiem gesungen zu zwei Sopranen, das Seltsamste, was man hören kann. NB. Auch dabei war weder Orgel noch andere Musik.

Welch ein leidig Instrument die Orgel sei, ist mir gestern abend in dem Chor von Sankt Peter recht aufgefallen, man begleitete damit den Gesang bei der Vesper; es verbindet sich so gar nicht mit der Menschenstimme und ist so gewaltig. Wie reizend dagegen in der Sixtinischen Kapelle, wo die Stimmen allein sind. *Italienische Reise*

Rom, den 14. März 1788

Sonntags hörten wir in der Sixtinischen Kapelle ein Motett von Palestrina. Dienstag wollte uns das Glück, daß man zu Ehren einer Fremden verschiedene Teile der Karwochsmusik in einem Saale sang. Wir hörten sie also mit größter Bequemlichkeit und konnten uns, da wir sie so oft am Klavier durchsangen, einen vorläufigen Begriff davon machen. Es ist ein unglaublich großes simples Kunstwerk, dessen immer erneuerte Darstellung sich wohl nirgends als an diesem Orte und unter diesen Umständen erhalten konnte. Bei näherer Betrachtung fallen freilich mancherlei Handwerksburschentraditionen, welche die Sache wunderbar und unerhört machen, weg, mit allem dem bleibt es etwas Außerordentliches und ist ein ganz neuer Begriff.

Rom, den 22. März 1788

Heute geh' ich nicht nach Sankt Peter und will ein Blättchen schreiben. Nun ist auch die heilige Woche mit ihren Wundern und Beschwerden vorüber, morgen nehmen wir noch eine Benediktion auf uns, und dann wendet sich das Gemüt ganz zu einem andern Leben.

Ich habe durch Gunst und Mühe guter Freunde alles gesehen und gehört, besonders ist die Fußwaschung und die Speisung der Pilger nur durch großes Drängen und Drücken zu erkaufen.

Die Kapellmusik ist undenkbar schön. Besonders das Miserere von Allegri und die sogenannten Improperien, die Vorwürfe, welche der gekreuzigte Gott seinem Volke macht. Sie werden Karfreitags frühe gesungen. Der Augenblick, wenn der aller seiner Pracht entkleidete Papst vom

Thron steigt, um das Kreuz anzubeten, und alles übrige an seiner Stelle bleibt, jedermann still ist und das Chor[5] anfängt: »Populus meus, quid feci tibi?« ist eine der schönsten unter allen merkwürdigen Funktionen. Das soll nun alles mündlich ausgeführt werden, und was von Musik transportabel ist, bringt Kayser mit. Ich habe nach meinem Wunsch alles, was an den Funktionen genießbar war, genossen und über das übrige meine stillen Betrachtungen angestellt. Effekt, wie man zu sagen pflegt, hat nichts auf mich gemacht, nichts hat mir eigentlich imponiert, aber bewundert hab' ich alles, denn das muß man ihnen nachsagen, daß sie die christlichen Überlieferungen vollkommen durchgearbeitet haben. Bei den päpstlichen Funktionen, besonders in der Sixtinischen Kapelle, geschieht alles, was am katholischen Gottesdienste sonst unerfreulich erscheint, mit großem Geschmack und vollkommner Würde. Es kann aber auch nur da geschehen, wo seit Jahrhunderten alle Künste zu Gebote standen.

Italienische Reise

*

Über das musikalische Theater:

Vicenza, den 20. September 1786

Gestern war Oper, sie dauerte bis nach Mitternacht, und ich sehnte mich zu ruhen. ›Die drei Sultaninnen‹ und ›Die Entführung aus dem Serail‹[6] haben manche Fetzen hergegeben, woraus das Stück mit weniger Klugheit zusammengeflickt ist. Die Musik hört sich bequem an, ist aber wahrscheinlich von einem Liebhaber, kein neuer Gedanke, der mich getroffen hätte. Die Ballette dagegen sind allerliebst. Das Hauptpaar tanzte eine Allemande, daß man nichts Zierlichers sehen konnte.

Das Theater ist neu, lieblich, schön, modestprächtig, alles uniform, wie es einer Provinzialstadt geziemt, jede Loge hat ihren übergeschlagenen gleichfarbigen Teppich, die des Kapitan Grande ist nur durch einen etwas längern Überhang ausgezeichnet.

Die erste Sängerin, vom ganzen Volke sehr begünstigt, wird, wie sie auftritt, entsetzlich beklatscht, und die Vögel stellen sich vor Freuden ganz ungebärdig, wenn sie etwas recht gut macht, welches sehr oft geschieht. Es ist ein natürlich Wesen, hübsche Figur, schöne Stimme, ein gefällig Gesicht und von einem recht honetten Anstand; in den Armen könnte sie etwas mehr Grazie haben. Indessen komme ich denn doch nicht wieder, ich fühle, daß ich zum Vogel verdorben bin. *Italienische Reise*

Venedig, den 3. Oktober 1786

Gestern abend Oper zu Sankt Moses (denn die Theater haben ihren Namen von der Kirche, der sie am nächsten liegen); nicht recht erfreulich! Es fehlt dem Poëm, der Musik, den Sängern eine innere Energie, welche allein eine solche Darstellung auf den höchsten Punkt treiben kann. Man konnte von keinem Teil sagen, er sei schlecht; aber nur die zwei Frauen ließen sich's angelegen sein, nicht sowohl gut zu agieren als sich zu produzieren und zu gefallen. Das ist denn immer etwas. Es sind zwei schöne Figuren, gute Stimmen, artige, muntere, gätliche Persönchen. Unter den Männern dagegen keine Spur von innerer Gewalt und Lust, dem Publikum etwas aufzuheften, sowie keine entschieden glänzende Stimme.

Das Ballett, von elender Erfindung, ward im ganzen ausgepfiffen, einige treffliche Springer und Springerinnen jedoch, welch letztere sich es zur Pflicht rechneten, die Zuschauer mit jedem schönen Teil ihres Körpers bekannt zu machen, wurden weidlich beklatscht. *Italienische Reise*

Das Theater erbaut mich wenig in Rom, ich besuche es fast gar nicht. Die große Oper ist ein Ungeheuer ohne Lebenskraft und Saft. Die Ballette sind noch das unterhaltendste, die Opera buffa hat auch die erwünschte Runde und Vollkommenheit nicht, es ist alles Stück- und Flickwerk. Ein neues Trauerspiel haben sie gut aufgeführt, und einige Komödien habe ich mit Vergnügen gesehen. Ich kann nicht sagen, daß ich in dieser Kunst hier viel gelernt hätte. Nun liegt die Geschichte des italienischen Opern-Theaters von Arteaga auf meinem Tische, ich weiß nicht, ob viel daraus zu profitieren sein wird. Inzwischen nimmt man sich doch immer hier und da etwas weg, die Künste sind so verwandt, daß man in einer seine Kenntnisse kaum erweitern kann, ohne auch in den andern in gewissem Maße fortzurücken.

An Phil. Christ. Kayser

Die Stürme dieser Tage haben uns ein herrliches Meer gezeigt, da ließen sich die Wellen in ihrer würdigen Art und Gestalt studieren; die Natur ist doch das einzige Buch, das auf allen Blättern großen Gehalt bietet. Dagegen gibt mir das Theater gar keine Freude mehr. Sie spielen hier in den Fasten geistliche Opern, die sich von den weltlichen in gar nichts unterscheiden, als daß keine Ballette zwischen den Akten eingeschaltet sind; übrigens aber so bunt als möglich. Im Theater San Carlo führen sie auf: ›Zerstörung von Jerusalem durch Nebukadnezar‹. Mir ist es ein großer Guckkasten; es scheint, ich bin für solche Dinge verdorben.

Nachts in die komische Oper. Ein neues Intermezz, ›L'Impresario in angustie‹[7], ist ganz vortrefflich und wird uns manche Nacht unterhalten, so heiß es auch im Schauspiele sein mag. Ein Quintett, da der Poeta sein Stück vorliest, der

Impresar und die prima donna auf der einen Seite ihm Beifall geben, der Komponist und die seconda donna auf der andern ihn tadeln, worüber sie zuletzt in einen allgemeinen Streit geraten, ist gar glücklich. Die als Frauenzimmer verkleideten Kastraten machen ihre Rolle immer besser und gefallen immer mehr. Wirklich für eine kleine Sommertruppe, die sich nur so zusammen gefunden hat, ist sie recht artig. Sie spielen mit einer großen Natürlichkeit und gutem Humor. Von der Hitze stehen die armen Teufel erbärmlich aus. *Italienische Reise*

Angelika[8] kam nie ins Theater, wir untersuchten nicht, aus welcher Ursache; aber da wir als leidenschaftliche Bühnenfreunde in ihrer Gegenwart die Anmut und Gewandtheit der Sänger sowie die Wirksamkeit der Musik unseres Cimarosa nicht genugsam zu rühmen wußten und nichts sehnlicher wünschten, als sie solcher Genüsse teilhaftig zu machen, so ergab sich eins aus dem andern, daß nämlich unsere jungen Leute, besonders Bury, der mit den Sängern und Musikverwandten in dem besten Vernehmen stand, es dahin brachte, daß diese sich in heiterer Gesinnung erboten, auch vor uns, ihren leidenschaftlichen Freunden und entschieden Beifall Gebenden, gelegentlich einmal in unserm Saale Musik machen und singen zu wollen. Dergleichen Vorhaben, öfters besprochen, vorgeschlagen und verzögert, gelangte doch endlich nach dem Wunsche der jüngern Teilnehmer zur fröhlichen Wirklichkeit. Konzertmeister Kranz, ein geübter Violinist, in herzoglich weimarischen Diensten, der sich in Italien auszubilden Urlaub hatte, gab zuletzt durch seine unvermutete Ankunft eine baldige Entscheidung. Sein Talent legte sich auf die Waage der Musiklustigen, und wir sahen uns in den Fall versetzt, Madam Angelika, ihren Gemahl, Hofrat Reiffenstein, die Herren Jenkins, Volpato und wem wir sonst eine Artigkeit schuldig waren, zu einem anständigen Feste einladen zu können. Juden und Tapezier hatten den Saal geschmückt, der nächste Kaffeewirt die Erfrischungen übernommen, und so ward ein glänzendes Konzert aufgeführt in der schönsten Sommernacht, wo sich große Massen von Menschen unter den offenen Fenstern versammelten und, als wären sie im Theater gegenwärtig, die Gesänge gehörig beklatschten.

Ja, was das Auffallendste war, ein großer mit einem Orchester von Musikfreunden besetzter Gesellschaftswagen, der soeben durch die nächtliche Stadt seine Lustrunde zu machen beliebte, hielt unter unsern Fenstern stille, und nachdem er den obern Bemühungen lebhaften Beifall geschenkt hatte, ließ sich eine wackre Baßstimme vernehmen, die eine der beliebtesten Arien eben der Oper, welche wir stückweise vortrugen, von allen Instrumenten begleitet, hinzugesellte. Wir erwiderten den vollsten Beifall, das Volk klatschte mit drein, und jedermann versicherte, an so mancher Nachtlust, niemals aber an einer so vollkommenen, zufällig gelungenen teilgenommen zu haben.

Italienische Reise

Rom, den 29. Dezember 1787

Jetzt geht die Zeit der Zerstreuung an, für mich weniger als für andre. Kaum ist Christus geboren (welcher dieses Jahr mit einer Mondfinsternis und einem starken Donnerwetter seine Geburtsnacht gefeiert hat), so sind auch schon die Narren wieder los, und die um wenige Tage verdrängten Saturnalien treten ein. Vier große und ein halb Dutzend kleine Theater sind aufgegangen, rezitieren, singen, tanzen um die Wette. Die große Oper in Aliberti hat mich den ersten Abend erschröcklich sekkiert [gequält]. Alle Elemente waren da: Theater, Dekorationen, Lichter, Sänger, Tänzer, Kleider, Musik pp und alles mehr durch Gewohnheit als durch einen frischen Geist belebt. Die Mittelmäßigkeit eines so zusammengesetzten, großen, brillanten Gegenstandes war unerträglich.

An den Herzog Carl August in Weimar

Rom, den 5. Januar 1788

Die Opern unterhalten mich nicht, nur das innig und ewig Wahre kann mich nun erfreuen.

Italienische Reise

MUSIKERFAHRUNGEN
IN WEIMAR

In einem frühern Briefe, auf den ich Ihnen leider die Antwort schuldig geblieben, fragen Sie an, ob nicht etwas, das einer Oper ähnlich sieht, sich unter meinen Papieren befinde?

Von einem zweiten Teil der ›Zauberflöte‹ werden Sie die ersten Szenen in dem nächsten Wilmanischen Taschenbuche finden, zu einem ernsthaften Singstücke, ›Die Danaiden‹, worin, nach Art der älteren griechischen Tragödie, der Chor als Hauptgegenstand erscheinen sollte, hatte ich vor einigen Jahren den Entwurf gemacht; aber keins von beiden Stücken werde ich wohl jemals ausführen. Man müßte mit dem Komponisten zusammenleben und für ein bestimmtes Theater arbeiten, sonst kann nicht leicht aus einer solchen Unternehmung etwas werden.

Senden Sie mir doch von Zeit zu Zeit etwas von Ihren Kompositionen, die mir viel Vergnügen machen. Übrigens lebe ich in keiner musikalischen Sphäre, wir reproduzieren das ganze Jahr bald diese, bald jene Musik, aber wo keine Produktion ist, kann eine Kunst nicht lebendig empfunden werden.

An Zelter, 29. Mai 1801

Ich habe nur leider nie das Glück gehabt, neben mir einen tüchtigen Tonkünstler zu besitzen, mit dem ich gemeinschaftlich gearbeitet hätte, und daher habe ich mich immer in solchen Fällen an das Stoppeln und Zusammensetzen halten müssen . . . *An Zelter, 19. Juni 1805*

Ob wir gleich Stimmen und Instrumente in Weimar haben und ich noch dazu der Vorgesetzte solcher Anstalten bin, so habe ich doch niemals zu einem musikalischen Genuß in einer gewissen Folge gelangen können, weil die garstigen Lebens- und Theaterverhältnisse immer das Höhere aufheben, um dessentwillen sie allein da sind oder da sein sollten. *An Zelter, 27. Juli 1807*

Wir leben hier, mit einem ganz disproportionierten Aufwande auf Musik, doch eigentlich ganz sang- und klanglos. Die Oper, mit ihren alten Inventarienstücken und den für ein kleines Theater zugestutzten und langsam genug produzierten Neuigkeiten, kann niemanden entschädigen. Indessen freut mich's, daß Hof und Stadt sich weismachen, es sei eine Art von Genuß vorhanden. Der Bewohner einer großen Stadt ist von dieser Seite glücklich zu preisen: denn dorthin zieht sich doch so manches bedeutende Fremde. Madame Milder[9] hätte ich wohl hören mögen. *An Zelter, 3. Dezember 1812*

Indessen Du Dir nun, freilich nicht ohne Müh' und Ausdauer, den Vorschmack[10] des Himmels geben kannst, muß ich leider auf die wunderlichste Weise betteln und negoziieren, um dasjenige nur unvollkommen zu genießen, was Du mir gönnen magst. In diesem Fall empfindet man den engen und hülflosen Zustand einer kleinen Stadt nur allzusehr, nicht als wenn die Elemente gänzlich mangelten, aus welchen sich eine genußreiche Welt im kleinen schaffen ließe, aber weil eben diese Elemente sich, gerade wegen der Enge und Nähe, eher abstoßen als anziehen und dem Schöpfer kein Spielraum gegeben ist, sie dergestalt zu handhaben, daß sich ihre freundlichen Pole verbinden müßten. Die lächerlichsten Szenen in ›Wilhelm Meister‹ sind ernsthaft gegen die Späße, zu denen ich meine Zuflucht nehmen muß, um zu bewürken, daß Deine Sendungen sich vom Auge losreißen und zum Ohr gelangen.

An Zelter, 4. Mai 1814

Die Musik versprach gleichfalls in meinem häuslichen Kreise sich wieder zu heben. Alexander Boucher und Frau, mit Violine und Harfe, setzten zuerst einen kleinen Kreis versammelter Freunde in Verwunderung und Erstaunen, wie es ihnen nachher mit unserem und dem so großen und an alles Treffliche gewöhnten Berliner Publikum gelang. Direktor Eberweins und seiner Gattin musikalisch-produktive und ausführende Talente wirkten zu wiederholtem Genuß, und in der Hälfte Mai konnte schon ein größeres Konzert gegeben werden. Rezitation und rhythmischen Vortrag zu vernehmen und anzuleiten, war eine alte, nie ganz erstorbene Leidenschaft. Zwei entschiedene Talente dieses Faches, Gräfin Julie Egloffstein und Fräulein Adele Schopenhauer, ergötzten sich, den Berliner Prolog vorzutragen, jede nach ihrer Weise, jede die Poesie durchdringend und ihrem Charakter gemäß in liebenswürdiger Verschiedenheit darstellend. Durch die kenntnisreiche Sorgfalt eines längst bewährten Freundes, Hofrat Rochlitz, kam ein bedachtsam geprüfter Streicherischer Flügel von Leipzig an, glücklicherweise: denn bald darauf brachte uns Zelter einen höchste Verwunderung erregenden Zögling, Felix Mendelssohn, dessen unglaubliches Talent wir ohne eine solche vermittelnde Mechanik niemals hätten gewahr werden können. Und so kam denn auch ein großes bedeutendes Konzert zustande, wobei unser nicht genug zu preisende Kapellmeister Hummel sich gleichfalls hören ließ, der sodann auch von Zeit zu Zeit durch die merkwürdigsten Ausübungen den Besitz des vorzüglichen Instrumentes ins Unschätzbare zu erheben verstand.

Annalen, 1821

Nach einer Pause, während welcher man sich unterhielt und einige Erfrischungen nahm, ersuchte Goethe Madame Eberwein um den Vortrag einiger Lieder. Sie sang zunächst nach Zelters Komposition das schöne Lied ›Um Mitternacht‹, welches den tiefsten Eindruck machte. »Das Lied bleibt schön«, sagte Goethe, »so oft man es auch hört. Es hat in der Melodie etwas Ewiges, Unverwüstliches.« Hierauf folgten einige Lieder aus der ›Fischerin‹, von Max Eberwein komponiert. Der ›Erlkönig‹ erhielt entschiedenen Beifall; sodann die Arie: ›Ich hab's gesagt der guten Mutter‹ erregte die allgemeine Äußerung: diese Komposition erscheine so gut getroffen, daß niemand sie sich anders denken könne. Goethe selbst war im hohen Grade befriedigt.

Zum Schluß des schönen Abends sang Madame Eberwein auf Goethes Wunsch einige Lieder des ›Divans‹, nach den bekannten Kompositionen ihres Gatten. Die Stelle: ›Jussufs Reize möcht' ich borgen‹ gefiel Goethen ganz besonders. »Eberwein«, sagte er zu mir, »übertrifft sich mitunter selber.« Er bat sodann noch um das Lied: ›Ach, um deine feuchten Schwingen‹, welches gleichfalls die tiefsten Empfindungen anzuregen geeignet war.

Bericht Eckermanns vom 14. Januar 1827

VERLANGEN
NACH MUSIKGENUSS

Das erste höhere Bedürfnis, was ich nach meiner Krankheit empfand, war nach Musik, das man denn auch, so gut es die Umstände erlaubten, zu befriedigen suchte. Senden

Sie mir doch ja Ihre neusten Kompositionen, ich will mir
und einigen Freunden damit einen Festabend machen.

An Joh. Friedr. Reichardt, 5. Februar 1801

Leben Sie indessen recht wohl und lassen mir die Hoffnung, früher oder später, eines reichen und tiefen musikalischen Genusses, der mir lange nicht geworden ist.

An Joh. Friedr. Reichardt, 16. November 1801

Wie lange, verehrter Freund, habe ich Ihnen geschwiegen,
und wie oft habe ich mich Montag und Dienstag[11] zu Ihnen
gewünscht! Diesen Winter habe ich fast gar keine Musik
vernommen, und ich fühle, welch ein schöner Teil des
Lebensgenusses mir dadurch abgeht.

An Zelter, 27. Februar 1804

Haben Sie irgendeins meiner oder eines Freundes Lieder
komponiert, so bitte ich, mir solche gefällig zuzusenden. Es
ist zwar jetzt alles ton- und klanglos um mich her, aber was
von Ihnen kommt, verschaffe ich mir doch zu hören, und
ich fühle mich wieder auf eine ganze Zeit erfrischt.

An Zelter, 13. Juli 1804

Wie erwünscht wäre mir gewesen, Ihr Oratorium [eine
Auferstehungsmusik Zelters] mit anhören zu können: denn
leider bin ich von Musik gar zu sehr abgeschnitten, und das
bißchen Operette, ob wir gleich mitunter recht gute Stimmen haben, will's doch auch nicht tun. Daher scheint auch
in mir aller Sang und Klang verschwunden sowie alle
Imagination, die sich auf Musik bezieht.

An Zelter, 7. Mai 1807

Seit Eberweins Abschied[12] und allerlei theatralischen Händeln bin ich von der Musik ziemlich abgeschnitten. Ich hoffe künftig durch ihn desto froheren Genuß, Wiederklänge aus Ihrem Himmel, zu dem ich selbst leider niemals gelangen sollte; worüber ich denn doch manchmal verdrießlich bin.

An Zelter, 1. Juni 1809

Ich bedauere nur, daß uns eine so weite Entfernung trennt, denn sonst würde mein Leben um vieles klangreicher werden.

An Zelter, 4. Mai 1814

Leider wenn ich an Musik denke, kommt es mir seltsam vor, daß ich von diesem höchsten und schönsten Genuß gänzlich abgeschnitten bin; finde ich nun dabei, daß mir doch noch manches Lied gelingt und dein guter urkünstlerischer Wille mir immer zur Seite schwebt, so kommt es mir ganz wunderlich vor, daß, indessen die ganze Welt pfuscht, etwas der Ordnung gemäß nicht zustande kommen kann.

An Zelter, 16. Dezember 1817

Was Sie mir von Ihren eigenen Arbeiten mitteilen wollen, werd ich dankbar und teilnehmend aufnehmen, immer aber mit einiger Betrübnis, die in so vielfachem Sinne herrlichen musikalischen Leistungen in Berlin nicht mitgenießen oder, besser zu reden, mich an ihnen erbauen zu können.

An C. F. Rungenhagen, 18. November 1828

GENÜGEN AN
»MENTALEM MUSIKGENUSS«

Von dem herrlichen Genuß, den Sie so manchem gewähren, bin ich leider getrennt; was ich mir davon im Geiste zueigne, ist mir schon ein großes Gut. Sagen Sie mir manchmal ein frohes, lebendiges Wort!

An Zelter, 28. März 1804

Ich kenne Musik mehr durch Nachdenken als durch Genuß und also nur im allgemeinen. *An Zelter, 19. Juni 1805*

Deine Motette hat mich erfreut und betrübt; erfreut, insofern ich sie mit den Augen aufnehmen und einigermaßen genießen konnte, betrübt, weil ich die Hoffnung aufgeben muß, sie zu hören. Denn ich habe nicht einmal Knebeln den Spaß machen können, das Geburtstagslied vortragen zu lassen. Es sind unter den jungen Leuten hier recht hübsche Stimmen und chorweise machen sie ihre Sachen auch gut. Was aber nicht nach Lützows wilder Jagd [von Th. Körner, komponiert von C. M. v. Weber] klingt, dafür hat kein Mensch keinen Sinn. Auch ist es, wie die Sachen stehen, nicht einmal rätlich, sich näher an sie zu schließen. Drüben in Weimar ist es eben so schlimm. Moltke singt nichts als seine eignen Lieder, so daß die Gesellschaft, zu deren Vergnügen man ihn einlädt, zuletzt davon laufen möchte.

Mir bleibt also nichts übrig, als mich für einen Somnambüle zu geben, der durch verwechselte Sinne zu seinen Vorstellungen gelangt. *An Zelter, Jena, 28. Juni 1818*

Die Musik [geistliche Musik] hätte ich wohl hören mögen. Zu dem, was Du sagst, kann ich mir wenigstens einen Begriff aufstellen ...

Und so verwandle ich Ton- und Gehörloser, obgleich Guthörender, jenen großen Genuß in Begriff und Wort. Ich weiß recht gut, daß mir deshalb ein Drittel des Lebens fehlt; aber man muß sich einzurichten wissen.
An Zelter, 2. Mai 1820

Deine musikalischen Relationen haben mir nicht weniger ganz unglaublich gedient; insofern es möglich ist, durch den Begriff die Musik zu erfassen, so hast du es mir geleistet, und ich begreife nun wenigstens, warum ich den

›Barbier von Sevilla‹ unter Rossinis Arbeiten so vorzüglich
rühmen höre. *An Zelter, 3. Dezember 1824*

Habe Dank, daß Du durch anmutige Relation die Anmut
der zierlichen Sängerin auch mir hast vergegenwärtigen
wollen; mein Ohr ist dieser Genüsse längst entwöhnt, der
Geist aber bleibt für sie empfänglich. Die neuliche Vorstellung der ›Zauberflöte‹ ist mir übel bekommen, früher war
ich empfänglicher für dergleichen, wenn auch die Vorstellungen vielleicht nicht besser waren. Nun kamen zwei
Unvollkommenheiten, eine innere und äußere, zur Sprache, Anregungen wie das Anschlagen einer Glocke, die
einen Sprung hat. Gar wunderlich; wollte ja auch die Wiederholung Deiner geliebten Lieder nicht gelingen! Es ist
besser, dergleichen zu ertragen, als viel davon zu reden
oder gar zu schreiben. *An Zelter, 6. November 1827*

Unterlassen aber darf ich nicht auszusprechen: daß deine
Zustimmung, die du dem mentalen Musikgenusse gönnst,
mir sehr wohltätig ist, denn ich muß mich jetzt damit
begnügen, und es ist immer erbaulich, sich zu überzeugen:
daß im hohen Alter die verständige Vernunft oder, wenn
man will, der vernünftige Verstand sich als Stellvertreter
der Sinne legitimieren darf. Du wirst, deinem glücklichen
Beruf zufolge, nie in dem Fall sein, dieser ernsten Surrogate
zu bedürfen. *An Zelter, 16. Dezember 1829*

DENNOCH MITUNTER »IN DEN STRUDEL
DER TÖNE HINGERISSEN«

Wenngleich Goethe im Alter weniger Musik zuteil wurde, was er öfter lebhaft beklagt, hat sie ihn doch einige Male ungewöhnlich bewegt. So im Sommer 1823 im böhmischen Marienbad, wo er zur Kur weilte, so bei Besuchen von Felix Mendelssohn Bartholdy und Niccolò Paganini.

1823 in Marienbad: Goethe trifft, wie in den Sommern zuvor, mit der jungen Ulrike von Levetzow zusammen und denkt an eine zweite Heirat. Zu der Erschütterung, die durch diese Liebe und ihr Ende in ihm ausgelöst wird, kommen Musikerlebnisse, die ihn nicht weniger treffen; Goethe erfährt sie durch zwei Frauen: die bedeutende Sängerin Anna Milder[9] und die nicht weniger bedeutende polnische Pianistin Maria Szymanowska[13].

Zu Madame Szymanowska, welche in einem benachbarten Hause auf dem Flügel spielte, ein Stück von Hummel[14], eins von sich und noch zwei andere, ganz herrlich.

Zu Doktor Heidler, wo Madame Milder unvergleichlich sang und uns alle zum Weinen brachte.

Tagebucheintragungen vom 14. und 15. August 1823

Madame Milder hab ich singen hören, im engen Kreise, kleine Lieder, die sie groß zu machen verstand; es ist auch gut, daß man dergleichen Musterstücke nur unerwartet vernimmt. Madame Szymanowska, ein weiblicher Hummel mit der leichten polnischen Fazilität, hat mir diese letzten Tage höchst erfreulich gemacht; hinter der polnischen Liebenswürdigkeit stand das größte Talent gleichsam nur als Folie oder, wenn du willst, umgekehrt. Das Talent würde einen erdrücken, wenn es ihre Anmut nicht verzeihlich machte. *An seine Schwiegertochter Ottilie, 19. August 1823*

Ferner sei gemeldet, daß mir nach jenem Kuß, dessen Spenderin du wohl erraten hast, noch eine herrliche Gunst und Gabe von Berlin gekommen: Madame Milder nämlich zu hören, vier kleine Lieder, die sie dergestalt groß zu machen wußte, daß die Erinnerung dran mir noch Tränen auspreßt. Und so ist denn das Lob, das ich ihr seit so manchem Jahr erteilen höre, nicht ein kaltes geschichtliches Wort mehr, sondern weckt ein wahrhaft Vernommenes bis zur tiefsten Rührung. Grüße sie zum schönsten; sie verlangte etwas von meiner Hand und erhält durch dich das erste Blättchen, das ihrer nicht ganz unwert ist.

In völlig anderem Sinne und doch für mich von gleicher Wirkung hört ich Madame Szymanowska, eine unglaubliche Pianospielerin; sie darf wohl neben unsern Hummel gesetzt werden, nur daß sie eine schöne, liebenswürdige, polnische Frau ist. Wenn Hummel aufhört, so steht gleichsam ein Gnome da, der mit Hülfe bedeutender Dämonen solche Wunder verrichtete, für die man ihm kaum zu danken sich getraut; hört sie aber auf und kommt und sieht einen an, so weiß man nicht, ob man sich nicht glücklich nennen soll, daß sie aufgehört hat? Begegne ihr freundlich, wenn sie nach Berlin kommt, welches wohl nächstens geschehen wird, grüße sie von mir und sei ihr behülflich, wo du es angewendet findest.

Nun aber doch das eigentlich Wunderbarste! Die ungeheure Gewalt der Musik auf mich in diesen Tagen! Die Stimme der Milder, das Klangreiche der Szymanowska, ja sogar die öffentlichen musikalischen Exhibitionen des hiesigen Jägerkorps falten mich auseinander, wie man eine geballte Faust freundlich flach läßt. Zu einiger Erklärung sag ich mir: du hast seit zwei Jahren und länger gar keine Musik gehört (außer Hummeln zweimal), und so hat sich dieses Organ, insofern es in dir ist, zugeschlossen und abgesondert; nun fällt die Himmlische auf einmal über dich her, durch Vermittlung großer Talente, und übt ihre ganze

Gewalt über dich aus, tritt in alle ihre Rechte und weckt die Gesamtheit eingeschlummerter Erinnerungen. Ich bin völlig überzeugt, daß ich im ersten Takte deiner Singakademie den Saal verlassen müßte. Und wenn ich jetzt bedenke, was das heißt, alle Woche nur einmal eine Oper zu hören, wie wir sie geben, einen ›Don Juan‹, ›Die heimliche Heirat‹[15] in sich zu erneuern und diese Stimmung in die übrigen eines tätigen Lebens aufzunehmen, so begreift man erst, was das heiße, einen solchen Genuß zu entbehren, der wie alle höhren Genüsse den Menschen aus und über sich selbst, zugleich auch aus der Welt und über sie hinaus hebt.

Wie schön, wie notwendig wär es nun, daß ich an deiner Seite zu verweilen Gelegenheit fänd! Du würdest mich durch allmähliche Leitung und Prüfung von einer krankhaften Reizbarkeit heilen, die denn doch eigentlich als die Ursache jenes Phänomens anzusehen ist, und mich nach und nach fähig machen, die ganze Fülle der schönsten Offenbarung Gottes in mich aufzunehmen. Nun muß ich sehen, durch einen klang- und formlosen Winter durchzukommen, vor dem mir denn doch gewissermaßen graut.

An Zelter, 24. August 1823

Schließen aber darf ich nicht, ohne zu sagen, welche Genüsse mir tie Musik dargereicht. Madame Milder von Berlin hat in vier kleinen Liedern eine Unendlichkeit vor uns aufgetan. Madame Szymanowska aus Warschau, die fertigste und lieblichste Pianospielerin, hat auch ganz Neues in mir aufgeregt. Man ist erstaunt und erfreut, wenn sie den Flügel behandelt, und wenn sie aufsteht und uns mit aller Liebenswürdigkeit entgegenkommt, so läßt man sich's ebenso wohl gefallen.

An Marianne von Willemer, 9. September 1823

Da bin ich nun wieder in den Strudel der Töne hingerissen, die mir, modern gereiht, nicht immer zusagen, mich aber doch diesmal durch soviel Gewandtheit und Schön-

heit gewinnen und festhalten, durch Vermittelung eines
Wesens, das Genüsse, die man immer ahndet und immer
entbehrt, zu verwirklichen geschaffen ist.

Nach den Konzerten Maria Szymanowskas in Weimar an Carl Ludwig von
Knebel, 29. Oktober 1823

. . . denn die große Erregbarkeit, die sich schon in Böhmen,
wie du weißt, an der Musik manifestierte, ist's doch eigentlich, die mir Gefahr bringt; ob ich ihr gleich nicht feind sein
kann, da ich ihr denn doch eigentlich jenes Gedicht [›An
Madame Marie Szymanowska‹] verdanke, an dem Gefühl
und Einbildungskraft von Zeit zu Zeit sich so gern wieder
anfrischt. *An Zelter, 9. Januar 1824*

AN MADAME MARIE SZYMANOWSKA

Die Leidenschaft bringt Leiden! – Wer beschwichtigt
Beklommnes Herz, dich, das zu viel verloren?
Wo sind die Stunden, überschnell verflüchtigt?
Vergebens war das Schönste dir erkoren!
Trüb ist der Geist, verworren das Beginnen;
Die hehre Welt, wie schwindet sie den Sinnen!

Da schwebt hervor Musik mit Engelsschwingen,
Verflicht zu Millionen Tön um Töne,
Des Menschen Wesen durch und durch zu dringen,
Zu überfüllen ihn mit ewger Schöne:
Das Auge netzt sich, fühlt im höhern Sehnen
Den Götterwert der Töne wie der Tränen.

Und so das Herz erleichtert merkt behende,
Daß es noch lebt und schlägt und möchte schlagen,
Zum reinsten Dank der überreichen Spende
Sich selbst erwidernd willig darzutragen.

Da fühlte sich – o daß es ewig bliebe! –
Das Doppelglück der Töne wie der Liebe.

*

*Felix Mendelssohn Bartholdy, Zelters berühmter Schüler, war
mehrere Male Goethes Gast in Weimar.
Vom ersten Besuch 1821 erzählt Ludwig Rellstab:*

In den Gesellschaftszimmern Goethes befand sich ein vor-
trefflicher Streicherscher Flügel, den ihm Rochlitz besorgt
hatte. Dort fanden wir uns am Abend des Tages alle wieder
zusammen; denn Goethe hatte eine größere Gesellschaft
geladen, um seine weimarischen Freunde, insbesondere die
musikalischen, mit dem staunenswürdigen Talente des Kindes, von dem ihm Zelter den Tag über viel erzählt, auch
früher schon manches geschrieben, bekannt zu machen.
Unter den Geladenen befand sich auch der weimarische
Regierungsrat Schmidt, der, ein leidenschaftlicher Verehrer
Beethovens, dessen Sonaten sämtlich mit Feuer und Fertigkeit spielte und sie zum größten Teil auswendig wußte;
außerdem, wenn ich mich richtig erinnere, der Musikdirektor Eberwein mit seiner Gattin, einer ausgezeichneten Sängerin, Knebel, Herr von Froriep und andere . . .
Goethe war ein großer Freund der Bachschen Fugen; es
wurde also auch Felix Mendelssohn die Aufforderung gestellt, eine Fuge des hohen Altmeisters zu spielen. Zelter
wählte sie aus dem Notenheft der Bachschen Fugen, welches herbeigebracht wurde, und der Knabe spielte dieselbe,
völlig unvorbereitet, mit vollendeter Sicherheit . . . Goethes Freude wuchs bei dem erstaunenswürdigen Spiel des
Knaben. Unter anderm forderte er Felix auf, ihm ein Menuett zu spielen. »Soll ich Ihnen das schönste, das es in der
ganzen Welt gibt, spielen?« – »Nun, und welches wäre das?«
– Er spielte das Menuett aus ›Don Juan‹. Goethe blieb
fortdauernd lauschend am Instrument stehen; die Freude

glänzte in seinen Zügen. Er wünschte nach dem Menuett auch die Ouverture der Oper; doch diese schlug der Spieler rund ab mit der Behauptung, sie lasse sich nicht spielen, wie sie geschrieben stehe, und abändern dürfe man nichts daran. Dagegen erbot er sich, die Ouverture zum ›Figaro‹ zu spielen. Er begann sie mit einer Leichtigkeit der Hand, mit einer Sicherheit, Rundung und Klarheit in den Passagen, wie ich sie nie wieder gehört . . . Goethe wurde immer heiterer, immer freundlicher, ja, er trieb Scherz und Neckerei mit dem geist- und lebensvollen Knaben. »Bis jetzt«, sprach er, »hast du mir nur Stücke gespielt, die du kanntest, jetzt wollen wir einmal sehen, ob du auch etwas spielen kannst, was du noch nicht kennst. Ich werde dich einmal auf die Probe stellen.«

Er ging hinaus, kam nach einigen Minuten wieder ins Zimmer und hatte mehrere Blätter geschriebener Noten mitgebracht. »Da habe ich einiges aus meiner Manuskriptensammlung geholt; nun wollen wir dich prüfen. Wirst du das hier spielen können?« Er legte ein Blatt mit klar, aber klein geschriebenen Noten auf das Pult; es war Mozarts Handschrift . . . Der junge Künstler spielte mit vollster Sicherheit, ohne nur den kleinsten Fehler zu machen, das nicht leicht zu lesende Manuskript vom Blatt; das Stück klang, als wisse es der Spieler seit Jahr und Tag auswendig, so sicher, so klar, so abgewogen im Vortrag.

Goethe blieb, da alles Beifall spendete, bei seinem heiteren Ton. »Das ist noch nichts!« rief er; »das könnten auch andere lesen. Jetzt will ich dir aber etwas geben, dabei wirst du steckenbleiben. Nun nimm dich in acht!« Mit diesem scherzenden Ton langte er ein anderes Blatt hervor und legte es aufs Pult. Das sah in der Tat sehr seltsam aus: man wußte kaum, ob es Noten waren oder nur ein liniiertes, mit Tinte bespritztes, an unzähligen Stellen verwischtes Blatt. Felix Mendelssohn lachte verwundert laut auf. »Wie ist das geschrieben! Wie soll man das lesen?« rief er aus. Doch plötzlich wurde er ernsthaft; denn indem Goethe die Frage aussprach: »Nun rate einmal, wer das geschrieben?« rief Zelter schon: »Das hat ja Beethoven geschrieben! Das kann man auf eine Meile sehen! Der schreibt immer wie mit einem Besenstiel und mit dem Ärmel über die frischen Noten gewischt. Ich habe viele Manuskripte von ihm: die sind leicht zu erkennen« . . . Bei diesem Namen aber war Felix Mendelssohn plötzlich ernsthaft geworden, mehr als ernsthaft; ein heiliges Staunen verriet sich in seinen Zügen. Goethe betrachtete ihn mit forschenden, freudestrahlenden Blicken. Der Knabe hielt das Auge unverwandt auf das Manuskript gespannt, und leuchtende Überraschung über-flog seine Züge, wie sich aus dem Chaos ausgestrichener, frisch verwischter, über- und zwischengeschriebener Noten und Worte ein hoher Gedanke der Schönheit, der tiefen, edeln Erfindung hervorrang. Das alles währte aber nur Sekunden; denn Goethe wollte die Prüfung scharf stellen, dem Spieler keine Zeit zur Vorbereitung lassen. »Siehst du!« rief er, »sagt' ich's dir nicht, du würdest steckenblei-ben? Jetzt versuche! Zeige, was du kannst!«

Felix begann sofort zu spielen. Es war ein einfaches Lied; deutlich geschrieben, eine kinderleichte, gar keine Auf-gabe, selbst für einen mittlern Spieler, so aber gehörte doch dazu, um aus den zehn und zwanzig ausgestrichenen, halb und ganz verwischten Noten und Stellen die gültigen her-auszufinden, eine Schnelligkeit und Sicherheit des Über-blicks, wie sie wenige erringen werden . . . Einmal spielte er es so durch, im allgemeinen richtig, aber doch einzeln innehaltend, manchen Fehlgriff unter einem raschen: »Nein so!« verbessernd; dann rief er: »Jetzt will ich es Ihnen vorspielen!« Und dieses zweite Mal fehlte auch nicht eine Note; die Singstimme sang er teils, teils spielte er sie mit . . . Mit diesem Probestück ließ es Goethe genug sein. Daß der junge Spieler wiederum das reichste Lob erntete, welches sich bei Goethe in den neckenden Scherz versteckte, hier habe er doch gestockt und sei nicht ganz sicher gewesen – darf ich kaum hinzufügen.

Der Dichtergreis weissagte dem musikalischen Wunderknaben die größte Zukunft; er sprach mit vollem, warmem Glauben davon zu mir, an den er sich in dieser Beziehung öfters wandte. Seine echte künstlerische Freude über die vielverheißende Erscheinung loderte immer wieder in frischen Flammen auf. Entschieden war der Knabe sein Liebling geworden.

Goethe nach Felix' Abreise:

Wenn der talentvolle, fähige und fertige Felix mich manchmal beim Nachtisch den Kopf umwenden und nach dem Flügel schauen sähe, so würde er fühlen, wie sehr ich ihn vermisse und welches Vergnügen mir seine Gegenwart gewährte. Denn seit dem Scheiden der so willkommenen Freunde [Zelter mit seiner Tochter Doris, Felix Mendelssohn Bartholdy und L. Rellstab] ist es wieder ganz still und stumm bei mir geworden, und wenn es höchst genußreich war, gleich beim Empfang nach langer Abwesenheit meine Wohnung in dem Grade belebt zu finden, so ist der Kontrast an trüben und kurzen Wintertagen leider allzu fühlbar . . . Es ist nichts Tröstlicheres in älteren Jahren, als aufkeimende Talente zu sehen, die eine weite Lebensstrecke mit bedeutenden Schritten auszufüllen versprechen. Empfehlen Sie mich Ihren werten Hausgenossen und Freunden, wie es mich denn immer freuen wird, von dem Wachstum unseres jungen Virtuosen durch den trefflichen Zelter das Beste zu erfahren.

An Felix' Vater Abraham Mendelssohn, 5. Dezember 1821

Da Goethe gewöhnliche Musik nicht liebt, war sein Piano seit Felix' Abwesenheit unberührt geblieben, und er öffnete es ihm mit den Worten: »Komm und wecke mir all die geflügelten Geister, die lange darin geschlummert«; und ein andermal: »Du bist mein David, sollte ich krank und traurig werden, so banne die bösen Träume durch dein Spiel, ich werde auch nie wie Saul den Speer nach dir werfen.«

Über seinen letzten Besuch berichtet Mendelssohn selber:

Goethe ist so freundlich und liebevoll mit mir, daß ich's gar nicht zu danken und zu verdienen weiß. Vormittags muß ich ihm ein Stündchen Klavier vorspielen von allen verschiedenen großen Komponisten nach der Zeitfolge und muß ihm erzählen, wie sie die Sache weitergebracht hätten, und dazu sitzt er in einer dunkeln Ecke wie ein Jupiter tonans und blitzt mit den alten Augen. An den Beethoven wollte er gar nicht heran; ich sagte ihm aber, ich könne ihm nicht helfen, und spielte ihm nun das erste Stück der c-moll-Symphonie vor. Das berührte ihn ganz seltsam. Er sagte erst: »Das bewegt aber gar nichts, das macht nur staunen; das ist grandios!« Und dann brummte er so weiter und fing nach langer Zeit wieder an: »Das ist sehr groß, ganz toll! Man möchte sich fürchten, das Haus fiele ein. Und wenn das nun alle die Menschen zusammen spielen!« – Und bei Tische, mitten in einem anderen Gespräch, fing er wieder damit an.

Felix Mendelssohn Bartholdy an Zelter, Mai 1830

Und Goethe:

Soeben, früh halb 10 Uhr, fährt, beim klarsten Himmel, im schönsten Sonnenschein, der treffliche Felix mit Ottilien, Ulriken und den Kindern, nachdem er 14 Tage bei uns vergnüglich zugebracht und alles mit seiner vollendeten liebenswürdigen Kunst erbaut, nach Jena, um auch dort die wohlwollenden Freunde zu ergötzen und in unsrer Gegend ein Andenken zurückzulassen, welches fortwährend hoch zu feiern ist.

Mir war seine Gegenwart besonders wohltätig, da ich fand, mein Verhältnis zur Musik sei noch immer dasselbe; ich höre sie mit Vergnügen, Anteil und Nachdenken, liebe mir das Geschichtliche, denn wer versteht irgend eine Erscheinung, wenn er sich von dem Gang des Herankommens [nicht] penetriert? Dazu war denn die Hauptsache, daß Felix auch diesen Stufengang recht löblich einsieht und, glücklicherweise, sein gutes Gedächtnis ihm Musterstücke aller Art nach Belieben vorführt. Von der Bachischen Epoche heran hat er mir wieder Haydn, Mozart und Gluck zum Leben gebracht, von den großen neuern Technikern hinreichende Begriffe gegeben und endlich mich seine eigenen Produktionen fühlen und über sie nachdenken machen; ist daher auch mit meinen besten Segnungen geschieden.

An Zelter, 3. Juni 1830

*

Niccolò Paganini, einer der größten Violinvirtuosen der Musikgeschichte, gastierte im Oktober 1829 in Weimar, nachdem er im Frühjahr desselben Jahres in Berlin Konzerte gegeben hatte. Hier lernte Zelter ihn kennen. Was er über Paganini dachte und Goethe nach Weimar mitteilte, sei vorangestellt, um die Temperaments- und Verständnisunterschiede der beiden Freunde deutlich zu machen, aber auch, um die Originalität von Goethes Urteil erkennbar werden zu lassen, wenn er das Außergewöhnliche Paganinis auf ihm

*adäquate Begriffe brachte und dieses Außergewöhnliche aus der ihm
eigentümlichen organischen Zusammenschau betrachtete.*

Zelter an Goethe:

Paganini macht hier mit seinen vermaledeiten Violinkon-
zerten Männer und Weiber toll und wird wohl wieder
10.000 Taler mit aus Berlin nehmen, wenn er sie nicht
vorher im Pharao wieder verliert. Ich habe kein Geld, ihm
für seine Künste jedesmal 2 Taler zu bringen, und nichts
von ihm gehört als sein Porträt gesehn, das einem Hexen-
sohne ähnlich ist. Das eigentliche Unglück, das er über uns
bringt, besteht aber darinne, daß er uns die jungen Violini-
sten im Orchester von Grund aus ruiniert.   *Karfreitag 1829*

Am vorigen Dienstage hat mich Paganini in der Akade-
mie besucht und unsere Produktionen vernommen, und
tags darauf habe ich endlich auch ihn gehört. Es ist außerordentlich, was der Mann leistet und dabei bemerkt werden muß, daß die Wirkung seines Spiels ganz allgemein
erwünscht und andern Virtuosen auf seinem Instrumente
ganz unbegreiflich ist. Sein Wesen ist also mehr als Musik,
ohne höhere Musik zu sein, und bei solcher Meinung
dürfte ich bleiben, wenn ich ihn öfter hörte. Ich war so
plaziert, daß ich alle Bewegungen seiner Hand und seines
Armes sehn konnte, die bei einer ziemlich kleinen Figur
von besonderer Biegsamkeit, Stärke und Elastizität sein
müssen, weil er gar nicht ermüdet, das Fatiganteste in seiner Steigerung wie ein Uhrwerk hervorzubringen, das
eine Seele hätte. Die hundert Künste seines Bogens und
seiner Finger, welche sämtlich einzeln ausgedacht und
eingeübt sind, erscheinen in einer geschmackvollen Fol-
gereihe und zeichnen ihn auch als Komponisten aus. In
jedem Falle aber ist er ein vollkommner Meister seines Instruments in höchster Potenz, insofern was ihm auch nach

bestem Willen nicht gelingt, wie eine kecke Variation her-
auskommt.   *1. Mai 1829*

Gestern habe den Paganini wieder gehört. Der Mensch
ist eine echte Rarität: die Violine selber. Man erschrickt,
man lacht, man ist in Verzweiflung über die gefährlich-
sten Schnurrpfeifereien und die allgemein verständliche
Schwierigkeit, denn die Wirkung ist ganz allgemein. Anmut und Geist fehlen auch nicht, und auch was nicht
vollkommen gelingt, ist noch neu und interessant.

14. Mai 1829

Goethe an Zelter:

Zuvörderst will ich für Deine Schilderung Paganinis aller-
schönstens gedankt haben. Vergleich' ich sie mit dem, was
in der Berliner Zeitung zu lesen ist, so kommt mir durch
Verstand und Einbildungskraft wenigstens ein begreiflich
scheinendes Bild zustande, und was man eigentlich hören
müßte, wird dem höhern Sinn gewissermaßen anschaulich.
Ich gönne ihm einen solchen Hörer und Dir einen solchen
Virtuosen.   *17. Mai 1829*

Paganini hab ich denn auch gehört und sogleich an demselben Abend deinen Brief aufgeschlagen, wodurch ich mir
denn einbilden konnte, etwas Vernünftiges über diese Wun-
derlichkeiten zu denken. Mir fehlte zu dem, was man Genuß nennt und was bei mir immer zwischen Sinnlichkeit
und Verstand schwebt, eine Basis zu dieser Flammen- und
Wolkensäule.

Wär ich in Berlin, so würde ich die Möserischen Quartettabende selten versäumen. Dieser Art Exhibitionen waren mir von jeher von der Instrumentalmusik das Verständlichste, man hört vier vernünftige Leute sich untereinander
unterhalten, glaubt ihren Diskursen etwas abzugewinnen

und die Eigentümlichkeiten der Instrumente kennen zu lernen. Für diesmal fehlte mir in Geist und Ohr ein solches Fundament, ich hörte nur etwas Meteorisches und wußte mir weiter davon keine Rechenschaft zu geben; bedeutend ist es jedoch, die Menschen, besonders die Frauenzimmer darüber reden zu hören; es sind ganz eigentlich Konfessionen, die sie mit dem besten Zutrauen aussprechen.

9. November 1829

In der Revue de Paris Nr. 1, den 1. Mai, dritter Jahrgang, steht ein merkwürdiger Aufsatz über Paganini. Er ist von einem Arzte, der ihn mehrere Jahre gekannt und bedient [hat]; dieser setzt auf eine gar kluge Weise heraus, wie dieses merkwürdigen Mannes musikalisches Talent durch die Konformation seines Körpers, durch die Proportionen seiner Glieder bestimmt, begünstigt, ja genötigt werde, das Unglaubliche, ja das Unmögliche hervorzubringen. Es führt uns andere dies auf jene Überzeugung zurück, daß der Organismus in seinen Determinationen die wunderlichen Manifestationen der lebendigen Wesen hervorbringe.

Hier will ich nun, da noch etwas Raum ist, eines der größten Worte niederschreiben, welches uns unsre Vorvordern zurückgelassen haben:

»Die Tiere werden durch ihre Organe unterrichtet.« Nun denke man sich, wieviel vom Tier im Menschen übrig bleibt, und daß dieser die Fähigkeit hat, seine Organe zu unterrichten, so wird man gern auf diese Betrachtungen immer wieder zurückkehren. Und nun schnell ins Couvert, damit es mich nicht reue, so Wunderliches auf das Papier gebracht zu haben. *9. Juni 1831*

Nehmen Sie den besten Dank, lieber Freund, für das, was Sie an dem jungen Eberwein[12] tun wollen und können. Die Kunstwelt liegt freilich zu sehr im argen, als daß ein junger Mensch so leicht gewahr werden sollte, worauf es ankommt. Sie suchen es immer woanders als da, wo es entspringt, und wenn sie die Quelle ja einmal erblicken, so können sie den Weg dazu nicht finden.

Deswegen bringen mich auch ein halb Dutzend jüngere poetische Talente zur Verzweiflung, die bei außerordentlichen Naturanlagen schwerlich viel machen werden, was mich erfreuen kann. Werner, Oehlenschläger, Arnim, Brentano und andere arbeiten und treiben's immer fort; aber alles geht durchaus ins Form- und Charakterlose. Kein Mensch will begreifen, daß die höchste und einzige Operation der Natur und Kunst die Gestaltung sei und in der Gestalt die Spezifikation, damit jedes ein Besonderes, Bedeutendes werde, sei und bleibe. Es ist keine Kunst, sein Talent nach individueller Bequemlichkeit humoristisch walten zu lassen; etwas muß immer daraus entstehen, wie aus dem verschütteten Samen Vulkans ein wundersamer Schlangenbube entsprang.

Haben Sie die Gefälligkeit, lieber Freund, wenn Sie eine Viertelstunde Zeit finden, mir die Verirrungen der musikalischen Jugend mit einigen Zügen zu schildern: ich möchte sie mit den Mißgriffen der Maler vergleichen; denn man muß sich ein- für allemal über diese Dinge beruhigen, das ganze Wesen verfluchen, an die Bildung anderer nicht denken und die kurze Zeit, die einem übrigbleibt, zu eigenen Werken verwenden.

Indem ich mich aber so unfreundlich hierüber ausdrücke, so muß ich doch, wie es den gutherzigen Polterern zu gehn pflegt, mich sogleich zurücknehmen und Sie ersuchen, Ihre Aufmerksamkeit auf Eberwein wenigstens bis Ostern fortzusetzen. *An Zelter, 30. Oktober 1808*

Für die gute Behandlung Eberweins nehmen Sie den besten Dank. Es soll mich sehr freuen, wenn er etwas gründlich Fruchtbares in seinem Fache zu uns bringt: denn ich bin der augenblicklichen anmaßlichen Pfuscherei in jedem Fache so satt, daß ich nicht darnach mehr zum Fenster hinaus sehen mag, ja daß sogar die Deutschen in ihrem Unglück mir lächerlich vorkommen, weil sie eigentlich nur darüber verzweifeln, daß sie nicht mehr salbadern sollen.

An Zelter, 26. August 1809

Das Unglück mit diesen Musikern ist dasselbe wie mit den Dichtern, daß jeder nur seine Arbeit vorträgt und das, was ihm ähnlich und erreichbar ist. Fräulein Hügel trägt die Händelschen und Bachschen Sonaten ganz trefflich vor und ist leider in diesem Fache wie in allen übrigen kein Mittelpunkt, nach dem ein jeder seufzt, indem er nur gewohnt ist, sich um sich selbst zu drehen. *An Zelter, 29. Oktober 1815*

»Das Unglück ist«, sagte Goethe, »im Staat, daß niemand leben und genießen, sondern jeder regieren, und in der Kunst, daß niemand sich des Hervorgebrachten freuen, sondern jeder seinerseits selbst wieder produzieren will.

Auch denkt niemand daran, sich von einem Werk der Poesie auf seinem eigenen Wege fördern zu lassen, sondern jeder will sogleich wieder dasselbige machen.

Es ist ferner kein Ernst da, der ins Ganze geht, kein Sinn, dem Ganzen etwas zuliebe zu tun, sondern man trachtet nur, wie man sein eigenes Selbst bemerklich mache und es vor der Welt zu möglichster Evidenz bringe. – Dieses falsche Bestreben zeigt sich überall, und man tut es den neuesten Virtuosen nach, die nicht sowohl solche Stücke zu ihrem Vortrage wählen, woran die Zuhörer reinen musikalischen Genuß haben, als vielmehr solche, worin der Spielende seine erlangte Fertigkeit könne bewundern lassen. Überall ist es das Individuum, das sich herrlich zeigen will, und nirgends trifft man auf ein redliches Streben, das dem Ganzen und der Sache zuliebe sein eigenes Selbst zurücksetzte.«   *Zu Eckermann, 20. April 1825*

Ich kann nicht schließen, ohne jener überfüllten Musik [Spontinis Oper Alcidor] nochmals zu gedenken; alles aber, mein Teuerster, ist jetzt ultra, alles transzendiert unaufhaltsam, im Denken wie im Tun. Niemand kennt sich mehr, niemand begreift das Element, worin er schwebt und wirkt, niemand den Stoff, den er bearbeitet. Von reiner Einfalt kann die Rede nicht sein; einfältiges Zeug gibt es genug.

An Zelter, 6. Juni 1825

»Es ist wunderlich«, sagte Goethe, »wohin die aufs höchste gesteigerte Technik und Mechanik die neuesten Komponisten führt; ihre Arbeiten bleiben keine Musik mehr, sie gehen über das Niveau der menschlichen Empfindungen hinaus, und man kann solchen Sachen aus eigenem Geist und Herzen nichts mehr unterlegen.«

Zu Eckermann, 12. Januar 1827

Das Gespräch kam auf Zelter. »Ich habe einen Brief von ihm«, sagte Goethe; »er schreibt unter andern, daß die Aufführung des ›Messias‹ ihm durch eine seiner Schülerinnen verdorben sei, die eine Arie zu weich, zu schwach, zu sentimental gesungen. Das Schwache ist ein Charakterzug unsers Jahrhunderts. Ich habe die Hypothese, daß es in Deutschland eine Folge der Anstrengung ist, die Franzosen los zu werden. Maler, Naturforscher, Bildhauer, Musiker, Poeten, es ist, mit wenigen Ausnahmen, alles schwach, und in der Masse steht es nicht besser.«

Zu Eckermann, 12. Februar 1829

Deine Klagen oder vielmehr Invektiven bei nicht gemäßer Ausführung längst vorbereiteter Ton-Exhibitionen [Händels Messias] glaub ich zu verstehn. Die Tendenz der Zeit, alles ins Schwache und Jämmerliche herunterzuziehen, geht immer mehr durch und durch.

An Zelter, 12. Februar 1829

»Ich kann«, sagte er [Goethe], »mich nicht erinnern, daß seit langem etwas solchen Eindruck und solch Vergnügen mir gemacht hätte wie Ihr Spiel« – und ließ sich aus über Musik und Vortrag. Zu Müller [Kanzler von Müller] hatte er gesagt, er hätte wieder eine jener Künstlerinnen zu hören erwartet, welche die größte Mühe darauf verwenden, schwere Passagen durchzuführen; denn das sei man von den Virtuosen gewohnt; allein er habe sich darin getäuscht und seelenvolle, tiefe, gemütreiche Musik gehört.

Mitgeteilt von der Pianistin Caroline v. Pentheler, 9. März 1829

Glück zu deinem Studentenchor! Ich glaube wohl, daß die neuern Ohren, welche sich nur am Sehnsuchtsgeschleif und Gesäusel hinhalten, einen kräftigen, herz- und dacherhebenden Gesang schrecklich finden müssen; ihr Choralgesang bleibt doch immer: Ein laues Bad ist unser Tee, und dann denken sie doch nebenher, sie hätten was von einer festen Burg und irgendein Gott bekümmere sich um sie.

An Zelter, 18. Juli 1830

Ein Vater brachte seine flügelspielende Tochter [Clara Wieck] zu mir, welche, nach Paris gehend, neuere Pariser Kompositionen vortrug; auch mir war die Art neu, sie verlangt eine große Fertigkeit des Vortrags, ist aber immer heiter; man folgt gern und läßt sich's gefallen.

An Zelter, 5. Oktober 1831

Unter anderm erwähnte Goethe: »Ihre Madame Devrient war auch vor kurzem hier und hat mir eine Romanze vorgesungen – nun, man muß sagen, daß der Komponist das Pferdegetrappel vortrefflich ausgedrückt hat. Es ist nicht zu leugnen, daß in der von sehr vielen bewunderten Komposition das Schauerliche bis zum Gräßlichen getrieben wird, zumal wenn die Sängerin die Absicht hat, sich hören zu lassen.«   *Berichtet von J. G. v. Quandt, 1826*

Ich eilte zu Goethe, um ihn zu fragen, ob er die Schröder-Devrient empfangen wolle. »Es wird mich freuen, diese Künstlerin, von der ich schon so Treffliches gehört, kennen zu lernen«, erwiderte er. Ich fragte ihn noch, ob sie ihm etwas vorsingen dürfe, da er ja wegen der Trauer [um den Tod der Großherzogin] das Theater nicht besuche. »Das wird meine Freude nur erhöhen«, sagte er. Ich bemerkte, daß er dazu keinen Akkompagnisten bestellen möge; dieses Amt könne meine Frau übernehmen, und er versetzte lächelnd: »Ei sieh! da lerne ich ja ein weiteres Talent an deiner lieben Frau kennen.«

Am anderen Tage empfing er die Devrient höchst freundlich und liebreich. Sie sang ihm unter anderem auch die Schubertsche Komposition des ›Erlkönig‹ vor, und obgleich er kein Freund von durchkomponierten Strophenliedern war, so ergriff ihn der hochdramatische Vortrag der unvergleichlichen Wilhelmine so gewaltig, daß er ihr Haupt in beide Hände nahm und sie mit den Worten: »Haben Sie tausend Dank für diese großartige künstlerische Leistung!« auf die Stirn küßte. Dann fuhr er fort: »Ich habe diese Komposition früher einmal gehört, wo sie mir gar nicht zusagen wollte, aber so vorgetragen, gestaltet sich das Ganze zu einem sichtbaren Bild. Auch Ihnen, meine liebe Frau Genast« – wandte er sich zu meiner Frau — »danke ich für Ihre charakteristische Begleitung.« *Berichtet von dem Sänger Eduard Genast, April 1830*

ÜBER SEIN VERHÄLTNIS ZUR MUSIK
IM ALLGEMEINEN

Musik kann ich nicht beurteilen, denn es fehlt mir an Kenntnis der Mittel, deren sie sich zu ihren Zwecken bedient; ich kann nur von der Wirkung sprechen, die sie auf mich macht, wenn ich mich ihr rein und wiederholt überlasse. *An Friederike Helene Unger, 13. Juni 1796*

Heute abend wünschte ich, daß Sie die Aufführung der ›Theatralischen Abenteuer‹[17] sehen könnten; sie wird gewiß vorzüglich gut werden, weil sie als Hauptprobe dienen soll, um die Aufführung vor dem König vorzubereiten. Ich habe gestern und vorgestern die Vorproben mit Vergnügen besucht und auch dabei wieder die Bemerkung gemacht: wie sehr man mit einer Kunst in Verhältnis, Übung und Gewohnheit bleiben muß, wenn man ihre Produktionen einigermaßen genießen oder etwa gar beurteilen will. Ich habe schon öfters bemerkt, daß ich, nach einer langen Pause, mich erst wieder an Musik und bildende Kunst gewöhnen muß, um ihnen im Augenblick was abgewinnen zu können. *An Schiller, 5. Juni 1799*

Ich kenne Musik mehr durch Nachdenken als durch Genuß und also nur im allgemeinen. *An Zelter, 19. Juni 1805*

Da ich mich gegen Musik nur empfindend und nicht urteilend verhalte, so höre ich gar zu gern, was Meister und Kenner uns darüber eröffnen mögen.
An Rochlitz, 20. Juli 1809

. . . habe einem Stuttgarter Musikus, namens Kocher, Sie in meinem Namen zu begrüßen aufgetragen; er hat mir durch musikalischen Vortrag und Gespräch wirklich Interesse abgewonnen. Mögen Sie ihm einige Aufmerksamkeit schenken und mir Ihre Gedanken über ihn und seine Komposition[18] eröffnen, da ich mir in einer fremden Kunst wohl Anteil, aber kein Urteil erlaube. *An Rochlitz, 15. April 1819*

Die neuliche Vorstellung der ›Zauberflöte‹ ist mir übel bekommen, früher war ich empfänglicher für dergleichen, wenn auch die Vorstellungen vielleicht nicht besser waren. Nun kamen zwei Unvollkommenheiten, eine innere und äußere, zur Sprache, Anregungen wie das Anschlagen einer Glocke, die einen Sprung hat. Gar wunderlich; wollte ja auch die Wiederholung deiner geliebten Lieder nicht gelingen! Es ist besser, dergleichen zu ertragen als viel davon zu reden oder gar zu schreiben. *An Zelter, 6. November 1827*

Mir war seine [Mendelssohns] Gegenwart besonders wohltätig, da ich fand, mein Verhältnis zur Musik sei noch immer dasselbe; ich höre sie mit Vergnügen, Anteil und Nachdenken, liebe mir das Geschichtliche, denn wer versteht irgend eine Erscheinung, wenn er sich von dem Gang des Herankommens [nicht] penetriert?

An Zelter, 3. Juni 1830

II. ÜBER MUSIK IM ALLGEMEINEN

> . . . die Musik, die freilich dem Gefühle alles
> anzunähern vermag, was dem Begriff und
> selbst der Einbildungskraft fremd bleibt . . .
> *An Zelter, 18. Jänner 1823*

BEDEUTUNG DER MUSIK

Musik im besten Sinne bedarf weniger der Neuheit, ja vielmehr je älter sie ist, je gewohnter man sie ist, desto mehr wirkt sie. *Maximen und Reflexionen*

Die Würde der Kunst erscheint bei der Musik vielleicht am eminentesten, weil sie keinen Stoff hat, der abgerechnet werden müßte. Sie ist ganz Form und Gehalt und erhöht und veredelt alles, was sie ausdrückt. *Maximen und Reflexionen*

Wäre die Sprache nicht unstreitig das Höchste, was wir haben, so würde ich Musik noch höher als Sprache und als ganz zuoberst setzen. *Schriften zur Natur- und Wissenschaftslehre*

Wie die Sicherheit des Ausdrucks dem Gedanken des Redners Flügel gibt, so die Musik der Empfindung. *Fragment eines Romans in Briefen*

Musik kann sich am längsten erhalten. Dieses Talent kann mit Glück bis in ein höheres Alter geübt werden; auch ist es, was einzelne Instrumente betrifft, allgemeiner und von jungen Leuten erreichbar. *An den Herzog Carl August, 11. September 1797*

Wer Musik nicht liebt, verdient nicht, ein Mensch genannt zu werden; wer sie nur liebt, ist erst ein halber Mensch; wer sie aber treibt, ist ein ganzer Mensch. *Zu J. Pleyer, August 1822*

Der Sinn für Musik und Gesang und ihre Ausübung ist in keinem Lande verbreitet wie in Deutschland, und das ist auch etwas! *Zu Eckermann, 23. Oktober 1828*

»In der Poesie«, sagte Goethe, »ist durchaus etwas Dämonisches, und zwar vorzüglich in der unbewußten, bei der aller Verstand und alle Vernunft zu kurz kommt, und die daher auch so über alle Begriffe wirkt.

Desgleichen ist es in der Musik im höchsten Grade, denn sie steht so hoch, daß kein Verstand ihr beikommen kann, und es geht von ihr eine Wirkung aus, die alles beherrscht und von der niemand imstande ist, sich Rechenschaft zu geben. Der religiöse Kultus kann sie daher auch nicht entbehren; sie ist eins der ersten Mittel, um auf die Menschen wunderbar zu wirken.«   *Zu Eckermann, 8. März 1831*

MUSICA SACRA UND »PROFANE« MUSIK

Die Musik ist heilig oder profan. Das Heilige ist ihrer Würde ganz gemäß, und hier hat sie die größte Wirkung aufs Leben, welche sich durch alle Zeiten und Epochen gleich bleibt. Die profane sollte durchaus heiter sein.

Eine Musik, die den heiligen und profanen Charakter vermischt, ist gottlos, und eine halbschürige, welche schwache, jammervolle, erbärmliche Empfindungen auszudrücken Belieben findet, ist abgeschmackt. Denn sie ist nicht ernst genug, um heilig zu sein, und es fehlt ihr der Hauptcharakter des Entgegengesetzten: die Heiterkeit.

Die Heiligkeit der Kirchenmusiken, das Heitere und Neckische der Volksmelodien sind die beiden Angeln, um die sich die wahre Musik herumdreht. Auf diesen beiden Punkten beweist sie jederzeit eine unausbleibliche Wirkung: Andacht oder Tanz. Die Vermischung macht irre, die Verschwächung wird fade, und will die Musik sich an Lehrgedichte oder beschreibende und dergleichen wenden, so wird sie kalt.   *Maximen und Reflexionen*

Wir sind darin mit Ihnen einverstanden, daß der Musik zuerst und allein durch den Kirchengesang zu helfen sei und daß für ein Gouvernement selbst in jedem Sinne nichts wünschenswerter sein müßte, als zugleich eine Kunst und höhere Gefühle zu nähren und die Quellen einer Religion zu reinigen, die dem Gebildeten und Ungebildeten gleich gemäß ist. *An Zelter, 13. Juli 1804*

Der religiöse Kultus kann sie [die Musik] . . . nicht entbehren; sie ist eins der ersten Mittel, um auf die Menschen wunderbar zu wirken. *Zu Eckermann, 8. März 1831*

ÜBER
DAS »DÄMONISCHE« IN
DER MUSIK

Wenn Hummel[14] aufhört, so steht gleichsam ein Gnome da, der mit Hülfe bedeutender Dämonen solche Wunder verrichtete, für die man ihm kaum zu danken sich getraut. *An Zelter, 24. August 1823*

Napoleon behandelte die Welt wie Hummel seinen Flügel; beides erscheint uns wunderbar, wir begreifen das eine sowenig wie das andere, und doch ist es so und geschieht vor unsern Augen. Napoleon war darin besonders groß, daß er zu jeder Stunde derselbige war. Vor einer Schlacht, während einer Schlacht, nach einem Siege, nach einer Niederlage, er stand immer auf festen Füßen und war immer klar und entschieden, was zu tun sei. Er war immer in seinem Element und jedem Augenblick und jedem Zustande gewachsen, so wie es Hummeln gleichviel ist, ob er ein Adagio oder ein Allegro, ob er im Baß oder im Diskant spielt. Das ist die Fazilität, die sich überall findet, wo ein wirkliches Talent vorhanden ist, in Künsten des Friedens wie des Krieges, am Klavier wie hinter den Kanonen.

Zu Eckermann, 7. April 1829

»Wenn man alt ist«, sagte er, »denkt man über die weltlichen Dinge anders, als da man jung war. So kann ich mich des Gedankens nicht erwehren, daß die Dämonen, um die Menschheit zu necken und zum besten zu haben, mitunter einzelne Figuren hinstellen, die so anlockend sind, daß jeder nach ihnen strebt, und so groß, daß niemand sie erreicht. So stellten sie den Raffael hin, bei dem Denken und Tun gleich vollkommen war; einzelne treffliche Nachkommen haben sich ihm genähert, aber erreicht hat ihn niemand. So stellten sie den Mozart hin, als etwas Unerreichbares in der Musik. Und so in der Poesie Shakespeare. Ich weiß, was Sie mir gegen diesen sagen können, aber ich meine nur das Naturell, das große Angeborene der Natur.«

Zu Eckermann, 6. Dezember 1829

Merkwürdig ist, sagte ich [Eckermann], daß sich von allen Talenten das musikalische am frühesten zeigt, so daß Mozart in seinem fünften, Beethoven in seinem achten und Hummel in seinem neunten Jahre schon die nächste Umgebung durch Spiel und Kompositionen in Erstaunen setzten.

»Das musikalische Talent«, sagte Goethe, »kann sich wohl am frühesten zeigen, indem die Musik ganz etwas Angeborenes, Inneres ist, das von außen keiner großen Nahrung und keiner aus dem Leben gezogenen Erfahrung bedarf. Aber freilich, eine Erscheinung wie Mozart bleibt immer ein Wunder, das nicht weiter zu erklären ist. Doch wie wollte die Gottheit überall Wunder zu tun Gelegenheit finden, wenn sie es nicht zuweilen in außerordentlichen Individuen versuchte, die wir anstaunen und nicht begreifen, woher sie kommen.«   *Zu Eckermann, 14. Februar 1831*

Heute bei Goethe zu Tisch, kam das Gespräch bald wieder auf das Dämonische, und er fügte zu dessen näheren Bezeichnung noch folgendes hinzu.

»Das Dämonische«, sagte er, »ist dasjenige, was durch Verstand und Vernunft nicht aufzulösen ist. In meiner Natur liegt es nicht, aber ich bin ihm unterworfen.«

Napoleon, sagte ich, scheint dämonischer Art gewesen zu sein. »Er war es durchaus«, sagte Goethe, »im höchsten Grade, so daß kaum ein anderer ihm zu vergleichen ist. Auch der verstorbene Großherzog war eine dämonische Natur, voll unbegrenzter Tatkraft und Unruhe, so daß sein eigenes Reich ihm zu klein war und das größte ihm zu klein gewesen wäre. Dämonische Wesen solcher Art rechneten die Griechen unter die Halbgötter.«

Erscheint nicht auch, sagte ich, das Dämonische in den Begebenheiten? »Ganz besonders«, sagte Goethe, »und zwar in allen, die wir durch Verstand und Vernunft nicht aufzulösen vermögen. Überhaupt manifestiert es sich auf die verschiedenste Weise in der ganzen Natur, in der unsichtbaren wie in der sichtbaren. Manche Geschöpfe sind ganz dämonischer Art, in manchen sind Teile von ihm wirksam.«

Hat nicht auch, sagte ich, der Mephistopheles dämonische Züge?

»Nein«, sagte Goethe, »der Mephistopheles ist ein viel zu negatives Wesen; das Dämonische aber äußert sich in einer durchaus positiven Tatkraft.

Unter den Künstlern«, fuhr Goethe fort, »findet es sich mehr bei Musikern, weniger bei Malern. Bei Paganini zeigt es sich im hohen Grade, wodurch er denn auch so große Wirkungen hervorbringt.«

Im Gespräch mit Eckermann, 2. März 1831

Desgleichen ist es [das Dämonische] in der Musik im höchsten Grade, denn sie steht so hoch, daß kein Verstand ihr beikommen kann, und es geht von ihr eine Wirkung aus, die alles beherrscht und von der niemand imstande ist, sich Rechenschaft zu geben. *Zu Eckermann, 8. März 1831*

RHYTHMUS UND MUSIK

Der Rhythmus hat etwas Zauberisches, sogar macht er uns glauben, das Erhabene gehöre uns an.

Maximen und Reflexionen

... ich gebe mich weder für einen großen Schauspieler noch Sänger; aber das weiß ich, daß, wenn die Musik die Bewegungen des Körpers leitet, ihnen Leben gibt und ihnen zugleich das Maß vorschreibt; wenn Deklamation und Ausdruck schon von dem Kompositeur auf mich übertragen werden: so bin ich ein ganz andrer Mensch, als wenn ich im prosaischen Drama das alles erst erschaffen und Takt und Deklamation mir erst erfinden soll, worin mich noch dazu jeder Mitspielende stören kann.

Wilhelm Meisters Lehrjahre

... innerlich scheint mir oft ein geheimer Genius etwas Rhythmisches vorzuflüstern, so daß ich mich beim Wandern jedesmal im Takt bewege und zugleich leise Töne zu vernehmen glaube, wodurch denn irgendein Lied begleitet wird, das sich mir auf eine oder die andere Weise gefällig vergegenwärtigt. *Wilhelm Meisters Wanderjahre*

Der poetischen Rhythmik stellt der Tonkünstler Takteinteilung und Taktbewegung entgegen. Hier zeigt sich aber bald die Herrschaft der Musik über die Poesie; denn wenn diese, wie billig und notwendig, ihre Quantitäten immer so

rein als möglich im Sinne hat, so sind für den Musiker wenig Silben entschieden lang oder kurz; nach Belieben zerstört dieser das gewissenhafteste Verfahren des Rhythmikers, ja verwandelt sogar Prosa in Gesang, wo dann die wunderbarsten Möglichkeiten hervortreten, und der Poet würde sich gar bald vernichtet fühlen, wüßte er nicht, von seiner Seite, durch lyrische Zartheit und Kühnheit, dem Musiker Ehrfurcht einzuflößen und neue Gefühle, bald in sanftester Folge, bald durch die raschesten Übergänge, hervorzurufen.
Wilhelm Meisters Wanderjahre

Sobald die Musik den ersten kräftigen Schritt tut, um nach außen zu wirken, so regt sie den uns angebornen Rhythmus gewaltig auf, Schritt und Tanz, Gesang und Jauchzen; nach und nach verläuft sie sich ins Transoxanische[19] (vulgo Janitscharmusik) oder ins Jodeln, ins Liebelocken der Vögel.

Nun tritt aber eine höhere Kultur ein, die reine Kantilene schmeichelt und entzückt; nach und nach entwickelt sich der harmonische Chor, und so strebt das entfaltete Ganze wieder nach seinem göttlichen Ursprung zurück.
An Zelter, 21. Juni 1827

MUSIK UND MUSIKER: DEN AUGENBLICK BEDEUTEND MACHEND

DER MUSENSOHN

Durch Feld und Wald zu schweifen,
Mein Liedchen wegzupfeifen,
So geht's von Ort zu Ort!
Und nach dem Takte reget,
Und nach dem Maß beweget
Sich alles an mir fort.

Ich kann sie kaum erwarten,
Die erste Blum im Garten,
Die erste Blüt am Baum.
Sie grüßen meine Lieder,
Und kommt der Winter wieder,
Sing ich noch jenen Traum.

Ich sing ihn in der Weite,
Auf Eises Läng und Breite,
Da blüht der Winter schön!
Auch diese Blüte schwindet,
Und neue Freude findet
Sich auf bebauten Höhn.

Denn wie ich bei der Linde
Das junge Völkchen finde,
Sogleich erreg ich sie.
Der stumpfe Bursche bläht sich,
Das steife Mädchen dreht sich
Nach meiner Melodie.

Ihr gebt den Sohlen Flügel
Und treibt durch Tal und Hügel
Den Liebling weit von Haus.
Ihr lieben holden Musen,
Wann ruh ich ihr am Busen
Auch endlich wieder aus?

Der Musiker:

Er sei ein Harfner, dem die Musen
Den Psalter wohlgestimmt gereicht,
Und so gelingt's dem freien Busen:
Denn alle Saiten schweben leicht,
Bereit zur Hand, bereit zum Klange,

Ein Lied erfolgt, man weiß nicht wie. –
Sein Leben sei im Lustgesange
Sich und den andern Melodie.

Aus einem Maskenzug, 1818

Die Musik wirkt nur gegenwärtig und unmittelbar . . .

An Zelter, 28. September 1821

Höchst merkwürdig ist es, daß die Musik, wie sie aus ihrer ersten einfachen Tiefe hervortritt, alsobald der flüchtigen Zeit angehört und dem leichtfertigen Ohre schmeicheln muß. *An Zelter, 21. Juni 1827*

Würde gefragt, was sie [Nachzeichnungen von pompejanischen Wandbildern] vorstellen, so wäre man vielleicht in Verlegenheit zu antworten; einstweilen möchte ich sagen: diese Gestalten geben uns das Gefühl: der Augenblick müsse prägnant und sich selbst genug sein, um ein würdiger Einschnitt in Zeit und Ewigkeit zu werden.

Was hier von der bildenden Kunst gesagt ist, paßt eigentlich noch besser auf die Musik, und du kannst, alter Herr, dein Bestreben, deine Anstalt überdenkend, obige wunderlichen Worte gar wohl gelten lassen. Fürwahr, die Musik füllt, in jenem Betracht, den Augenblick am entschiedensten, es sei nun, daß sie in dem ruhigen Geiste Ehrfurcht und Anbetung errege oder die beweglichen Sinne zu tanzendem Jubel hervorrufe. *An Zelter, 19. Oktober 1829*

*

. . . der Musiker, wenn er sonst sinnlich und sinnig, sittlich und sittig begabt ist, genießt im Lebensgange große Vorteile, weil er dem lebendig Dahinfließenden und aller Art von Genüssen sich mehr assimilieren kann.

An Zelter, 9. Juni 1827

Der Musiker ist glücklicher als der Maler, er spendet willkommene Gaben aus, persönlich unmittelbar, anstatt daß der letzte nur gibt, wenn die Gabe sich von ihm absonderte.

Lebhafter jedoch [als der Maler] schreitet der Musiker daher, denn er ist es eigentlich, der für ein neues Ohr neue Überraschung, für einen frischen Sinn frisches Erstaunen bereitet.

Wilhelm Meisters Wanderjahre

Man kann sehr glücklich sein, wenn man die Beistimmung der andern nicht fordert; daher ist eurer, der Musiker, Glück und Unglück beides übermäßig. Vom Schauspieler will ich gar nicht reden, sie tanzen auf der Rasiermesserschärfe des Augenblicks.

An Zelter, 3. Februar 1831

Glücklicherweise ist dein Talent-Charakter auf den Ton, d. h. auf den Augenblick angewiesen. Da nun eine Folge von konsequenten Augenblicken immer eine Art von Ewigkeit selbst ist, so war dir gegeben, im Vorübergehenden stets beständig zu sein und also mir sowohl als Hegels Geist, insofern ich ihn verstehe, völlig genug zu tun.

An Zelter, 11. März 1832

MUSIK IN BEZIEHUNG ZU
ANDEREN KÜNSTEN

Ich habe die Vermutung, daß allem und jedem Kunstsinn der Sinn für Musik beigesellt sein müsse; ich wollte meine Behauptung durch Theorie und Erfahrung unterstützen.

An Zelter, 6. September 1827

*

Er [Serlo] liebte die Musik sehr und behauptete, daß ein Schauspieler ohne diese Liebe niemals zu einem deutlichen Begriff und Gefühl seiner eigenen Kunst gelangen könne. So wie man viel leichter und anständiger agiere, wenn die Gebärden durch eine Melodie begleitet und geleitet werden, so müsse der Schauspieler sich auch seine prosaische Rolle gleichsam im Sinne komponieren, daß er sie nicht etwa eintönig nach seiner individuellen Art und Weise hinsudele, sondern sie in gehöriger Abwechslung nach Takt und Maß behandle. *Wilhelm Meisters Lehrjahre*

*

. . . von der Tonkunst, dem wahren Element, woher alle Dichtungen entspringen und wohin sie zurückkehren.

Tag- und Jahreshefte 1805

. . . denn sobald von Offenbarung des Innern, von Überlieferung desselben die Rede kommt, wird Poesie, durch Musik vollendet, immer die sicherste Vermittlerin sein.

Dichtung und Wahrheit, Lesarten

*

»Ich habe unter meinen Papieren ein Blatt gefunden«, sagte Goethe heute, »wo ich die Baukunst eine erstarrte Musik nenne. Und wirklich, es hat etwas; die Stimmung, die von der Baukunst ausgeht, kommt dem Effekt der Musik nahe.«

Zu Eckermann, 23. März 1829

Diese charakteristische Kunst [des Straßburger Münsters] ist nun die einzige wahre. Wenn sie aus inniger, einiger, eigner, selbständiger Empfindung um sich wirkt, unbekümmert, ja unwissend alles Fremden, da mag sie aus rauher Wildheit oder aus gebildeter Empfindsamkeit geboren werden, sie ist ganz und lebendig. Da seht ihr bei Nationen und einzelnen Menschen dann unzählige Grade. Je mehr sich die Seele erhebt zu dem Gefühl der Verhältnisse, die allein schön und von Ewigkeit sind, deren Hauptakkorde man beweisen, deren Geheimnisse man nur fühlen kann, in denen sich allein das Leben des gottgleichen Genius in seligen Melodien herumwälzt, je mehr diese Schönheit in das Wesen eines Geistes eindringt, daß sie mit ihm entstanden zu sein scheint, daß ihm nichts genugtut als sie, daß er nichts aus sich wirkt als sie, desto glücklicher ist der Künstler, desto herrlicher ist er, desto tiefgebeugter stehen wir da und beten an den Gesalbten Gottes.

Von deutscher Baukunst, 1772

Wenn man bedenkt, daß Jahrhunderte hier [in Rom] im höchsten Sinne architektonisch gewaltet, daß auf übrig gebliebenen mächtigen Substruktionen die künstlerischen Gedanken vorzüglicher Geister sich hervorgehoben und den Augen dargestellt, so wird man begreifen, wie sich Geist und Aug' entzücken müssen, wenn man unter jeder Beleuchtung diese vielfachen horizontalen und tausend vertikalen Linien unterbrochen und geschmückt wie eine stumme Musik mit den Augen auffaßt, und wie alles, was klein und beschränkt in uns ist, nicht ohne Schmerz erregt und ausgetrieben wird. *Italienische Reise*

Ein edler Philosoph sprach von der Baukunst als einer erstarrten Musik und mußte dagegen manches Kopfschütteln gewahr werden. Wir glauben diesen schönen Gedanken nicht besser nochmals einzuführen, als wenn wir die Architektur eine verstummte Tonkunst nennen.

Man denke sich den Orpheus, der, als ihm ein großer wüster Bauplatz angewiesen war, sich weislich an dem schicklichsten Ort niedersetzte und durch die belebenden Töne seiner Leier den geräumigen Marktplatz um sich her bildete. Die von kräftig gebietenden, freundlich lockenden Tönen schnell ergriffenen, aus ihrer massenhaften Ganzheit gerissenen Felssteine mußten, indem sie sich enthusiastisch herbei bewegten, sich kunst- und handwerksgemäß gestalten, um sich sodann in rhythmischen Schichten und Wänden gebührend hinzuordnen. Und so mag sich Straße zu Straßen anfügen! An wohlschützenden Mauern wird's auch nicht fehlen.

Die Töne verhallen, aber die Harmonie bleibt. Die Bürger einer solchen Stadt wandlen und weben zwischen ewigen Melodien; der Geist kann nicht sinken, die Tätigkeit nicht einschlafen, das Auge übernimmt Funktion, Gebühr und Pflicht des Ohres, und die Bürger am gemeinsten Tage fühlen sich in einem ideellen Zustand: ohne Reflexion, ohne nach dem Ursprung zu fragen, werden sie des höchsten sittlichen und religiösen Genusses teilhaftig. Man gewöhne sich, in Sankt Peter auf und ab zu gehen, und man wird ein Analogon desjenigen empfinden, was wir auszusprechen gewagt.

Der Bürger dagegen in einer schlecht gebauten Stadt, wo der Zufall mit leidigem Besen die Häuser zusammenkehrte, lebt unbewußt in der Wüste eines düstern Zustandes; dem fremden Eintretenden jedoch ist es zu Mute, als wenn er Dudelsack, Pfeifen und Schellentrommeln hörte und sich bereiten müßte, Bärentänzen und Affensprüngen beiwohnen zu müssen. *Aus dem Nachlaß: Kunst · Kunstgeschichte*

*

Man würde nicht mit Unrecht ein Bild von mächtigem Effekt mit einem musikalischen Stücke aus dem Durton, ein Gemälde von sanftem Effekt mit einem Stücke aus dem Mollton vergleichen; sowie man für die Modifikation dieser beiden Haupteffekte andre Vergleichungen finden könnte.

Farbenlehre

Wenigstens scheint mir, daß der Ton noch viel größerer Mannigfaltigkeit als die Farbe fähig sei, und obgleich auch in ihm das einfachste physische Gesetz der Dualität stattfindet, so wie er auch, in seinen ersten Ursprüngen betrachtet, durch viel gemeinere Anlässe als die Farbe erregt wird, so hat er doch eine unglaubliche Biegsamkeit und Verhältnismöglichkeit, die mir über alle Begriffe geht und vielleicht zeitlebens gehen wird.   *Schriften zur Natur- und Wissenschaftslehre*

*

Über Leonardo da Vincis ›Abendmahl‹:

Von diesem unschätzbaren Werk, der ersten kompletten malerischen Fuge, die alle vorhergehenden übertrifft und vor keiner nachfolgenden zurücktreten darf, ist an Ort und Stelle nur noch der Schimmer geblieben.

An Zelter, 31. Dezember 1817

*

Denke Dir, daß hier[20] etwas Fugenartiges für die Augen geleistet werden soll, das, wenn es recht gelänge, in größter Regelmäßigkeit regellos erschiene und durch alle Verwirrung etwas Anmutiges durchblicken ließe.

An Zelter, 4. Februar 1831

»DIE WAHRE MUSIK IST ALLEIN
FÜRS OHR«

Er konnte nicht ohne Musik, besonders nicht ohne Gesang leben, und hatte dabei die Eigenheit, daß er die Sänger nicht sehen wollte. Er pflegte zu sagen: Das Theater verwöhnt uns gar zu sehr, die Musik dient dort nur gleichsam dem Auge, sie begleitet die Bewegungen, nicht die Empfindungen. Bei Oratorien und Konzerten stört uns immer die Gestalt des Musikus; die wahre Musik ist allein fürs Ohr; eine schöne Stimme ist das allgemeinste, was sich denken läßt, und indem das eingeschränkte Individuum, das sie hervorbringt, sich vors Auge stellt, zerstört es den reinen Effekt jener Allgemeinheit. Ich will jeden sehen, mit dem ich reden soll, denn es ist ein einzelner Mensch, dessen Gestalt und Charakter die Rede wert oder unwert macht; hingegen wer mir singt, soll unsichtbar sein; seine Gestalt soll mich nicht bestechen oder irre machen. Hier spricht nur ein Organ zum Organe, nicht der Geist zum Geiste, nicht eine tausendfältige Welt zum Auge, nicht ein Himmel zum Menschen. Ebenso wollte er auch bei Instrumentalmusiken die Orchester soviel als möglich versteckt haben, weil man durch die mechanischen Bemühungen und durch die notdürftigen, immer seltsamen Gebärden der Instrumentenspieler so sehr zerstreut und verwirrt werde. Er pflegte daher eine Musik nicht anders als mit zugeschlossenen Augen anzuhören, um sein ganzes Dasein auf den einzigen reinen Genuß des Ohrs zu konzentrieren.

Wilhelm Meisters Lehrjahre

Er [Goethe] liest uns jetzt über die Farben, sagt, daß sie in unsern Augen liegen, drum verlange das Auge die Harmonien der Farben, wie das Ohr der Töne.

Charlotte von Stein, Januar 1806

Der Musikus müsse immer in sich selbst gekehrt sein, sein Innerstes ausbilden, um es nach außen zu wenden. Dem Sinne des Auges hat er nicht zu schmeicheln. Das Auge bevorteilt gar leicht das Ohr und lockt den Geist von innen nach außen. Umgekehrt muß der bildende Künstler in der Außenwelt leben und sein Inneres gleichsam unbewußt an und in dem Auswendigen manifestieren.

Wilhelm Meisters Wanderjahre

Das musikalische Talent kann sich wohl am frühesten zeigen, indem die Musik ganz etwas Angeborenes, Inneres ist, das von außen keiner großen Nahrung und keiner aus dem Leben gezogenen Erfahrung bedarf.

Zu Eckermann, 14. Februar 1831

ÜBER DAS »ANERKANNTE GESETZLICHE« IN DER MUSIK

Wie viel mehr Lob verdienen die Tonkünstler, wie sehr ergötzen sie sich, wie genau sind sie, wenn sie gemeinschaftlich ihre Übungen vornehmen! Wie sind sie bemüht, ihre Instrumente übereinzustimmen, wie genau halten sie Takt, wie zart wissen sie die Stärke und Schwäche des Tons auszudrücken! Keinem fällt es ein, sich bei dem Solo eines andern durch ein vorlautes Akkompagnieren Ehre zu machen. Jeder sucht in dem Geist und Sinne des Komponisten zu spielen, und jeder das, was ihm aufgetragen ist, es mag viel oder wenig sein, gut auszudrücken . . . Warum ist der Kapellmeister seines Orchesters gewisser als der Direktor seines Schauspiels? Weil dort jeder sich seines Mißgriffs, der das äußere Ohr beleidigt, schämen muß.

Wilhelm Meisters Lehrjahre

Wenn es [das Erlernen von Musik] autodidaktisch geschieht und nicht unter der strengen Anleitung eines Meisters . . . erlernt wird, so entsteht ein ängstliches, immer
ungewisses, unbefriedigtes Streben, da der Musikdilettant
nicht wie der in andern Künsten ohne Kunstregeln Effekte
hervorbringen kann.

Über den Dilettantismus, 1799, gemeinsam mit Schiller

Gespräch über die Kunst, insbesondre der Malerei.
Warum es immer beim Dilettantismus bleibe. »Es fehlt an
einer aufgestellten und approbierten Theorie, wie sie die
Musik hat, in der keiner gegen den Generalbaß schlegeln
darf, ohne daß die Meister es rügen und unsere Ohren es
mehr oder weniger empfinden . . .«

Tagebucheintragung vom 19. Mai 1807

Wenn ich nicht irre, so habt ihr Meister der Tonkunst
dadurch einen größeren Vorteil, daß ihr gleich anfangs eure
Schüler nötigen könnt, das anerkannte Gesetzliche anzu-
nehmen.

An Zelter, 28. Juni 1818

Was Du von Felix [Mendelssohn Bartholdy] meldest, ist
wünschenswert und rührend, als Text und Kommentar
betrachtet; könnt' ich doch auch von einem meiner Scho-
laren das Gleiche melden! Leider aber hat Poesie und
Bildkunst kein anerkanntes Fundament wie die eure; die
absurdeste Empirie erscheint überall, Künstler und Liebhaber sind gleich unstatthaft, der eine macht, der andere
urteilt ohne Vernunft; da muß man denn abwarten, bis
ein entschiedenes Talent hervorgeht und das Vernünftige
außer sich gewahr wird, weil es in seinem Innern verborgen liegt.

An Zelter, 8. März 1824

. . . die Musik hält ihre Schüler zusammen, sie dürfen aus Ton und Maß nicht weichen. *An Zelter, 6. September 1827*

Man erinnerte an die Notwendigkeit sicherer Grundsätze in andern Künsten. Würde der Musiker einem Schüler vergönnen, wild auf den Saiten herumzugreifen oder sich gar Intervalle nach eigner Lust und Belieben zu erfinden? Hier wird auffallend, daß nichts der Willkür des Lernenden zu überlassen sei; das Element, worin er wirken soll, ist entschieden gegeben, das Werkzeug, das er zu handhaben hat, ist ihm eingehändigt, sogar die Art und Weise, wie er sich dessen bedienen soll, ich meine den Fingerwechsel, findet er vorgeschrieben, damit ein Glied dem andern aus dem Wege gehe und seinem Nachfolger den rechten Weg bereite; durch welches gesetzliche Zusammenwirken denn zuletzt allein das Unmögliche möglich wird.

Was uns aber zu strengen Forderungen, zu entschiedenen Gesetzen am meisten berechtigt, ist: daß gerade das Genie, das angeborne Talent sie am ersten begreift, ihnen den willigsten Gehorsam leistet.

Nur das Halbvermögen wünschte gern, seine beschränkte Besonderheit an die Stelle des unbedingten Ganzen zu setzen und seine falschen Griffe, unter Vorwand einer unbezwinglichen Originalität und Selbständigkeit, zu beschönigen. Das lassen wir aber nicht gelten, sondern hüten unsere Schüler vor allen Mißtritten, wodurch ein großer Teil des Lebens, ja manchmal das ganze Leben verwirrt und zerpflückt wird.

Mit dem Genie haben wir am liebsten zu tun, denn dieses wird eben von dem guten Geiste beseelt, bald zu erkennen, was ihm nutz ist. Es begreift, daß Kunst eben darum Kunst heiße, weil sie nicht Natur ist. Es bequemt sich zum Respekt, sogar vor dem, was man konventionell nennen könnte: denn was ist dieses anders, als daß die vorzüglichsten Menschen übereinkamen, das Notwendige, das Unerläßliche für das Beste zu halten; und gereicht es nicht überall zum Glück? *Wilhelm Meisters Wanderjahre*

Dieses habt Ihr Musiker aber vor allen Künsten voraus, daß ein allgemeiner, allgemein angenommener Grund vorhanden ist, sowohl im Ganzen als im Einzelnen, und daß also jeder eine Partitur schreiben kann, in vollkommener Gewißheit, vorgetragen zu werden, sie sei auch, wie sie sei. Ihr habt euer Feld, eure Gesetze, eure symbolische Sprache, die jeder verstehn muß. Jeder Einzelne, und wenn er das Werk seines Todfeindes aufführte, muß an dieser Stelle das Geforderte tun. Es gibt keine Kunst, kaum ein Handwerk, das dergleichen von sich rühmen kann. Ihr dürft ohne Pedanterie auf das Älteste halten, Ihr könnt ohne Ketzerei und Hindernis euch an dem Neusten ergötzen; und wenn auch das Individuum in eurem Kreise etwas Wunderliches und Seltsames hervorbringt, so muß es doch zuletzt mit dem All des Orchesters wieder zusammentreffen.

An Zelter, 28. Juni 1831

»MELODIEN, GÄNGE UND LÄUFE
OHNE WORTE« –
ÜBER INSTRUMENTALMUSIK

Die angenehmen Töne, die er [der Harfner] aus dem Instrumente hervorlockte, erheiterten gar bald die Gesellschaft.

»Ihr pflegt auch zu singen, guter Alter«, sagte Philine.

»Gebt uns etwas, das Herz und Geist zugleich mit den Sinnen ergötze«, sagte Wilhelm. »Das Instrument sollte nur die Stimme begleiten; denn Melodien, Gänge und Läufe ohne Worte und Sinn scheinen mir Schmetterlingen oder schönen bunten Vögeln ähnlich zu sein, die in der Luft vor unsern Augen herum schweben, die wir allenfalls haschen und uns zueignen möchten; da sich der Gesang dagegen wie ein Genius gen Himmel hebt und das bessere Ich in uns ihn zu begleiten anreizt.«   *Wilhelm Meisters Lehrjahre*

»Es ist wunderlich«, sagte Goethe, »wohin die aufs höchste gesteigerte Technik und Mechanik die neuesten Komponisten führt; ihre Arbeiten bleiben keine Musik mehr, sie gehen über das Niveau der menschlichen Empfindungen hinaus, und man kann solchen Sachen aus eigenem Geist und Herzen nichts mehr unterlegen. Wie ist es Ihnen? Mir bleibt alles in den Ohren hängen.« Ich sagte, daß es mir in diesem Falle nicht besser gehe. »Doch das Allegro«, fuhr Goethe fort, »hatte Charakter. Dieses ewige Wirbeln und Drehen führte mir die Hexentänze des Blockbergs vor Augen, und ich fand also doch eine Anschauung, die ich der wunderlichen Musik supponieren konnte.«

Zu Eckermann über ein Quartett von Mendelssohn, 14. Januar 1827

Wär ich in Berlin, so würde ich die Möserischen Quartettabende selten versäumen. Dieser Art Exhibitionen waren mir von jeher von der Instrumentalmusik das Verständlichste, man hört vier vernünftige Leute sich untereinander unterhalten, glaubt ihren Diskursen etwas abzugewinnen und die Eigentümlichkeiten der Instrumente kennenzulernen.   *An Zelter, 9. November 1829*

DIE »HÖCHST GESELLIGE REGION
DER MUSIKFREUNDE«

... und wenn sie [die Mitglieder der Turmgesellschaft] zusammen sein mußten, so nahm man geschwind seine Zuflucht zur Musik, um alle zu verbinden, indem man jeden sich selbst wiedergab. *Wilhelm Meisters Lehrjahre*

Nutzen der Musik fürs Ganze: Gesellige Verbindung der Menschen, ohne bestimmtes Interesse, mit Unterhaltung. Stimmt zu einer idealen Existenz . . .

Über den Dilettantismus, 1799, gemeinsam mit Schiller

Um dir ein neues Gedicht zu schicken, habe ich meinen orientalischen ›Divan‹ gemustert, dabei aber erst klar gesehen, wie diese Dichtungsart zur Reflexion hintreibt, denn ich fand darunter nichts Singbares, besonders für die Liedertafel, wofür doch eigentlich zu sorgen ist. Denn was nicht gesellig gesungen werden kann, ist wirklich kein Gesang, wie ein Monolog kein Drama. *An Zelter, 17. Mai 1815*

. . . und denke darauf, wie wir diesen Winter abwechselnd die Tage zubringen. Etwas Musik wäre sehr wünschenswert, es ist das unschuldigste und angenehmste Bindungsmittel der Gesellschaft.

An seine Frau Christiane, 12. September 1815

Die Gräfin Bombelles sang außerordentlich schön und entzückte uns alle . . . Unter andern war Goethe gegenwärtig und ganz hingerissen. Er sagte das erste hübsche Wort, seitdem er in Karlsbad ist: »Wir sind diesen Tönen näher verwandt; es ist das deutsche Herz, das uns entgegenklingt.« Die Bombelles, selbst gerührt durch den Eindruck, den sie machte, sang nun bezaubernd und stimmte endlich, von ihrem Manne auf dem Klavier begleitet, ›Kennst du das Land‹ an. Die ganze Gesellschaft wurde lebhaft ergriffen. Goethe hatte Tränen in den Augen.

Berichtet von Friedrich v. Gentz, Karlsbad, 6. August 1818

Eben wollte der Vogt sich entfernen, als ein Gesang die Treppe herauf scholl; zwei hübsche junge Männer kamen singend heran, denen jener durch ein einfaches Zeichen zu verstehen gab, der Gast [Wilhelm Meister] sei aufgenommen.[21] Ihren Gesang nicht unterbrechend, begrüßten sie ihn freundlich, duettierten gar anmutig, und man konnte sehr leicht bemerken, daß sie völlig eingeübt und ihrer Kunst Meister seien. Als Wilhelm die aufmerksamste Teilnahme bewies, schlossen sie und fragten: ob ihm nicht auch manchmal ein Lied bei seinen Fußwanderungen einfalle und das er so vor sich hin singe? »Mir ist zwar von der Natur«, versetzte Wilhelm, »eine glückliche Stimme versagt, aber innerlich scheint mir oft ein geheimer Genius etwas Rhythmisches vorzuflüstern, so daß ich mich beim Wandern jedesmal im Takt bewege und zugleich leise Töne zu vernehmen glaube, wodurch denn irgendein Lied begleitet wird, das sich mir auf eine oder die andere Weise gefällig vergegenwärtigt.«

»Erinnert Ihr Euch eines solchen, so schreibt es uns auf«, sagten jene; »wir wollen sehen, ob wir Euren singenden Dämon zu begleiten wissen.« Er nahm hierauf ein Blatt aus seiner Schreibtafel und übergab ihnen folgendes:

> Von dem Berge zu den Hügeln,
> Niederab das Tal entlang,
> Da erklingt es wie von Flügeln,
> Da bewegt sich's wie Gesang;
> Auch dem unbedingten Triebe
> Folget Freude, folget Rat;
> Und dein Streben, sei's in Liebe,
> Und dein Leben sei die Tat.

Nach kurzem Bedenken ertönte sogleich ein freudiger, dem Wanderschritt angemessener Zweigesang, der, bei Wiederholung und Verschränkung immer fortschreitend, den Hörenden mit hinriß; er war im Zweifel, ob dies seine eigne Melodie, sein früheres Thema, oder ob sie jetzt erst so angepaßt sei, daß keine andere Bewegung denkbar wäre. Die Sänger hatten sich eine Zeitlang auf diese Weise vergnüglich ergangen, als zwei tüchtige Burschen herantraten, die man an ihren Attributen sogleich für Maurer anerkannte, zwei aber, die ihnen folgten, für Zimmerleute halten mußte. Diese viere, ihr Handwerkszeug sachte niederlegend, horchten dem Gesang und fielen bald gar sicher und entschieden in denselben mit ein, so daß eine vollständige Wandergesellschaft über Berg und Tal dem Gefühl dahinzuschreiten schien, und Wilhelm glaubte nie etwas so Anmutiges, Herz und Sinn Erhebendes vernommen zu haben. Dieser Genuß jedoch sollte noch erhöht und bis zum Letzten gesteigert werden, als eine riesenhafte Figur, die Treppe herauf steigend, einen starken festen Tritt mit dem besten Willen kaum zu mäßigen imstande war. Ein schwer bepacktes Reff[22] setzte er sogleich in die Ecke, sich aber auf eine Bank nieder, die zu krachen anfing, worüber die andern lachten, ohne jedoch aus ihrem Gesang zu fallen. Sehr überrascht aber fand sich Wilhelm, als mit einer ungeheuren Baßstimme dieses Enakskind[23] gleichfalls einzufallen begann. Der Saal schütterte und bedeutend war es, daß er den Refrain an seinem Teile sogleich verändert und zwar dergestalt sang:

> Du im Leben nichts verschiebe;
> Sei dein Leben Tat um Tat!

Ferner konnte man denn auch gar bald bemerken, daß er das Tempo zu einem langsameren Schritt herniederziehe und die übrigen nötige, sich ihm zu fügen. Als man zuletzt geschlossen und sich genugsam befriedigt hatte, warfen ihm die andern vor, als wenn er getrachtet habe, sie irrezumachen. »Keineswegs«, rief er aus, »ihr seid es, die ihr mich irrezumachen gedenkt, aus meinem Schritt wollt ihr mich bringen, der gemäßigt und sicher sein muß, wenn ich mit meiner Bürde bergauf, bergab schreite und doch zuletzt zur bestimmten Stunde eintreffen und euch befriedigen soll.«

Einer nach dem andern ging nunmehr zu dem Vogt hinein, und Wilhelm konnte wohl bemerken, daß es auf eine Abrechnung abgesehen sei, wonach er sich nun nicht weiter erkundigen durfte. In der Zwischenzeit kamen ein paar muntere schöne Knaben, eine Tafel in der Geschwindigkeit zu bereiten, mäßig mit Speise und Wein zu besetzen, worauf der heraustretende Vogt sie nunmehr alle sich mit ihm niederzulassen einlud. Die Knaben warteten auf, vergaßen sich aber auch nicht und nahmen stehend ihren Anteil dahin. Wilhelm erinnerte sich ähnlicher Szenen, da er noch unter den Schauspielern hauste, doch schien ihm die gegenwärtige Gesellschaft viel ernster, nicht zum Scherz auf Schein, sondern auf bedeutende Lebenszwecke gerichtet.

Das Gespräch der Handwerker mit dem Vogt belehrte den Gast hierüber aufs klarste. Die vier tüchtigen jungen Leute waren in der Nähe tätig, wo ein gewaltsamer Brand die anmutigste Landstadt in Asche gelegt hatte; nicht weniger hörte man, daß der wackere Vogt mit Anschaffung des Holzes und sonstiger Baumaterialien beschäftigt sei, welches dem Gast um so rätselhafter vorkam, als sämtliche Männer hier nicht wie Einheimische, sondern wie Vorüberwandernde sich in allem übrigen ankündigten. Zum Schlusse der Tafel holte Sankt Christoph, so nannten sie den Riesen, ein beseitigtes[24] gutes Glas Wein zum Schlaftrunk, und ein heiterer Gesang hielt noch einige Zeit die Gesellschaft für das Ohr zusammen, die dem Blick bereits auseinander gegangen war. *Wilhelm Meisters Wanderjahre*

MUSIK HÖREN: »WELCHES BESSER IST
ALS REFLEXION UND URTEIL«

Und gewiß: schwarz auf weiß sollte durchaus verbannt
sein; das Epische sollte rezitiert, das Lyrische gesungen und
getanzt und das Dramatische persönlich mimisch vorgetra-
gen werden.   *Bericht über die Freitagsgesellschaft von 1794*

Viel ist, gar viel mit Worten auszurichten,
Wir zeigen dies im Reden wie im Dichten;
Ton und Bewegung aber muß man hören, sehn,
Sie schildern darf man sich nicht unterstehn.
Unmittelbar sollt ihr den Reiz empfinden
An Sang und Tanz, wenn sie sich selbst verkünden.
             Aus dem Prolog zur Eröffnung des Berliner Theaters, 1821

Seit Eurer Abreise [Zelters und Mendelssohn Bartholdys]
ist mein Flügel verstummt; ein einziger Versuch, ihn wieder
zu erwecken, wäre beinahe mißlungen. Indessen hör ich
viel von Musik reden, welches immer eine böse Unterhaltung ist.   *An Zelter, 5. Februar 1822*

Könnte ich nur von Zeit zu Zeit an euren Gesängen
teilnehmen, ich wollte versprechen: mir nie darüber auch
nur eine Silbe zu erlauben.   *An Zelter, 15. Januar 1826*

Die wahre Vermittlerin ist die Kunst. Über Kunst sprechen heißt die Vermittlerin vermitteln wollen, und doch ist
uns daher viel Köstliches erfolgt.   *Maximen und Reflexionen*

III. WIRKUNGEN DER MUSIK

Kein Wort von der alten Zauberkraft der
Musik ist mir unwahrscheinlich.
Die Leiden des jungen Werthers, 1774

TRÖSTENDE KRAFT DER MUSIK

Sie hat eine Melodie, die sie auf dem Klaviere spielet mit der Kraft eines Engels, so simpel und so geistvoll! Es ist ihr Leiblied, und mich stellt es von aller Pein, Verwirrung und Grillen her, wenn sie nur die erste Note davon greift.

Kein Wort von der alten Zauberkraft der Musik ist mir unwahrscheinlich. Wie mich der einfache Gesang angreift! Und wie sie ihn anzubringen weiß, oft zur Zeit, wo ich mir eine Kugel vor den Kopf schießen möchte! Die Irrung und Finsternis meiner Seele zerstreut sich, und ich atme wieder freier.   *Die Leiden des jungen Werther*

Am 4. Dezember

Ich bitte Dich – Siehst Du, mit mir ist's aus, ich trag' es nicht länger! Heute saß ich bei ihr – saß, sie spielte auf ihrem Klavier, mannigfaltige Melodien, und all den Ausdruck! all! – all! – Was willst Du? – Ihr Schwesterchen putzte ihre Puppe auf meinem Knie. Mir kamen die Tränen in die Augen. Ich neigte mich, und ihr Trauring fiel mir ins Gesicht – meine Tränen flossen – Und auf einmal fiel sie in die alte, himmelsüße Melodie ein, so auf einmal, und mir durch die Seele gehn ein Trostgefühl und eine Erinnerung des Vergangenen, der Zeiten, da ich das Lied gehört, der düstern Zwischenräume, des Verdrusses, der fehlgeschlagenen Hoffnungen, und dann – Ich ging in der Stube auf und nieder, mein Herz erstickte unter dem Zudringen. – »Um Gottes willen«, sagte ich, mit einem heftigen Ausbruch hin gegen sie fahrend, »um Gottes willen, hören Sie auf!« – Sie hielt und sah mich starr an. – »Werther«, sagte sie mit einem Lächeln, das mir durch die Seele ging, »Werther, Sie sind sehr krank, Ihre Lieblingsgerichte widerstehen Ihnen. Gehen Sie! Ich bitte Sie, beruhigen Sie sich.« – Ich riß mich von ihr weg, und – Gott! du siehst mein Elend und wirst es enden.   *Die Leiden des jungen Werther*

Wie eine süße Melodie uns in die Höhe hebt, unsern
Sorgen und Schmerzen eine weiche Wolke unterbaut, so ist
mir dein Wesen und deine Liebe.

An Charlotte von Stein, 25. August 1782

... Eines war,
Was in der Einsamkeit mich schön ergötzte,
Die Freude des Gesangs; ich unterhielt
Mich mit mir selbst, ich wiegte Schmerz und Sehnsucht
Und jeden Wunsch mit leisen Tönen ein.
Da wurde Leiden oft Genuß und selbst
Das traurige Gefühl zur Harmonie.　　　*Torquato Tasso*

Über die Wirkung eines »genialischen Tonstücks«:

... unser Herz wird dahingerissen, ausgefüllt durch dessen
Liebenswürdigkeit, und wird zugleich festgehalten, in sich
selbst gekräftigt, und weiß nicht warum.

Physiognomische Fragmente

Nun will ich gerade nicht behaupten, daß mir jene sehn-
süchtigen Töne, die man im Adagio und Largo hinzuziehen
pflegt, jemals seien zuwider gewesen, doch aber liebt' ich in
der Musik immer mehr das Aufregende, da unsere eigenen
Gefühle, unser Nachdenken über Verlust und Mißlingen
uns nur allzuoft herabzuziehen und zu überwältigen dro-
hen.　　　*Italienische Reise*

Wilhelm ging noch einige Straßen auf und nieder; er hörte
Klarinetten, Waldhörner und Fagotte, es schwoll sein Busen. Durchreisende Spielleute machten eine angenehme
Nachtmusik. Er sprach mit ihnen, und um ein Stück Geld
folgten sie ihm zu Marianens Wohnung. Hohe Bäume zier-
ten den Platz vor ihrem Hause, darunter stellte er seine
Sänger; er selbst ruhte auf einer Bank in einiger Entfernung

und überließ sich ganz den schwebenden Tönen, die in der labenden Nacht um ihn säuselten. Unter den holden Sternen hingestreckt, war ihm sein Dasein wie ein goldner Traum. – »Sie hört auch diese Flöten«, sagte er in seinem Herzen; »sie fühlt, wessen Andenken, wessen Liebe die Nacht wohlklingend macht; auch in der Entfernung sind wir durch diese Melodien zusammengebunden, wie in jeder Entfernung durch die feinste Stimmung der Liebe. Ach! zwei liebende Herzen, sie sind wie zwei Magnetuhren; was in der einen sich regt, muß auch die andere mitbewegen, denn es ist nur eins, was in beiden wirkt, eine Kraft, die sie durchgeht. Kann ich in ihren Armen eine Möglichkeit fühlen, mich von ihr zu trennen? Und doch, ich werde fern von ihr sein, werde einen Heilort für unsere Liebe suchen und werde sie immer mit mir haben.

Wie oft ist mir's geschehen, daß ich, abwesend von ihr, in Gedanken an sie verloren, ein Buch, ein Kleid oder sonst etwas berührte und glaubte, ihre Hand zu fühlen, so ganz war ich mit ihrer Gegenwart umkleidet. Und jener Augenblicke mich zu erinnern, die das Licht des Tages wie das Auge des kalten Zuschauers fliehen, die zu genießen Götter den schmerzlosen Zustand der reinen Seligkeit zu verlassen sich entschließen dürften! – Mich zu erinnern? – Als wenn man den Rausch des Taumelkelchs in der Erinnerung erneuern könnte, der unsere Sinne, von himmlischen Banden umstrickt, aus aller ihrer Fassung reißt. – Und ihre Gestalt« – Er verlor sich im Andenken an sie, seine Ruhe ging in Verlangen über, er umfaßte einen Baum, kühlte seine heiße Wange an der Rinde, und die Winde der Nacht saugten begierig den Hauch auf, der aus dem reinen Busen bewegt hervordrang. Er fühlte nach dem Halstuch, das er von ihr mitgenommen hatte, es war vergessen, es steckte im vorigen Kleide. Seine Lippen lechzten, seine Glieder zitterten vor Verlangen.

Die Musik hörte auf, und es war ihm, als wär er aus dem

Elemente gefallen, in dem seine Empfindungen bisher em-
porgetragen wurden. Seine Unruhe vermehrte sich, da
seine Gefühle nicht mehr von den sanften Tönen genährt
und gelindert wurden.   *Wilhelm Meisters Lehrjahre*

In der verdrießlichen Unruhe, in der er [Wilhelm Meister]
sich befand, fiel ihm ein, den Alten aufzusuchen, durch
dessen Harfe er die bösen Geister zu verscheuchen hoffte.
Man wies ihn, als er nach dem Manne fragte, an ein schlechtes Wirtshaus in einem entfernten Winkel des Städtchens
und in demselben die Treppe hinauf bis auf den Boden, wo
ihm der süße Harfenklang aus einer Kammer entgegen
schallte. Es waren herzrührende klagende Töne, von einem
traurigen ängstlichen Gesange begleitet. Wilhelm schlich
an die Türe, und da der gute Alte eine Art von Phantasie
vortrug und wenige Strophen teils singend, teils rezitierend
immer wiederholte, konnte der Horcher, nach einer kurzen
Aufmerksamkeit, ungefähr folgendes verstehen:

> Wer nie sein Brot mit Tränen aß,
> Wer nie die kummervollen Nächte
> Auf seinem Bette weinend saß,
> Der kennt euch nicht, ihr himmlischen Mächte.
>
> Ihr führt ins Leben uns hinein,
> Ihr laßt den Armen schuldig werden,
> Dann überlaßt ihr ihn der Pein;
> Denn alle Schuld rächt sich auf Erden.

Die wehmütige herzliche Klage drang tief in die Seele des
Hörers. Es schien ihm, als ob der Alte manchmal von
Tränen gehindert würde fortzufahren; dann klangen die
Saiten allein, bis sich wieder die Stimme leise in gebroche-
nen Lauten darein mischte. Wilhelm stand an dem Pfosten,
seine Seele war tief gerührt, die Trauer des Unbekannten
schloß sein beklommenes Herz auf; er widerstand nicht

dem Mitgefühl und konnte und wollte die Tränen nicht zurückhalten, die des Alten herzliche Klage endlich auch aus seinen Augen hervorlockte. Alle Schmerzen, die seine Seele drückten, lösten sich zu gleicher Zeit auf, er überließ sich ihnen ganz, stieß die Kammertüre auf und stand vor dem Alten, der ein schlechtes Bette, den einzigen Hausrat dieser armseligen Wohnung, zu seinem Sitze zu nehmen genötigt gewesen.

»Was hast du mir für Empfindungen rege gemacht, guter Alter!« rief er aus: »alles, was in meinem Herzen stockte, hast du losgelöst; laß dich nicht stören, sondern fahre fort, indem du deine Leiden linderst, einen Freund glücklich zu machen.« Der Alte wollte aufstehen und etwas reden, Wilhelm verhinderte ihn daran; denn er hatte zu Mittage bemerkt, daß der Mann ungern sprach; er setzte sich vielmehr zu ihm auf den Strohsack nieder.

Der Alte trocknete seine Tränen und fragte mit einem freundlichen Lächeln: »Wie kommen Sie hierher? Ich wollte Ihnen diesen Abend wieder aufwarten.«

»Wir sind hier ruhiger«, versetzte Wilhelm, »singe mir, was du willst, was zu deiner Lage paßt, und tue nur, als ob ich gar nicht hier wäre. Es scheint mir, als ob du heute nicht irren könntest. Ich finde dich sehr glücklich, daß du dich in der Einsamkeit so angenehm beschäftigen und unterhalten kannst, und, da du überall ein Fremdling bist, in deinem Herzen die angenehmste Bekanntschaft findest.«

Der Alte blickte auf seine Saiten, und nachdem er sanft präludiert hatte, stimmte er an und sang:

> Wer sich der Einsamkeit ergibt,
> Ach! der ist bald allein;
> Ein jeder lebt, ein jeder liebt,
> Und läßt ihn seiner Pein.
>
> Ja! laßt mich meiner Qual!
> Und kann ich nur einmal

Recht einsam sein,
Dann bin ich nicht allein.

Es schleicht ein Liebender lauschend sacht,
Ob seine Freundin allein?
So überschleicht bei Tag und Nacht
Mich Einsamen die Pein,

Mich Einsamen die Qual.
Ach werd' ich erst einmal
Einsam im Grabe sein,
Da läßt sie mich allein!

Wir würden zu weitläufig werden und doch die Anmut der seltsamen Unterredung nicht ausdrücken können, die unser Freund mit dem abenteuerlichen Fremden hielt. Auf alles, was der Jüngling zu ihm sagte, antwortete der Alte mit der reinsten Übereinstimmung durch Anklänge, die alle verwandten Empfindungen rege machten und der Einbildungskraft ein weites Feld eröffneten.

Wer einer Versammlung frommer Menschen, die sich, abgesondert von der Kirche, reiner, herzlicher und geistreicher zu erbauen glauben, beigewohnt hat, wird sich auch einen Begriff von der gegenwärtigen Szene machen können; er wird sich erinnern, wie der Liturg seinen Worten den Vers eines Gesanges anzupassen weiß, der die Seele dahin erhebt, wohin der Redner wünscht, daß sie ihren Flug nehmen möge, wie bald darauf ein anderer aus der Gemeinde, in einer andern Melodie, den Vers eines andern Liedes hinzufügt, und an diesen wieder ein dritter einen dritten anknüpft, wodurch die verwandten Ideen der Lieder, aus denen sie entlehnt sind, zwar erregt werden, jede Stelle aber durch die neue Verbindung neu und individuell wird, als wenn sie in dem Augenblicke erfunden worden wäre; wodurch denn aus einem bekannten Kreise von Ideen, aus bekannten Liedern und Sprüchen, für diese besondere Gesellschaft, für diesen Augenblick ein eigenes Ganzes entsteht, durch dessen Genuß sie belebt, gestärkt und erquickt wird. So erbaute der Alte seinen Gast, indem er, durch bekannte und unbekannte Lieder und Stellen, nahe und ferne Gefühle, wachende und schlummernde, angenehme und schmerzliche Empfindungen in eine Zirkulation brachte, von der in dem gegenwärtigen Zustande unsers Freundes das Beste zu hoffen war.

Wilhelm Meisters Lehrjahre

Innig verschmolzen mit Musik heilt sie [die Dichtkunst] alle Seelenleiden aus dem Grunde, indem sie solche gewaltig anregt, hervorruft und in auflösenden Schmerzen verflüchtigt.   *Wilhelm Meisters Wanderjahre*

Kantilene: die Fülle der Liebe und jedes leidenschaftlichen Glücks verewigend.   *Maximen und Reflexionen*

*

FAUST. DER TRAGÖDIE ERSTER TEIL

Nacht

In einem hochgewölbten, engen gotischen Zimmer
Faust unruhig auf seinem Sessel am Pulte

Faust. Habe nun, ach! Philosophie,
Juristerei und Medizin
Und leider auch Theologie
Durchaus studiert, mit heißem Bemühn.
Da steh ich nun, ich armer Tor,
Und bin so klug als wie zuvor!
Heiße Magister, heiße Doktor gar,
Und ziehe schon an die zehen Jahr
Herauf, herab und quer und krumm

Meine Schüler an der Nase herum –
Und sehe, daß wir nichts wissen können!
Das will mir schier das Herz verbrennen.
Zwar bin ich gescheiter als alle die Laffen,
Doktoren, Magister, Schreiber und Pfaffen;
Mich plagen keine Skrupel noch Zweifel,
Fürchte mich weder vor Hölle noch Teufel –
Dafür ist mir auch alle Freud entrissen,
Bilde mir nicht ein, was Rechts zu wissen,
Bilde mir nicht ein, ich könnte was lehren,
Die Menschen zu bessern und zu bekehren.
Auch hab ich weder Gut noch Geld,
Noch Ehr und Herrlichkeit der Welt:
Es möchte kein Hund so länger leben!
Drum hab ich mich der Magie ergeben,
Ob mir durch Geistes Kraft und Mund
Nicht manch Geheimnis würde kund,
Daß ich nicht mehr mit sauerm Schweiß
Zu sagen brauche, was ich nicht weiß,
Daß ich erkenne, was die Welt
Im Innersten zusammenhält,
Schau alle Wirkenskraft und Samen
Und tu nicht mehr in Worten kramen.

O sähst du, voller Mondenschein,
Zum letztenmal auf meine Pein,
Den ich so manche Mitternacht
An diesem Pult herangewacht:
Dann über Büchern und Papier,
Trübselger Freund, erschienst du mir!
Ach! könnt ich doch auf Bergeshöhn
In deinem lieben Lichte gehn,
Um Bergeshöhle mit Geistern schweben,
Auf Wiesen in deinem Dämmer weben,
Von allem Wissensqualm entladen,

In deinem Tau gesund mich baden!
Weh! steck ich in dem Kerker noch?
Verfluchtes dumpfes Mauerloch,
Wo selbst das liebe Himmelslicht
Trüb durch gemalte Scheiben bricht!
Beschränkt von diesem Bücherhauf,
Den Würme nagen, Staub bedeckt,
Den bis ans hohe Gewölb hinauf
Ein angeraucht Papier umsteckt;
Mit Gläsern, Büchsen rings umstellt,
Mit Instrumenten vollgepfropft,
Urväterhausrat drein gestopft –
Das ist deine Welt! das heißt eine Welt!

Und fragst du noch, warum dein Herz
Sich bang in deinem Busen klemmt?
Warum ein unerklärter Schmerz
Dir alle Lebensregung hemmt?
Statt der lebendigen Natur,
Da Gott die Menschen schuf hinein,
Umgibt in Rauch und Moder nur
Dich Tiergeripp und Totenbein!

*Faust – in tiefer Verzweiflung über das Scheitern seines Strebens
nach allumfassender Erkenntnis – geht nun den Weg der Magie und
sucht Verbindung zur Geisterwelt. Diese aber stößt ihn gnadenlos
zurück in die Grenzen seines Menschseins. Das steigert seine
Verzweiflung, der Gifttod scheint als letzte Konsequenz unaus-
weichlich.*
. . .
Den Göttern gleich ich nicht! Zu tief ist es gefühlt!
Dem Wurme gleich ich, der den Staub durchwühlt,
Den, wie er sich im Staube nährend lebt,
Des Wandrers Tritt vernichtet und begräbt!

Ist es nicht Staub, was diese hohe Wand
Aus hundert Fächern mir verenget?
Der Trödel, der mit tausendfachem Tand
In dieser Mottenwelt mich dränget?
Hier soll ich finden, was mir fehlt?
Soll ich vielleicht in tausend Büchern lesen,
Daß überall die Menschen sich gequält,
Daß hie und da ein Glücklicher gewesen? –
Was grinsest du mir, hohler Schädel, her,
Als daß dein Hirn, wie meines, einst verwirret
Den lichten Tag gesucht und in der Dämmrung schwer,
Mit Lust nach Wahrheit, jämmerlich geirret?
Ihr Instrumente freilich spottet mein
Mit Rad und Kämmen, Walz und Bügel:
Ich stand am Tor, ihr solltet Schlüssel sein;
Zwar euer Bart ist kraus, doch hebt ihr nicht die Riegel.
Geheimnisvoll am lichten Tag
Läßt sich Natur des Schleiers nicht berauben,
Und was sie deinem Geist nicht offenbaren mag,
Das zwingst du ihr nicht ab mit Hebeln und mit Schrauben.
Du alt Geräte, das ich nicht gebraucht,
Du stehst nur hier, weil dich mein Vater brauchte;
Du alte Rolle, du wirst angeraucht,
Solang an diesem Pult die trübe Lampe schmauchte.
Weit besser hätt ich doch mein Weniges verpraßt,
Als mit dem Wenigen belastet hier zu schwitzen!
Was du ererbt von deinen Vätern hast,
Erwirb es, um es zu besitzen!
Was man nicht nützt, ist eine schwere Last;
Nur was der Augenblick erschafft, das kann er nützen.

Doch warum heftet sich mein Blick auf jene Stelle?
Ist jenes Fläschchen dort den Augen ein Magnet?
Warum wird mir auf einmal lieblich helle,
Als wenn im nächtgen Wald uns Mondenglanz umweht?

Ich grüße dich, du einzige Phiole,
Die ich mit Andacht nun herunterhole!
In dir verehr ich Menschenwitz und Kunst.
Du Inbegriff der holden Schlummersäfte,
Du Auszug aller tödlich-feinen Kräfte,
Erweise deinem Meister deine Gunst!
Ich sehe dich: es wird der Schmerz gelindert,
Ich fasse dich: das Streben wird gemindert,
Des Geistes Flutstrom ebbet nach und nach.
Ins hohe Meer werd ich hinausgewiesen,
Die Spiegelflut erglänzt zu meinen Füßen,
Zu neuen Ufern lockt ein neuer Tag.

Ein Feuerwagen schwebt auf leichten Schwingen
An mich heran! Ich fühle mich bereit,
Auf neuer Bahn den Äther zu durchdringen
Zu neuen Sphären reiner Tätigkeit.
Dies hohe Leben, diese Götterwonne!
Du, erst noch Wurm, und die verdienest du?
Ja, kehre nur der holden Erdensonne
Entschlossen deinen Rücken zu!
Vermesse dich, die Pforten aufzureißen,
Vor denen jeder gern vorüberschleicht!
Hier ist es Zeit, durch Taten zu beweisen,
Daß Manneswürde nicht der Götterhöhe weicht:
Vor jener dunkeln Höhle nicht zu beben,
In der sich Phantasie zu eigner Qual verdammt,
Nach jenem Durchgang hinzustreben,
Um dessen engen Mund die ganze Hölle flammt,
Zu diesem Schritt sich heiter zu entschließen,
Und wär es mit Gefahr, ins Nichts dahinzufließen!

Nun komm herab, kristallne, reine Schale!
Hervor aus deinem alten Futterale,
An die ich viele Jahre nicht gedacht!

Du glänztest bei der Väter Freudenfeste,
Erheitertest die ernsten Gäste,
Wenn einer dich dem andern zugebracht.
Der vielen Bilder künstlich-reiche Pracht,
Des Trinkers Pflicht, sie reimweis zu erklären,
Auf einen Zug die Höhlung auszuleeren,
Erinnert mich an manche Jugendnacht.
Ich werde jetzt dich keinem Nachbar reichen,
Ich werde meinen Witz an deiner Kunst nicht zeigen:
Hier ist ein Saft, der eilig trunken macht;
Mit brauner Flut erfüllt er deine Höhle.
Den ich bereitet, den ich wähle,
Der letzte Trunk sei nun mit ganzer Seele
Als festlich-hoher Gruß dem Morgen zugebracht!
Er setzt die Schale an den Mund. Glockenklang und Chorgesang.

CHOR DER ENGEL.   Christ ist erstanden!
                   Freude dem Sterblichen,
                   Den die verderblichen,
                   Schleichenden, erblichen
                   Mängel umwanden!

FAUST. Welch tiefes Summen, welch ein heller Ton
Zieht mit Gewalt das Glas von meinem Munde?
Verkündiget ihr dumpfen Glocken schon
Des Osterfestes erste Feierstunde?
Ihr Chöre, singt ihr schon den tröstlichen Gesang,
Der einst um Grabesnacht von Engelslippen klang,
Gewißheit einem neuen Bunde?

CHOR DER WEIBER.   Mit Spezereien
                   Hatten wir ihn gepflegt,
                   Wir, seine Treuen,
                   Hatten ihn hingelegt;
                   Tücher und Binden

Reinlich umwanden wir –
Ach, und wir finden
Christ nicht mehr hier!

CHOR DER ENGEL. Christ ist erstanden!
Selig der Liebende,
Der die betrübende,
Heilsam- und übende
Prüfung bestanden!

FAUST. Was sucht ihr, mächtig und gelind,
Ihr Himmelstöne, mich am Staube?
Klingt dort umher, wo weiche Menschen sind!
Die Botschaft hör ich wohl, allein mir fehlt der Glaube;
Das Wunder ist des Glaubens liebstes Kind.
Zu jenen Sphären wag ich nicht zu streben,
Woher die holde Nachricht tönt;
Und doch, an diesen Klang von Jugend auf gewöhnt,
Ruft er auch jetzt zurück mich in das Leben.
Sonst stürzte sich der Himmelsliebe Kuß
Auf mich herab in ernster Sabbatstille;
Da klang so ahnungsvoll des Glockentones Fülle,
Und ein Gebet war brünstiger Genuß;
Ein unbegreiflich-holdes Sehnen
Trieb mich, durch Wald und Wiesen hinzugehn,
Und unter tausend heißen Tränen
Fühlt ich mir eine Welt entstehn.
Dies Lied verkündete der Jugend muntre Spiele,
Der Frühlingsfeier freies Glück;
Erinnrung hält mich nun mit kindlichem Gefühle
Vom letzten, ernsten Schritt zurück.
O tönet fort, ihr süßen Himmelslieder!
Die Träne quillt, die Erde hat mich wieder!

CHOR DER JÜNGER.   Hat der Begrabene
Schon sich nach oben,
Lebend-Erhabene,
Herrlich erhoben,
Ist er in Werdelust
Schaffender Freude nah:
Ach, an der Erde Brust
Sind wir zum Leide da!
Ließ er die Seinen
Schmachtend uns hier zurück,
Ach, wir beweinen,
Meister, dein Glück!

CHOR DER ENGEL.   Christ ist erstanden
Aus der Verwesung Schoß!
Reißet von Banden
Freudig euch los!
Tätig ihn Preisenden,
Liebe Beweisenden,
Brüderlich Speisenden,
Predigend Reisenden,
Wonne Verheißenden,
Euch ist der Meister nah,
Euch ist er da!

*

NOVELLE

Ein dichter Herbstnebel verhüllte noch in der Frühe die
weiten Räume des fürstlichen Schloßhofes, als man schon
mehr oder weniger durch den sich lichtenden Schleier die
ganze Jägerei zu Pferde und zu Fuß durcheinander bewegt
sah. Die eiligen Beschäftigungen der Nächsten ließen sich
erkennen: man verlängerte, man verkürzte die Steigbügel,
man reichte sich Büchse und Patrontäschchen, man schob

die Dachsranzen zurecht, indes die Hunde ungeduldig am Riemen den Zurückhaltenden mit fortzuschleppen drohten. Auch hie und da gebärdete ein Pferd sich mutiger, von feuriger Natur getrieben oder von dem Sporn des Reiters angeregt, der selbst hier in der Halbhelle eine gewisse Eitelkeit sich zu zeigen nicht verleugnen konnte. Alle jedoch warteten auf den Fürsten, der, von seiner jungen Gemahlin Abschied nehmend, allzu lange zauderte.

Erst vor kurzer Zeit zusammen getraut, empfanden sie schon das Glück übereinstimmender Gemüter; beide waren von tätig-lebhaftem Charakter, eines nahm gern an des andern Neigungen und Bestrebungen Anteil. Des Fürsten Vater hatte noch den Zeitpunkt erlebt und genutzt, wo es deutlich wurde, daß alle Staatsglieder in gleicher Betriebsamkeit ihre Tage zubringen, in gleichem Wirken und Schaffen, jeder nach seiner Art, erst gewinnen und dann genießen sollten.

Wie sehr dieses gelungen war, ließ sich in diesen Tagen gewahr werden, als eben der Hauptmarkt sich versammelte, den man gar wohl eine Messe nennen konnte. Der Fürst hatte seine Gemahlin gestern durch das Gewimmel der aufgehäuften Waren zu Pferde geführt und sie bemerken lassen, wie gerade hier das Gebirgsland mit dem flachen Lande einen glücklichen Umtausch treffe; er wußte sie an Ort und Stelle auf die Betriebsamkeit seines Länderkreises aufmerksam zu machen.

Wenn sich nun der Fürst fast ausschließlich in diesen Tagen mit den Seinigen über diese zudringenden Gegenstände unterhielt, auch besonders mit dem Finanzminister anhaltend arbeitete, so behielt doch auch der Landjägermeister sein Recht, auf dessen Vorstellung es unmöglich war, der Versuchung zu widerstehen, an diesen günstigen Herbsttagen eine schon verschobene Jagd zu unternehmen, sich selbst und den vielen angekommenen Fremden ein eignes und seltnes Fest zu eröffnen.

Die Fürstin blieb ungern zurück; man hatte sich vorgenommen, weit in das Gebirg hineinzudringen, um die friedlichen Bewohner der dortigen Wälder durch einen unerwarteten Kriegszug zu beunruhigen.

Scheidend versäumte der Gemahl nicht, einen Spazierritt vorzuschlagen, den sie im Geleit Friedrichs, des fürstlichen Oheims, unternehmen sollte. »Auch lasse ich«, sagte er, »dir unsern Honorio als Stall- und Hofjunker, der für alles sorgen wird.« Und im Gefolg dieser Worte gab er im Hinabsteigen einem wohlgebildeten jungen Mann die nötigen Aufträge, verschwand sodann bald mit Gästen und Gefolge.

Die Fürstin, die ihrem Gemahl noch in den Schloßhof hinab mit dem Schnupftuch nachgewinkt hatte, begab sich in die hintern Zimmer, welche nach dem Gebirg eine freie Aussicht ließen, die um desto schöner war, als das Schloß selbst von dem Flusse herauf in einiger Höhe stand und so vor- als hinterwärts mannigfaltige bedeutende Ansichten gewährte. Sie fand das treffliche Teleskop noch in der Stellung, wo man es gestern abend gelassen hatte, als man, über Busch, Berg und Waldgipfel die hohen Ruinen der uralten Stammburg betrachtend, sich unterhielt, die in der Abendbeleuchtung merkwürdig hervortraten, indem alsdann die größten Licht- und Schattenmassen den deutlichsten Begriff von einem so ansehnlichen Denkmal alter Zeit verleihen konnten. Auch zeigte sich heute früh durch die annähernden Gläser recht auffallend die herbstliche Färbung jener mannigfaltigen Baumarten, die zwischen dem Gemäuer ungehindert und ungestört durch lange Jahre emporstrebten. Die schöne Dame richtete jedoch das Fernrohr etwas tiefer nach einer öden, steinigen Fläche, über welche der Jagdzug weggehen mußte; sie erharrte den Augenblick mit Geduld und betrog sich nicht: denn bei der Klarheit und Vergrößerungsfähigkeit des Instrumentes erkannten ihre glänzenden Augen deutlich den Fürsten und den Oberstallmeister; ja sie enthielt sich nicht, abermals mit dem Schnupftuche zu winken, als sie ein augenblickliches Stillhalten und Rückblicken mehr vermutete als gewahr ward.

Fürst Oheim, Friedrich mit Namen, trat sodann, angemeldet, mit seinem Zeichner herein, der ein großes Portefeuille unter dem Arm trug. »Liebe Cousine«, sagte der alte rüstige Herr, »hier legen wir die Ansichten der Stammburg vor, gezeichnet, um von verschiedenen Seiten anschaulich zu machen, wie der mächtige Trutz- und Schutzbau von alten Zeiten her dem Jahr und seiner Witterung sich entgegenstemmte und wie doch hie und da sein Gemäuer weichen, da und dort in wüste Ruinen zusammenstürzen mußte. Nun haben wir manches getan, um diese Wildnis zugänglicher zu machen, denn mehr bedarf es nicht, um jeden Wanderer, jeden Besuchenden in Erstaunen zu setzen, zu entzücken.«

Indem nun der Fürst die einzelnen Blätter deutete, sprach er weiter: »Hier, wo man, den Hohlweg durch die äußern Ringmauern heraufkommend, vor die eigentliche Burg gelangt, steigt uns ein Felsen entgegen von den festesten des ganzen Gebirgs; hierauf nun steht gemauert ein Turm, doch niemand wüßte zu sagen, wo die Natur aufhört, Kunst und Handwerk aber anfangen. Ferner sieht man seitwärts Mauern angeschlossen und Zwinger terrassenmäßig herab sich erstreckend. Doch ich sage nicht recht, denn es ist eigentlich ein Wald, der diesen uralten Gipfel umgibt; seit hundertundfünfzig Jahren hat keine Axt hier geklungen und überall sind die mächtigsten Stämme emporgewachsen; wo Ihr Euch an den Mauern andrängt, stellt sich der glatte Ahorn, die rauhe Eiche, die schlanke Fichte mit Schaft und Wurzeln entgegen; um diese müssen wir uns herumschlängeln und unsere Fußpfade verständig führen. Seht nur, wie trefflich unser Meister dies Charakteristische auf dem Papier ausgedrückt hat, wie kenntlich die verschiedenen Stamm- und Wurzelarten zwischen das Mauerwerk verflochten und die mächtigen Äste durch die Lücken durchgeschlungen sind! Es ist eine Wildnis wie keine, ein zufällig-einziges Lokal, wo die alten Spuren längst verschwundener Menschenkraft mit der ewig lebenden und fortwirkenden Natur sich in dem ernstesten Streit erblicken lassen.«

Ein anderes Blatt aber vorlegend, fuhr er fort: »Was sagt Ihr nun zum Schloßhofe, der, durch das Zusammenstürzen des alten Torturmes unzugänglich, seit undenklichen Jahren von niemand betreten ward? Wir suchten ihm von der Seite beizukommen, haben Mauern durchbrochen, Gewölbe gesprengt und so einen bequemen, aber geheimen Weg bereitet. Inwendig bedurft' es keines Aufräumens, hier findet sich ein flacher Felsgipfel von der Natur geplättet, aber doch haben mächtige Bäume hie und da zu wurzeln Glück und Gelegenheit gefunden; sie sind sachte, aber entschieden aufgewachsen, nun erstrecken sie ihre Äste bis in die Galerien hinein, auf denen der Ritter sonst auf und ab schritt; ja durch Türen durch und Fenster in die gewölbten Säle, aus denen wir sie nicht vertreiben wollen; sie sind eben Herr geworden und mögen's bleiben. Tiefe Blätterschichten wegräumend, haben wir den merkwürdigsten Platz geebnet gefunden, dessengleichen in der Welt vielleicht nicht wieder zu sehen ist.

Nach allem diesem aber ist es immer noch bemerkenswert und an Ort und Stelle zu beschauen, daß auf den Stufen, die in den Hauptturm hinaufführen, ein Ahorn Wurzel geschlagen und sich zu einem so tüchtigen Baume gebildet hat, daß man nur mit Not daran vorbeidringen kann, um die Zinne, der unbegrenzten Aussicht wegen, zu besteigen. Aber auch hier verweilt man bequem im Schatten, denn dieser Baum ist es, der sich über das Ganze wunderbar hoch in die Luft hebt.

Danken wir also dem wackern Künstler, der uns so

löblich in verschiedenen Bildern von allem überzeugt, als wenn wir gegenwärtig wären; er hat die schönsten Stunden des Tages und der Jahreszeit dazu angewendet und sich wochenlang um diese Gegenstände herumbewegt. In dieser Ecke ist für ihn und den Wächter, den wir ihm zugegeben, eine kleine angenehme Wohnung eingerichtet. Sie sollten nicht glauben, meine Beste, welch eine schöne Aus- und Ansicht er ins Land, in Hof und Gemäuer sich dort bereitet hat. Nun aber, da alles so rein und charakteristisch umrissen ist, wird er es hier unten mit Bequemlichkeit ausführen. Wir wollen mit diesen Bildern unsern Gartensaal zieren, und niemand soll über unsere regelmäßigen Parterre, Lauben und schattigen Gänge seine Augen spielen lassen, der nicht wünschte, dort oben in dem wirklichen Anschauen des Alten und Neuen, des Starren, Unnachgiebigen, Unzerstörlichen und des Frischen, Schmiegsamen, Unwiderstehlichen seine Betrachtungen anzustellen.«

Honorio trat ein und meldete, die Pferde seien vorgeführt; da sagte die Fürstin, zum Oheim gewendet: »Reiten wir hinauf und lassen Sie mich in der Wirklichkeit sehen, was Sie mir hier im Bilde zeigten! Seit ich hier bin, hör' ich von diesem Unternehmen und werde jetzt erst recht verlangend, mit Augen zu sehen, was mir in der Erzählung unmöglich schien und in der Nachbildung unwahrscheinlich bleibt.« – »Noch nicht, meine Liebe«, versetzte der Fürst; »was Sie hier sahen, ist, was es werden kann und wird; jetzt stockt noch manches; die Kunst muß erst vollenden, wenn sie sich vor der Natur nicht schämen soll.« – »Und so reiten wir wenigstens hinaufwärts, und wär' es nur bis an den Fuß; ich habe große Lust, mich heute weit in der Welt umzusehen.« – »Ganz nach Ihrem Willen«, versetzte der Fürst. – »Lassen Sie uns aber durch die Stadt reiten«, fuhr die Dame fort, »über den großen Marktplatz, wo eine zahllose Menge von Buden die Gestalt einer kleinen Stadt, eines Feldlagers angenommen hat. Es ist, als wären die

Bedürfnisse und Beschäftigungen sämtlicher Familien des Landes umher, nach außen gekehrt, in diesem Mittelpunkt versammelt, an das Tageslicht gebracht worden; denn hier sieht der aufmerksame Beobachter alles, was der Mensch leistet und bedarf; man bildet sich einen Augenblick ein, es sei kein Geld nötig, jedes Geschäft könne hier durch Tausch abgetan werden; und so ist es auch im Grunde. Seitdem der Fürst gestern mir Anlaß zu diesen Übersichten gegeben, ist es mir gar angenehm zu denken, wie hier, wo Gebirg und flaches Land aneinander grenzen, beide so deutlich aussprechen, was sie brauchen und was sie wünschen. Wie nun der Hochländer das Holz seiner Wälder in hundert Formen umzubilden weiß, das Eisen zu einem jeden Gebrauch zu vermannigfaltigen, so kommen jene drüben mit den vielfältigsten Waren ihm entgegen, an denen man den Stoff kaum unterscheiden und den Zweck oft nicht erkennen mag.«

»Ich weiß«, versetzte der Fürst, »daß mein Neffe hierauf die größte Aufmerksamkeit wendet; denn gerade zu dieser Jahrszeit kommt es hauptsächlich darauf an, daß man mehr empfange als gebe; dies zu bewirken, ist am Ende die Summe des ganzen Staatshaushaltes so wie der kleinsten häuslichen Wirtschaft. Verzeihen Sie aber, meine Beste, ich reite niemals gern durch Markt und Messe: bei jedem Schritt ist man gehindert und aufgehalten, und dann flammt mir das ungeheure Unglück wieder in die Einbildungskraft, das sich mir gleichsam in die Augen eingebrannt, als ich eine solche Güter- und Warenbreite in Feuer aufgehen sah. Ich hatte mich kaum –«

»Lassen Sie uns die schönen Stunden nicht versäumen«, fiel ihm die Fürstin ein, da der würdige Mann sie schon einigemal mit ausführlicher Beschreibung jenes Unheils geängstigt hatte, wie er sich nämlich, auf einer großen Reise begriffen, abends im besten Wirtshause auf dem Markte, der eben von einer Hauptmesse wimmelte, höchst ermüdet zu Bette gelegt und nachts durch Geschrei und Flammen, die sich gegen seine Wohnung wälzten, gräßlich aufgeweckt worden.

Die Fürstin eilte, das Lieblingspferd zu besteigen, und führte, statt zum Hintertore bergauf, zum Vordertore bergunter ihren widerwillig-bereiten Begleiter; denn wer wäre nicht gern an ihrer Seite geritten, wer wäre ihr nicht gern gefolgt. Und so war auch Honorio von der sonst so ersehnten Jagd willig zurückgeblieben, um ihr ausschließlich dienstbar zu sein.

Wie vorauszusehen, durften sie auf dem Markte nur Schritt vor Schritt reiten; aber die schöne Liebenswürdige erheiterte jeden Aufenthalt durch eine geistreiche Bemerkung. »Ich wiederhole«, sagte sie, »meine gestrige Lektion, da denn doch die Notwendigkeit unsere Geduld prüfen will.« Und wirklich drängte sich die ganze Menschenmasse dergestalt an die Reitenden heran, daß sie ihren Weg nur langsam fortsetzen konnten. Das Volk schaute mit Freuden die junge Dame, und auf so viel lächelnden Gesichtern zeigte sich das entschiedene Behagen, zu sehen, daß die erste Frau im Lande auch die schönste und anmutigste sei.

Untereinander gemischt standen Bergbewohner, die zwischen Felsen, Fichten und Föhren ihre stillen Wohnsitze hegten, Flachländer von Hügeln, Auen und Wiesen her, Gewerbsleute der kleinen Städte, und was sich alles versammelt hatte. Nach einem ruhigen Überblick bemerkte die Fürstin ihrem Begleiter, wie alle diese, woher sie auch seien, mehr Stoff als nötig zu ihren Kleidern genommen, mehr Tuch und Leinwand, mehr Band zum Besatz. »Ist es doch, als ob die Weiber nicht brauschig und die Männer nicht pausig genug sich gefallen könnten!«

»Wir wollen ihnen das ja lassen«, versetzte der Oheim; »wo auch der Mensch seinen Überfluß hinwendet, ihm ist wohl dabei, am wohlsten, wenn er sich damit schmückt und aufputzt.« Die schöne Dame winkte Beifall.

So waren sie nach und nach auf einen freien Platz gelangt, der zur Vorstadt hinführte, wo am Ende vieler kleinen Buden und Kramstände ein größeres Brettergebäude in die Augen fiel, das sie kaum erblickten, als ein ohrzerreißendes Gebrülle ihnen entgegentönte. Die Fütterungsstunde der dort zur Schau stehenden wilden Tiere schien herangekommen; der Löwe ließ seine Wald- und Wüstenstimme aufs kräftigste hören, die Pferde schauderten, und man konnte der Bemerkung nicht entgehen, wie in dem friedlichen Wesen und Wirken der gebildeten Welt der König der Einöde sich so furchtbar verkündige. Zur Bude näher gelangt, durften sie die bunten, kolossalen Gemälde nicht übersehen, die mit heftigen Farben und kräftigen Bildern jene fremden Tiere darstellten, welche der friedliche Staatsbürger zu schauen unüberwindliche Lust empfinden sollte. Der grimmig ungeheure Tiger sprang auf einen Mohren los, im Begriff ihn zu zerreißen; ein Löwe stand ernsthaft majestätisch, als wenn er keine Beute seiner würdig vor sich sähe; andere wunderliche bunte Geschöpfe verdienten neben diesen mächtigen weniger Aufmerksamkeit.

»Wir wollen«, sagte die Fürstin, »bei unserer Rückkehr doch absteigen und die seltenen Gäste näher betrachten.« – »Es ist wunderbar«, versetzte der Fürst, »daß der Mensch durch Schreckliches immer aufgeregt sein will. Drinnen liegt der Tiger ganz ruhig in seinem Kerker, und hier muß er grimmig auf einen Mohren losfahren, damit man glaube, dergleichen inwendig ebenfalls zu sehen; es ist an Mord und Totschlag noch nicht genug, an Brand und Untergang; die Bänkelsänger müssen es an jeder Ecke wiederholen. Die guten Menschen wollen eingeschüchtert sein, um hinterdrein erst recht zu fühlen, wie schön und löblich es sei, frei Atem zu holen.«

Was denn aber auch Bängliches von solchen Schreckensbildern mochte übrig geblieben sein, alles und jedes war sogleich ausgelöscht, als man, zum Tore hinausgelangt, in die heiterste Gegend eintrat. Der Weg führte zuerst am Flusse hinan, an einem zwar noch schmalen, nur leichte Kähne tragenden Wasser, das aber nach und nach als größter Strom seinen Namen behalten und ferne Länder beleben sollte. Dann ging es weiter durch wohlversorgte Frucht- und Lustgärten sachte hinaufwärts, und man sah sich nach und nach in der aufgetanen wohlbewohnten Gegend um, bis erst ein Busch, sodann ein Wäldchen die Gesellschaft aufnahm, und die anmutigsten Örtlichkeiten ihren Blick begrenzten und erquickten. Ein aufwärts leitendes Wiesental, erst vor kurzem zum zweiten Male gemäht, sammetähnlich anzusehen, von einer oberwärts, lebhaft auf einmal reich entspringenden Quelle gewässert, empfing sie freundlich, und so zogen sie einem höhern, freieren Standpunkt entgegen, den sie, aus dem Walde sich bewegend, nach einem lebhaften Stieg erreichten, alsdann aber vor sich noch in bedeutender Entfernung über neuen Baumgruppen das alte Schloß, den Zielpunkt ihrer Wallfahrt, als Fels- und Waldgipfel hervorragen sahen. Rückwärts aber – denn niemals gelangte man hierher, ohne sich umzukehren – erblickten sie durch zufällige Lücken der hohen Bäume das fürstliche Schloß links, von der Morgensonne beleuchtet, den wohlgebauten höhern Teil der Stadt, von leichten Rauchwolken gedämpft, und so fort nach der Rechten zu die untere Stadt, den Fluß in einigen Krümmungen, mit seinen Wiesen und Mühlen, gegenüber eine weite nahrhafte Gegend.

Nachdem sie sich an dem Anblick ersättigt oder vielmehr, wie es uns bei dem Umblick auf so hoher Stelle zu geschehen pflegt, erst recht verlangend geworden nach einer weitern, weniger begrenzten Aussicht, ritten sie eine steinige, breite Fläche hinan, wo ihnen die mächtige Ruine als ein grüngekrönter Gipfel entgegen stand, wenig alte Bäume tief unten um seinen Fuß; sie ritten hindurch, und so fanden sie sich gerade vor der steilsten, unzugänglichsten Seite. Mächtige Felsen standen von Urzeiten her, jedem Wechsel unangetastet, fest, wohlgegründet voran, und so türmte sich's aufwärts; das dazwischen Herabgestürzte lag in mächtigen Platten und Trümmern unregelmäßig übereinander und schien dem Kühnsten jeden Angriff zu verbieten. Aber das Steile, Jähe scheint der Jugend zuzusagen; dies zu unternehmen, zu erstürmen, zu erobern, ist jungen Gliedern ein Genuß. Die Fürstin bezeigte Neigung zu einem Versuch, Honorio war bei der Hand, der fürstliche Oheim, wenn schon bequemer, ließ sich's gefallen und wollte sich doch auch nicht unkräftig zeigen; die Pferde sollten am Fuß unter den Bäumen halten, und man wollte bis zu einem gewissen Punkte gelangen, wo ein vorstehender mächtiger Fels einen Flächenraum darbot, von wo man eine Aussicht hatte, die zwar schon in den Blick des Vogels überging, aber sich doch noch malerisch genug hintereinander schob.

Die Sonne, beinahe auf ihrer höchsten Stelle, verlieh die klarste Beleuchtung; das fürstliche Schloß mit seinen Teilen, Hauptgebäuden, Flügeln, Kuppeln und Türmen erschien gar stattlich; die obere Stadt in ihrer völligen Ausdehnung; auch in die untere konnte man bequem hineinsehen, ja durch das Fernrohr auf dem Markte sogar die Buden unterscheiden. Honorio war immer gewohnt, ein so förderliches Werkzeug überzuschnallen; man schaute den Fluß hinauf und hinab, diesseits das bergartig terrassenweis unterbrochene, jenseits das aufgleitende flache und in mäßigen Hügeln abwechselnde fruchtbare Land, Ortschaften unzählige; denn es war längst herkömmlich, über die Zahl zu streiten, wie viel man deren von hier oben gewahr werde.

Über die große Weite lag eine heitere Stille, wie es am Mittag zu sein pflegt, wo die Alten sagten, Pan schlafe und alle Natur halte den Atem an, um ihn nicht aufzuwecken.

»Es ist nicht das erstemal«, sagte die Fürstin, »daß ich auf so hoher, weitumschauender Stelle die Betrachtung mache, wie doch die klare Natur so reinlich und friedlich aussieht und den Eindruck verleiht, als wenn gar nichts Widerwärtiges in der Welt sein könne, und wenn man denn wieder in die Menschenwohnung zurückkehrt, sie sei hoch oder niedrig, weit oder eng, so gibt's immer etwas zu kämpfen, zu streiten, zu schlichten und zurechtzulegen.«

Honorio, der indessen durch das Sehrohr nach der Stadt geschaut hatte, rief: »Seht hin! seht hin! auf dem Markte fängt es an zu brennen!« Sie sahen hin und bemerkten wenigen Rauch, die Flamme dämpfte der Tag. »Das Feuer greift weiter um sich!« rief man, immer durch die Gläser schauend; auch wurde das Unheil den guten, unbewaffneten Augen der Fürstin bemerklich; von Zeit zu Zeit erkannte man eine rote Flammenglut, der Dampf stieg empor, und Fürst Oheim sprach: »Laßt uns zurückkehren, das ist nicht gut, ich fürchtete immer, das Unglück zum zweiten Male zu erleben.« Als sie, herabgekommen, den Pferden wieder zugingen, sagte die Fürstin zu dem alten Herrn: »Reiten Sie hinein, eilig, aber nicht ohne den Reitknecht, lassen Sie mir Honorio, wir folgen sogleich.« Der Oheim fühlte das Vernünftige, ja das Notwendige dieser Worte und ritt, so eilig als der Boden erlaubte, den wüsten, steinigen Hang hinunter.

Als die Fürstin aufsaß, sagte Honorio: »Reiten Euer Durchlaucht, ich bitte, langsam! In der Stadt wie auf dem Schloß sind die Feueranstalten in bester Ordnung, man wird sich durch einen so unerwartet außerordentlichen Fall nicht irre machen lassen. Hier aber ist ein böser Boden, kleine Steine und kurzes Gras, schnelles Reiten ist unsicher, ohnehin, bis wir hineinkommen, wird das Feuer schon nieder sein.« Die Fürstin glaubte nicht daran, sie sah den Rauch sich verbreiten, sie glaubte einen aufflammenden Blitz gesehen, einen Schlag gehört zu haben, und nun bewegten sich in ihrer Einbildungskraft alle die Schreckbilder, welche des trefflichen Oheims wiederholte Erzählung von dem erlebten Jahrmarktsbrande leider nur zu tief eingesenkt hatte.

Fürchterlich wohl war jener Fall, überraschend und eindringlich genug, um zeitlebens eine Ahnung und Vorstellung wiederkehrenden Unglücks ängstlich zurückzulassen, als zur Nachtzeit auf dem großen, budenreichen Marktraum ein plötzlicher Brand Laden auf Laden ergriffen hatte, ehe noch die in und an diesen leichten Hütten Schlafenden aus tiefen Träumen geschüttelt wurden; der Fürst selbst als ein ermüdet angelangter, erst eingeschlafener Fremder ans Fenster sprang, alles fürchterlich erleuchtet sah, Flamme nach Flamme, rechts und links sich überspringend, ihm entgegenzüngelte. Die Häuser des Marktes, vom Widerschein gerötet, schienen schon zu glühen, drohend sich jeden Augenblick zu entzünden und in Flammen aufzuschlagen; unten wütete das Element unaufhaltsam, die Bretter prasselten, die Latten knackten, Leinwand flog auf, und ihre düstern, an den Enden flammend ausgezackten Fetzen trieben in der Höhe sich umher, als wenn die bösen Geister in ihrem Elemente, um und um gestaltet, sich mutwillig tanzend verzehren und da und dort aus den Gluten wieder auftauchen wollten. Dann aber mit kreischendem Geheul rettete jeder, was zur Hand lag; Diener und Knechte mit den Herren bemühten sich, von Flammen ergriffene Ballen fortzuschleppen, von dem brennenden Gestell noch einiges wegzureißen, um es in die Kiste zu packen, die sie denn doch zuletzt den eilenden Flammen zum Raube lassen mußten. Wie mancher wünschte nur einen Augenblick Stillstand dem heranprasselnden Feuer, nach der Möglichkeit einer Besinnung sich umsehend, und er war mit aller seiner Habe schon ergriffen; an der einen Seite brannte, glühte schon, was an der andern noch in finsterer Nacht stand. Hartnäckige Charaktere, willensstarke Menschen widersetzten sich grimmig dem grimmigen Feinde und retteten manches, mit Verlust ihrer Augenbrauen und Haare. Leider nun erneuerte sich vor dem schönen Geiste der Fürstin der wüste Wirrwarr, nun schien der heitere morgendliche Gesichtskreis umnebelt, ihre Augen verdüstert, Wald und Wiese hatten einen wunderbaren, bänglichen Anschein.

In das friedliche Tal einreitend, seiner labenden Kühle nicht achtend, waren sie kaum einige Schritte von der lebhaften Quelle des nahen fließenden Baches herab, als die Fürstin ganz unten im Gebüsche des Wiesentals etwas Seltsames erblickte, das sie alsobald für den Tiger erkannte; heranspringend, wie sie ihn vor kurzem gemalt gesehen, kam er entgegen, und dieses Bild zu den furchtbaren Bildern, die sie soeben beschäftigten, machte den wundersamsten Eindruck. »Flieht! gnädige Frau«, rief Honorio, »flieht!« Sie wandte das Pferd um, dem steilen Berg zu, wo sie herabgekommen waren. Der Jüngling aber, dem Untier entgegen, zog die Pistole und schoß, als er sich nahe genug glaubte; leider jedoch war gefehlt, der Tiger sprang seitwärts, das Pferd stutzte, das ergrimmte Tier aber verfolgte seinen Weg, aufwärts unmittelbar der Fürstin nach. Sie sprengte, was das Pferd vermochte, die steile, steinige Strecke hinan, kaum fürchtend, daß ein zartes Geschöpf, solcher Anstrengung ungewohnt, sie nicht aushalten werde. Es übernahm sich, von der bedrängten Reiterin angeregt, stieß am kleinen Gerölle des Hanges an und wieder an und stürzte zuletzt nach heftigem Bestreben kraftlos zu Boden. Die schöne Dame, entschlossen und gewandt, verfehlte nicht, sich strack auf ihre Füße zu stellen, auch das Pferd richtete sich auf; aber der Tiger nahte schon, obgleich nicht mit heftiger Schnelle; der ungleiche Boden, die scharfen Steine schienen seinen Antrieb zu hindern, und nur daß Honorio unmittelbar hinter ihm herflog, neben ihm gemäßigt heraufritt, schien seine Kraft aufs neue anzuspornen und zu reizen. Beide Renner erreichten zugleich den Ort, wo die Fürstin am Pferde stand; der Ritter beugte sich herab, schoß und traf mit der zweiten Pistole das Ungeheuer durch den Kopf, daß es sogleich niederstürzte und ausgestreckt in seiner Länge erst recht die Macht und Furchtbarkeit sehen ließ, von der nur noch das Körperliche übrig geblieben da lag. Honorio war vom Pferde gesprungen und kniete schon auf dem Tiere, dämpfte seine letzten Bewegungen und hielt den gezogenen Hirschfänger in der rechten Hand. Der Jüngling war schön, er war herangesprengt, wie ihn die Fürstin oft im Lanzen- und Ringelspiel gesehen hatte. Ebenso traf in der Reitbahn seine Kugel im Vorbeisprengen den Türkenkopf auf dem Pfahl gerade unter dem Turban in die Stirne; ebenso spießte er, flüchtig heransprengend, mit dem blanken Säbel das Mohrenhaupt vom Boden auf. In allen solchen Künsten war er gewandt und glücklich, hier kam beides zustatten.

»Gebt ihm den Rest«, sagte die Fürstin, »ich fürchte, er beschädigt Euch noch mit den Krallen.« – »Verzeiht!« erwiderte der Jüngling, »er ist schon tot genug, und ich mag das Fell nicht verderben, das nächsten Winter auf Eurem Schlitten glänzen soll.« »Frevelt nicht!« sagte die Fürstin; »alles was von Frömmigkeit im tiefen Herzen wohnt, entfaltet sich in solchem Augenblick.« – »Auch ich«, rief Honorio, »war nie frömmer als jetzt eben, deshalb aber denk' ich ans Freudigste, ich blicke dieses Fell nur an, wie es Euch zur Lust begleiten kann.« – »Es würde mich immer an diesen schrecklichen Augenblick erinnern«, versetzte sie. – »Ist es doch«, erwiderte der Jüngling mit glühender Wange, »ein unschuldigeres Triumphzeichen, als wenn die Waffen erschlagener Feinde vor dem Sieger her zur Schau getragen wurden.« – »Ich werde mich an Eure Kühnheit und Gewandtheit dabei erinnern und darf nicht hinzusetzen, daß Ihr auf meinen Dank und auf die Gnade des Fürsten lebenslänglich rechnen könnt. Aber steht auf; schon ist kein

Leben mehr im Tiere, bedenken wir das Weitere, vor allen Dingen steht auf!« – »Da ich nun einmal knie«, versetzte der Jüngling, »da ich mich in einer Stellung befinde, die mir auf jede andere Weise untersagt wäre, so laßt mich bitten, von der Gunst, von der Gnade, die Ihr mir zuwendet, in diesem Augenblick versichert zu werden. Ich habe schon so oft Euren hohen Gemahl gebeten um Urlaub und Vergünstigung einer weitern Reise. Wer das Glück hat, an Eurer Tafel zu sitzen, wen Ihr beehrt, Eure Gesellschaft unterhalten zu dürfen, der muß die Welt gesehen haben. Reisende strömen von allen Orten her, und wenn von einer Stadt, von einem wichtigen Punkte irgendeines Weltteils gesprochen wird, ergeht an den Eurigen jedesmal die Frage, ob er daselbst gewesen sei. Niemanden traut man Verstand zu, als wer das alles gesehen hat; es ist, als wenn man sich nur für andere zu unterrichten hätte.«

»Steht auf!« wiederholte die Fürstin, »ich möchte nicht gern gegen die Überzeugung meines Gemahls irgend etwas wünschen und bitten; allein wenn ich nicht irre, so ist die Ursache, warum er Euch bisher zurückhielt, bald gehoben. Seine Absicht war, Euch zum selbständigen Edelmann herangereift zu sehen, der sich und ihm auch auswärts Ehre machte wie bisher am Hofe, und ich dächte, Eure Tat wäre ein so empfehlender Reisepaß, als ein junger Mann nur in die Welt mitnehmen kann.«

Daß anstatt einer jugendlichen Freude eine gewisse Trauer über sein Gesicht zog, hatte die Fürstin nicht Zeit zu bemerken, noch er seiner Empfindung Raum zu geben, denn hastig den Berg herauf, einen Knaben an der Hand, kam eine Frau, geradezu auf die Gruppe los, die wir kennen; und kaum war Honorio, sich besinnend, aufgestanden, als sie sich heulend und schreiend über den Leichnam her warf und an dieser Handlung so wie an einer obgleich reinlich anständigen, doch bunten und seltsamen Kleidung sogleich erraten ließ, sie sei die Meisterin und Wärterin dieses dahin gestreckten Geschöpfes, wie denn der schwarzaugige, schwarzlockige Knabe, der eine Flöte in der Hand hielt, gleich der Mutter weinend, weniger heftig, aber tief gerührt neben ihr kniete.

Den gewaltsamen Ausbrüchen der Leidenschaft dieses unglücklichen Weibes folgte, zwar unterbrochen, stoßweise ein Strom von Worten, wie ein Bach sich in Absätzen von Felsen zu Felsen stürzt. Eine natürliche Sprache, kurz und abgebrochen, machte sich eindringlich und rührend; vergebens würde man sie in unsern Mundarten übersetzen wollen, den ungefähren Inhalt dürfen wir nicht verhehlen. »Sie haben dich ermordet, armes Tier! Ermordet ohne Not! Du warst zahm und hättest dich gern ruhig niedergelassen und auf uns gewartet; denn deine Fußballen schmerzten dich, und deine Krallen hatten keine Kraft mehr! Die heiße Sonne fehlte dir, sie zu reifen. Du warst der Schönste deinesgleichen; wer hat je einen königlichen Tiger so herrlich ausgestreckt im Schlafe gesehen, wie du nun hier liegst, tot, um nicht wieder aufzustehen. Wenn du des Morgens aufwachtest beim frühen Tagschein und den Rachen aufsperrtest, ausstreckend die rote Zunge, so schienst du uns zu lächeln, und, wenn schon brüllend, nahmst du doch spielend dein Futter aus den Händen einer Frau, von den Fingern eines Kindes! Wie lange begleiteten wir dich auf deinen Fahrten, wie lange war deine Gesellschaft uns wichtig und fruchtbar! Uns! Uns ganz eigentlich kam die Speise von den Fressern und süße Labung von den Starken. So wird es nicht mehr sein! Wehe, wehe!«

Sie hatte nicht ausgeklagt, als über die mittlere Höhe des Bergs am Schlosse herab Reiter heransprengten, die alsobald für das Jagdgefolge des Fürsten erkannt wurden, er selbst voran. Sie hatten, in den hintern Gebirgen jagend, die Brandwolken aufsteigen sehen und durch Täler und Schluchten, wie auf gewaltsam hetzender Jagd, den geraden Weg nach diesem traurigen Zeichen genommen. Über die steinige Blöße einhersprengend, stutzten und starrten sie, nun die unerwartete Gruppe gewahr werdend, die sich auf der leeren Fläche merkwürdig auszeichnete. Nach dem ersten Erkennen verstummte man, und nach einigem Erholen ward, was der Anblick nicht selbst ergab, mit wenigen Worten erläutert. So stand der Fürst vor dem seltsamen, unerhörten Ereignis, einen Kreis umher von Reitern und Nacheilenden zu Fuße. Unschlüssig war man nicht, was zu tun sei; anzuordnen, auszuführen war der Fürst beschäftigt, als ein Mann sich in den Kreis drängte, groß von Gestalt, bunt und wunderlich gekleidet wie Frau und Kind. Und nun gab die Familie zusammen Schmerz und Überraschung zu erkennen. Der Mann aber, gefaßt, stand in ehrfurchtsvoller Entfernung vor dem Fürsten und sagte: »Es ist nicht Klagenszeit; ach, mein Herr und mächtiger Jäger, auch der Löwe ist los, auch hier nach dem Gebirg ist er hin, aber schont ihn, habt Barmherzigkeit, daß er nicht umkomme wie dies gute Tier!« »Der Löwe?« sagte der Fürst, »hast du seine Spur?« – »Ja, Herr! Ein Bauer dort unten, der sich ohne Not auf einen Baum gerettet hatte, wies mich weiter hier links hinauf, aber ich sah den großen Trupp Menschen und Pferde vor mir, neugierig und hülfsbedürftig eilt' ich hierher.« –»Also«, beorderte der Fürst, »muß die Jagd sich auf diese Seite ziehen; ihr ladet eure Gewehre, geht sachte zu Werk, es ist kein Unglück, wenn ihr ihn in die tiefen Wälder treibt; aber am Ende, guter Mann, werden wir Euer Geschöpf nicht schonen können; warum wart Ihr unvorsichtig genug, sie entkommen zu lassen?« – »Das Feuer brach aus«, versetzte jener, »wir hielten uns still und gespannt, es verbreitete sich schnell, aber fern von uns, wir hatten Wasser genug zu unserer Verteidigung, aber ein Pulverschlag flog auf und warf die Brände bis an uns heran, über uns weg; wir übereilten uns und sind nun unglückliche Leute.«

Noch war der Fürst mit Anordnungen beschäftigt, aber

einen Augenblick schien alles zu stocken, als oben vom alten Schloß herab eilig ein Mann heranspringend gesehen ward, den man bald für den angestellten Wächter erkannte, der die Werkstätte des Malers bewachte, indem er darin seine Wohnung nahm und die Arbeiter beaufsichtigte. Er kam außer Atem springend, doch hatte er bald mit wenigen Worten angezeigt: oben hinter der höhern Ringmauer habe sich der Löwe im Sonnenschein gelagert, am Fuße einer hundertjährigen Buche, und verhalte sich ganz ruhig. Ärgerlich aber schloß der Mann: »Warum habe ich gestern meine Büchse in die Stadt getragen, um sie auszuputzen zu lassen! Hätte ich sie bei der Hand gehabt, er wäre nicht wieder aufgestanden, das Fell wäre doch mein gewesen, und ich hätte mich dessen, wie billig, zeitlebens gebrüstet.«

Der Fürst, dem seine militärischen Erfahrungen auch hier zustatten kamen, da er sich wohl schon in Fällen gefunden hatte, wo von mehreren Seiten unvermeidliches Übel herandrohte, sagte hierauf: »Welche Bürgschaft gebt Ihr mir, daß, wenn wir Eures Löwen schonen, er nicht im Lande unter den Meinigen Verderben anrichtet?«

»Hier diese Frau und dieses Kind«, erwiderte der Vater hastig, »erbieten sich, ihn zu zähmen, ihn ruhig zu erhalten, bis ich den beschlagenen Kasten heraufschaffe, da wir ihn denn unschädlich und unbeschädigt wieder zurückbringen werden.«

Der Knabe schien seine Flöte versuchen zu wollen, ein Instrument von der Art, das man sonst die sanfte süße Flöte zu nennen pflegte; sie war kurz geschnäbelt wie die Pfeifen; wer es verstand, wußte die anmutigsten Töne daraus hervorzulocken. Indes hatte der Fürst den Wärtel[25] gefragt, wie der Löwe hinaufgekommen. Dieser aber versetzte: »Durch den Hohlweg, der, auf beiden Seiten vermauert, von jeher der einzige Zugang war und der einzige bleiben soll; zwei Fußpfade, die noch hinaufführten, haben wir dergestalt entstellt[26], daß niemand als durch jenen ersten engen Anweg zu dem Zauberschlosse gelangen könne, wozu es Fürst Friedrichs Geist und Geschmack ausbilden will.«

Nach einigem Nachdenken, wobei sich der Fürst nach dem Kinde umsah, das immer sanft gleichsam zu präludieren fortgefahren hatte, wendete er sich zu Honorio und sagte: »Du hast heute viel geleistet, vollende das Tagwerk! Besetze den schmalen Weg, haltet eure Büchsen bereit, aber schießt nicht eher, als bis ihr das Geschöpf nicht sonst zurückscheuchen könnt; allenfalls macht ein Feuer an, vor dem er sich fürchtet, wenn er herunter will. Mann und Frau möge für das übrige stehen.« Eilig schickte Honorio sich an, die Befehle zu vollführen.

Das Kind verfolgte seine Melodie, die keine war, eine Tonfolge ohne Gesetz, und vielleicht eben deswegen so herzergreifend; die Umstehenden schienen wie bezaubert von der Bewegung einer liederartigen Weise, als der Vater mit anständigem[27] Enthusiasmus zu reden anfing und fortfuhr:

»Gott hat dem Fürsten Weisheit gegeben und zugleich die Erkenntnis, daß alle Gotteswerke weise sind, jedes nach seiner Art. Seht den Felsen, wie er fest steht und sich nicht rührt, der Witterung trotzt und dem Sonnenschein; uralte Bäume zieren sein Haupt, und so gekrönt schaut er weit umher; stürzt aber ein Teil herunter, so will es nicht bleiben, was es war, es fällt zertrümmert in viele Stücke und bedeckt die Seite des Hanges. Aber auch da wollen sie nicht verharren, mutwillig springen sie tief hinab, der Bach nimmt sie auf, zum Flusse trägt er sie. Nicht widerstehend, nicht widerspenstig, eckig, nein, glatt und abgerundet gewinnen sie schneller ihren Weg und gelangen von Fluß zu Fluß, endlich zum Ozean, wo die Riesen in Scharen daherziehen und in der Tiefe die Zwerge wimmeln.

Doch wer preist den Ruhm des Herrn, den die Sterne loben von Ewigkeit zu Ewigkeit! Warum seht ihr aber im Fernen umher? Betrachtet hier die Biene! Noch spät im

Herbst sammelt sie emsig und baut sich ein Haus, winkel-
und waagerecht, als Meister und Geselle; schaut die Ameise
da! sie kennt ihren Weg und verliert ihn nicht, sie baut sich
eine Wohnung aus Grashalmen, Erdbröslein und Kiefer-
nadeln, sie baut es in die Höhe und wölbet es zu; aber sie hat
umsonst gearbeitet, denn das Pferd stampft und scharrt
alles auseinander; seht hin! es zertritt ihre Balken und zerstreut ihre Planken, ungeduldig schnaubt es und kann nicht
rasten; denn der Herr hat das Roß zum Gesellen des Windes
gemacht und zum Gefährten des Sturms, daß es den Mann
dahin trage, wohin er will, und die Frau, wohin sie begehrt.
Aber im Palmenwald trat er auf, der Löwe, ernsten Schrit-
tes durchzog er die Wüste, dort herrscht er über alles
Getier, und nichts widersteht ihm. Doch der Mensch weiß
ihn zu zähmen, und das grausamste der Geschöpfe hat
Ehrfurcht vor dem Ebenbilde Gottes, wonach auch die
Engel gemacht sind, die dem Herrn dienen und seinen
Dienern. Denn in der Löwengrube scheute sich Daniel[28]
nicht; er blieb fest und getrost, und das wilde Brüllen
unterbrach nicht seinen frommen Gesang.«
    Diese mit dem Ausdruck eines natürlichen Enthusias-
mus gehaltene Rede begleitete das Kind hie und da mit
anmutigen Tönen; als aber der Vater geendigt hatte, fing es
mit reiner Kehle, heller Stimme und geschickten Läufen zu
intonieren an, worauf der Vater die Flöte ergriff, im Ein-
klang sich hören ließ, das Kind aber sang:

> Aus den Gruben, hier im Graben
> Hör' ich des Propheten Sang;
> Engel schweben, ihn zu laben,
> Wäre da dem Guten bang?
> Löw' und Löwin, hin und wieder,
> Schmiegen sich um ihn heran;
> Ja, die sanften, frommen Lieder
> Haben's ihnen angetan!

Der Vater fuhr fort, die Strophe mit der Flöte zu begleiten, die Mutter trat hie und da als zweite Stimme mit ein.

Eindringlich aber ganz besonders war, daß das Kind die Zeilen der Strophe nunmehr zu anderer Ordnung durcheinander schob und dadurch, wo nicht einen neuen Sinn hervorbrachte, doch das Gefühl in und durch sich selbst aufregend erhöhte.

> Engel schweben auf und nieder,
> Uns in Tönen zu erlaben,
> Welch ein himmlischer Gesang!
> In den Gruben, in dem Graben
> Wäre da dem Kinde bang?
> Diese sanften, frommen Lieder
> Lassen Unglück nicht heran:
> Engel schweben hin und wider,
> Und so ist es schon getan.

Hierauf mit Kraft und Erhebung begannen alle drei:

> Denn der Ew'ge herrscht auf Erden,
> Über Meere herrscht sein Blick;
> Löwen sollen Lämmer werden,
> Und die Welle schwankt zurück;
> Blankes Schwert erstarrt im Hiebe;
> Glaub' und Hoffnung sind erfüllt;
> Wundertätig ist die Liebe,
> Die sich im Gebet enthüllt.

Alles war still, hörte, horchte, und nur erst, als die Töne verhallten, konnte man den Eindruck bemerken und allenfalls beobachten. Alles war wie beschwichtigt, jeder in seiner Art gerührt. Der Fürst, als wenn er erst jetzt das Unheil übersähe, das ihn vor kurzem bedroht hatte, blickte nieder auf seine Gemahlin, die, an ihn gelehnt, sich nicht versagte, das gestickte Tüchlein hervorzuziehen und die Augen damit zu bedecken. Es tat ihr wohl, die jugendliche

Brust von dem Druck erleichtert zu fühlen, mit dem die vorhergehenden Minuten sie belastet hatten. Eine vollkommene Stille beherrschte die Menge, man schien die Gefahren vergessen zu haben, unten den Brand und von oben das Erstehen eines bedenklich ruhenden Löwen.

Durch einen Wink, die Pferde näher herbeizuführen, brachte der Fürst zuerst wieder in die Gruppe Bewegung, dann wendete er sich zu dem Weibe und sagte: »Ihr glaubt also, daß Ihr den entsprungenen Löwen, wo Ihr ihn antrefft, durch Euren Gesang, durch den Gesang dieses Kindes, mit Hülfe dieser Flötentöne beschwichtigen und ihn sodann unschädlich sowie unbeschädigt in seinen Verschluß wieder zurückbringen könntet?« Sie bejahten es, versichernd und beteuernd; der Kastellan wurde ihnen als Wegweiser zugegeben. Nun entfernte der Fürst mit wenigen sich eiligst, die Fürstin folgte langsamer mit dem übrigen Gefolge; Mutter aber und Sohn stiegen, von dem Wärtel, der sich eines Gewehrs bemächtigt hatte, begleitet, steiler gegen den Berg hinan.

Vor dem Eintritt in den Hohlweg, der den Zugang zu dem Schloß eröffnete, fanden sie die Jäger beschäftigt, dürres Reisig zu häufen, damit sie auf jeden Fall ein großes Feuer anzünden könnten. – »Es ist nicht not«, sagte die Frau, »es wird ohne das alles in Güte geschehen.«

Weiter hin, auf einem Mauerstücke sitzend, erblickten sie Honorio, seine Doppelbüchse in den Schoß gelegt, auf einem Posten als wie zu jedem Ereignis gefaßt. Aber die Herankommenden schien er kaum zu bemerken, er saß wie in tiefen Gedanken versunken, er sah umher wie zerstreut. Die Frau sprach ihn an mit Bitte, das Feuer nicht anzünden zu lassen, er schien jedoch ihrer Rede wenig Aufmerksamkeit zu schenken; sie redete lebhaft fort und rief: »Schöner junger Mann, du hast meinen Tiger erschlagen, ich fluche dir nicht, schone meinen Löwen, guter junger Mann, ich segne dich.«

Honorio schaute gerad vor sich hin, dorthin, wo die

Sonne auf ihrer Bahn sich zu senken begann. – »Du schaust nach Abend«, rief die Frau, »du tust wohl daran, dort gibt's viel zu tun; eile nur, säume nicht, du wirst überwinden. Aber zuerst überwinde dich selbst!« Hierauf schien er zu lächeln, die Frau stieg weiter, konnte sich aber nicht enthalten, nach dem Zurückbleibenden nochmals umzublicken; eine rötliche Sonne überschien sein Gesicht, sie glaubte nie einen schönern Jüngling gesehen zu haben.

»Wenn Euer Kind«, sagte nunmehr der Wärtel, »flötend und singend, wie Ihr überzeugt seid, den Löwen anlocken und beruhigen kann, so werden wir uns desselben sehr leicht bemeistern, da sich das gewaltige Tier ganz nah an die durchbrochenen Gewölbe hingelagert hat, durch die wir, da das Haupttor verschüttet ist, einen Eingang in den Schloßhof gewonnen haben. Lockt ihn das Kind hinein, so kann ich die Öffnung mit leichter Mühe schließen, und der Knabe, wenn es ihm gut deucht, durch eine der kleinen Wendeltreppen, die er in der Ecke sieht, dem Tiere entschlüpfen. Wir wollen uns verbergen, aber ich werde mich so stellen, daß meine Kugel jeden Augenblick dem Kinde zu Hülfe kommen kann.«

»Die Umstände sind alle nicht nötig, Gott und Kunst, Frömmigkeit und Glück müssen das Beste tun.« – »Es sei«, versetzte der Wärtel, »aber ich kenne meine Pflichten. Erst führ' ich euch durch einen beschwerlichen Stieg auf das Gemäuer hinauf, gerade dem Eingang gegenüber, den ich erwähnt habe; das Kind mag hinabsteigen, gleichsam in die Arena des Schauspiels, und das besänftigte Tier dort hereinlocken.« Das geschah; Wärtel und Mutter sahen versteckt von oben herab, wie das Kind die Wendeltreppen hinunter in dem klaren Hofraum sich zeigte und in der düstern Öffnung gegenüber verschwand, aber sogleich seinen Flötenton hören ließ, der sich nach und nach verlor und endlich verstummte. Die Pause war ahnungsvoll genug, den alten, mit Gefahr bekannten Jäger beengte der seltene menschliche Fall. Er sagte sich, daß er lieber persönlich dem gefährlichen Tiere entgegenginge; die Mutter jedoch, mit heiterem Gesicht, übergebogen horchend, ließ nicht die mindeste Unruhe bemerken.

Endlich hörte man die Flöte wieder, das Kind trat aus der Höhle hervor mit glänzend befriedigten Augen, der Löwe hinter ihm drein, aber langsam und, wie es schien, mit einiger Beschwerde. Er zeigte hie und da Lust, sich niederzulegen, doch der Knabe führte ihn im Halbkreise durch die wenig entblätterten, buntbelaubten Bäume, bis er sich endlich in den letzten Strahlen der Sonne, die sie durch eine Ruinenlücke hereinsandte, wie verklärt niedersetzte und sein beschwichtigendes Lied abermals begann, dessen Wiederholung wir uns auch nicht entziehen können.

> Aus den Gruben, hier im Graben
> Hör’ ich des Propheten Sang;
> Engel schweben, ihn zu laben,
> Wäre da dem Guten bang?
> Löw’ und Löwin, hin und wieder,
> Schmiegen sich um ihn heran;
> Ja, die sanften, frommen Lieder
> Haben’s ihnen angetan!

Indessen hatte sich der Löwe ganz knapp an das Kind hingelegt und ihm die schwere rechte Vordertatze auf den Schoß gehoben, die der Knabe fortsingend anmutig streichelte, aber gar bald bemerkte, daß ein scharfer Dornzweig zwischen die Ballen eingestochen war. Sorgfältig zog er die verletzende Spitze hervor, nahm lächelnd sein buntseidenes Halstuch vom Nacken und verband die greuliche Tatze des Untiers, so daß die Mutter sich vor Freuden mit ausgestreckten Armen zurückbog und vielleicht angewohnterweise Beifall gerufen und geklatscht hätte, wäre sie nicht durch einen derben Faustgriff des Wärtels erinnert worden, daß die Gefahr nicht vorüber sei.

Glorreich sang das Kind weiter, nachdem es mit wenigen Tönen vorgespielt hatte:

Denn der Ew'ge herrscht auf Erden,
Über Meere herrscht sein Blick;
Löwen sollen Lämmer werden,
Und die Welle schwankt zurück;
Blankes Schwert erstarrt im Hiebe,
Glaub' und Hoffnung sind erfüllt;
Wundertätig ist die Liebe,
Die sich im Gebet enthüllt.

Ist es möglich zu denken, daß man in den Zügen eines so grimmigen Geschöpfes, des Tyrannen der Wälder, des Despoten des Tierreiches, einen Ausdruck von Freundlichkeit, von dankbarer Zufriedenheit habe spüren können, so geschah es hier, und wirklich sah das Kind in seiner Verklärung aus wie ein mächtiger, siegreicher Überwinder, jener zwar nicht wie der Überwundene, denn seine Kraft blieb in ihm verborgen, aber doch wie der Gezähmte, wie der dem eigenen friedlichen Willen Anheimgegebene. Das Kind flötete und sang so weiter, nach seiner Art die Zeilen verschränkend und neue hinzufügend:

Und so geht mit guten Kindern
Sel'ger Engel gern zu Rat,
Böses Wollen zu verhindern,
Zu befördern schöne Tat.
So beschwören, fest zu bannen
Liebem Sohn ans zarte Knie
Ihn, des Waldes Hochtyrannen,
Frommer Sinn und Melodie.

BILDENDE WIRKUNG DER MUSIK

Wilhelm Meister bei den Musikschülern der Pädagogischen Provinz:

Nun aber mußte dem Fremdling [Wilhelm Meister] notwendig auffallen, daß, je weiter sie ins Land kamen, ein wohllautender Gesang ihnen immer mehr entgegen tönte. Was die Knaben auch begannen, bei welcher Arbeit man sie fand, immer sangen sie, und zwar schienen es Lieder jedem Geschäft besonders angemessen und in gleichen Fällen überall dieselben. Traten mehrere Kinder zusammen, so begleiteten sie sich wechselsweise; gegen Abend fanden sich auch Tanzende, deren Schritte durch Chöre belebt und geregelt wurden. Felix [Wilhelms Sohn] stimmte vom Pferde herab mit ein, und zwar nicht ganz unglücklich, Wilhelm vergnügte sich an dieser die Gegend belebenden Unterhaltung.

»Wahrscheinlich«, so sprach er zu seinem Gefährten, »wendet man viele Sorgfalt auf solchen Unterricht, denn sonst könnte diese Geschicklichkeit nicht so weit ausgebreitet und so vollkommen ausgebildet sein.« – »Allerdings«, versetzte jener, »bei uns ist der Gesang die erste Stufe der Bildung, alles andere schließt sich daran und wird dadurch vermittelt. Der einfachste Genuß so wie die einfachste Lehre werden bei uns durch Gesang belebt und eingeprägt, ja selbst was wir überliefern von Glaubens- und Sittenbekenntnis, wird auf dem Wege des Gesanges mitgeteilt; andere Vorteile zu selbsttätigen Zwecken verschwistern sich sogleich: denn indem wir die Kinder üben, Töne, welche sie hervorbringen, mit Zeichen auf die Tafel schreiben zu lernen und nach Anlaß dieser Zeichen sodann in ihrer Kehle wieder zu finden, ferner den Text darunter zu fügen, so üben sie zugleich Hand, Ohr und Auge und gelangen schneller zum Recht- und Schönschreiben, als man denkt, und da dieses alles zuletzt nach reinen Maßen, nach genau bestimmten Zahlen ausgeübt und nachgebildet werden muß, so fassen sie den hohen Wert der Meß- und Rechenkunst viel geschwinder als auf jede andere Weise. Deshalb haben wir denn unter allem Denkbaren die Musik zum Element unserer Erziehung gewählt, denn von ihr laufen gleichgebahnte Wege nach allen Seiten.«

Wilhelm suchte sich noch weiter zu unterrichten und verbarg seine Verwunderung nicht, daß er gar keine Instrumentalmusik vernehme. »Diese wird bei uns nicht vernachlässigt«, versetzte jener, »aber in einen besondern Bezirk, in das anmutigste Bergtal, eingeschlossen geübt; und da ist denn wieder dafür gesorgt, daß die verschiedenen Instrumente in auseinanderliegenden Ortschaften gelehrt werden. Besonders die Mißtöne der Anfänger sind in gewisse Einsiedeleien verwiesen, wo sie niemand zur Verzweiflung bringen: denn ihr werdet selbst gestehen, daß in der wohleingerichteten bürgerlichen Gesellschaft kaum ein trauriger Leiden zu dulden sei, als das uns die Nachbarschaft eines angehenden Flöten- oder Violinspielers aufdringt.

Unsere Anfänger gehen, aus eigener löblicher Gesinnung, niemand lästig sein zu wollen, freiwillig länger oder kürzer in die Wüste und beeifern sich, abgesondert, um das Verdienst, der bewohnten Welt näher treten zu dürfen, weshalb jedem von Zeit zu Zeit ein Versuch heranzutreten erlaubt wird, der selten mißlingt, weil wir Scham und Scheu bei dieser wie bei unsern übrigen Einrichtungen gar wohl hegen und pflegen dürfen. Daß eurem Sohn eine glückliche Stimme geworden, freut mich innigst, für das übrige sorgt sich um desto leichter.«

Nun waren sie zu einem Ort gelangt, wo Felix verweilen und sich an der Umgebung prüfen sollte, bis man zur förmlichen Aufnahme geneigt wäre; schon von weitem hörten sie einen freudigen Gesang; es war ein Spiel, woran sich die Knaben in der Feierstunde diesmal ergötzten. Ein

allgemeiner Chorgesang erscholl, wozu jedes Glied eines
weiten Kreises freudig, klar und tüchtig an seinem Teile
zustimmte, den Winken des Regelnden gehorchend. Dieser
überraschte jedoch öfters die Singenden, indem er durch
ein Zeichen den Chorgesang aufhob und irgendeinen einzelnen Teilnehmenden, ihn mit dem Stäbchen berührend,
aufforderte, sogleich allein ein schickliches Lied dem ver-
hallenden Ton, dem vorschwebenden Sinne anzupassen.
Schon zeigten die meisten viel Gewandtheit, einige, denen
das Kunststück mißlang, gaben ihr Pfand willig hin, ohne
gerade ausgelacht zu werden. Felix war Kind genug, sich
gleich unter sie zu mischen, und zog sich noch so leidlich
aus der Sache. Sodann ward ihm jener erste Gruß zugeeignet; er legte sogleich die Hände auf die Brust, blickte
aufwärts, und zwar mit so schnackischer Miene, daß man
wohl bemerken konnte, ein geheimer Sinn dabei sei ihm
noch nicht aufgegangen.

. . .

Da eine jede Region ihr eigenes Fest feiert, so führte man
den Gast zum Bezirk der Instrumentalmusik. Dieser, an die
Ebene grenzend, zeigte schon freundlich und zierlich abwechselnde Täler, kleine schlanke Wälder, sanfte Bäche, an
deren Seite unter dem Rasen hie und da ein bemooster Fels
bescheiden hervortrat. Zerstreute, umbuschte Wohnungen
erblickte man auf den Hügeln, in sanften Gründen dräng-
ten sich die Häuser näher aneinander. Jene anmutig-verein-
zelten Hütten lagen so weit auseinander, daß weder Töne
noch Mißtöne sich wechselseitig erreichen konnten.

Sie näherten sich sodann einem weiten, rings umbauten
und umschatteten Raume, wo Mann an Mann gedrängt mit
großer Aufmerksamkeit und Erwartung gespannt schienen. Eben als der Gast herantrat, ward eine mächtige Symphonie aller Instrumente aufgeführt, deren vollständige
Kraft und Zartheit er bewundern mußte. Dem geräumig

erbauten Orchester gegenüber stand ein kleineres, welches zu besonderer Betrachtung Anlaß gab; auf demselben befanden sich jüngere und ältere Schüler, jeder hielt sein Instrument bereit, ohne zu spielen; es waren diejenigen, die noch nicht vermochten oder nicht wagten, mit ins Ganze zu greifen. Mit Anteil bemerkte man, wie sie gleichsam auf dem Sprunge standen, und hörte rühmen: ein solches Fest gehe selten vorüber, ohne daß ein oder das andere Talent sich plötzlich entwickele.

Da nun auch Gesang zwischen den Instrumenten sich hervortat, konnte kein Zweifel übrig bleiben, daß auch dieser begünstigt werde. Auf eine Frage sodann, was noch sonst für eine Bildung sich hier freundlich anschließe, vernahm der Wanderer: die Dichtkunst sei es, und zwar von der lyrischen Seite. Hier komme alles darauf an, daß beide Künste, jede für sich und aus sich selbst, dann aber gegen- und miteinander entwickelt werden. Die Schüler lernen eine wie die andre in ihrer Bedingtheit kennen; sodann wird gelehrt, wie sie sich wechselsweise bedingen und sich sodann wieder wechselseitig befreien.

Wilhelm Meisters Wanderjahre

Aristoteles nämlich hatte in der ›Politik‹ ausgesprochen: daß die Musik zu sittlichen Zwecken bei der Erziehung benutzt werden könnte, indem ja durch heilige Melodien die in den Orgien erst aufgeregten Gemüter wieder besänftigt würden und also auch wohl andere Leidenschaften dadurch könnten ins Gleichgewicht gebracht werden. Daß hier von einem analogen Fall die Rede sei, leugnen wir nicht, allein er ist nicht identisch. Die Wirkungen der Musik sind stoffartiger, wie solches Händel in seinem ›Alexandersfest‹ durchgeführt hat und wie wir auf jedem Ball sehen können, wo ein nach sittig-galanter Polonaise aufgespielter Walzer die sämtliche Jugend zu bacchischem Wahnsinn hinreißt.

Die Musik aber, sowenig als irgendeine Kunst, vermag auf Moralität zu wirken, und immer ist es falsch, wenn man solche Leistungen von ihnen verlangt. Philosophie und Religion vermögen dies allein; Pietät und Pflicht müssen aufgeregt werden, und solche Erweckungen werden die Künste nur zufällig veranlassen. Was sie aber vermögen und wirken, das ist eine Milderung roher Sitten, welche aber gar bald in Weichlichkeit ausartet.

Nachlese zu Aristoteles' Poetik, 1827

IV. LIED UND GESANG

An Lina

Liebchen, kommen diese Lieder
Jemals wieder dir zur Hand,
Sitze beim Klaviere nieder,
Wo der Freund sonst bei dir stand.

Laß die Saiten rasch erklingen
Und dann sieh ins Buch hinein;
Nur nicht lesen! immer singen!
Und ein jedes Blatt ist dein.

Ach, wie traurig sieht in Lettern,
Schwarz auf weiß, das Lied mich an,
Das aus deinem Mund vergöttern,
Das ein Herz zerreißen kann!

DIE MENSCHLICHE STIMME

Wie die Musik nichts ist ohne menschliche Stimme, so wäre mein Leben nichts ohne deine Liebe.

An Charlotte von Stein, August 1782

Verhältnis [der Instrumente] zur Menschenstimme:
  Sie sind ein Surrogat derselben. Sie stehen unter derselben. – Werden aber ihr gleich gehoben durch gefühlte und geistreiche Behandlung.

Tonlehre

Zelter an Goethe am 20. September 1821:

Nein! es geht nichts über eine gesunde Menschenstimme ... Eine Stimme, die Gott macht, schmeißt ein ganzes Zeughaus von Kunstmitteln nieder, und wer die in Bewegung zu setzen versteht, den soll mir keiner schelten.

Goethe darauf am 14. Oktober 1821:

Was du von der Menschenstimme sagst, hat ganz meinen Beifall. Als ich die Catalani[29] in Karlsbad hörte, sagte ich ganz eigentlichst aus dem Stegreife:

> Im Zimmer wie im hohen Saal
> Hört man sich nimmer satt,
> Und man erfährt zum erstenmal,
> Warum man Ohren hat.

... die höchste und zugleich schönste organische Kraftäußerung, welche Gott und der Natur hervorzubringen möglich war, die menschliche Singstimme ...

An Zelter, 1. Februar 1831

ÜBER GESANG IM ALLGEMEINEN

Der Gesang ist völlig produktiv an sich. – Naturell des äußern und Genie des innern Sinnes werden durchaus gefordert.

Tonlehre

DER SÄNGER

»Was hör ich draußen vor dem Tor,
Was auf der Brücke schallen?
Laß den Gesang vor unserm Ohr
Im Saale widerhallen!«
Der König sprach's, der Page lief;
Der Knabe kam, der König rief:
»Laßt mir herein den Alten!«

»Gegrüßet seid mir, edle Herrn,
Gegrüßt ihr, schöne Damen!
Welch reicher Himmel! Stern bei Stern!
Wer kennet ihre Namen?
Im Saal voll Pracht und Herrlichkeit
Schließt, Augen, euch; hier ist nicht Zeit,
Sich staunend zu ergetzen.«

Der Sänger drückt' die Augen ein
Und schlug in vollen Tönen;
Die Ritter schauten mutig drein
Und in den Schoß die Schönen.
Der König, dem das Lied gefiel,
Ließ, ihn zu ehren für sein Spiel,
Eine goldne Kette holen.

»Die goldne Kette gib mir nicht,
Die Kette gib den Rittern,
Vor deren kühnem Angesicht

Der Feinde Lanzen splittern!
Gib sie dem Kanzler, den du hast,
Und laß ihn noch die goldne Last
Zu andern Lasten tragen!

Ich singe, wie der Vogel singt,
Der in den Zweigen wohnet;
Das Lied, das aus der Kehle dringt,
Ist Lohn, der reichlich lohnet.
Doch darf ich bitten, bitt ich eins:
Laß mir den besten Becher Weins
In purem Golde reichen!«

Er setzt' ihn an, er trank ihn aus:
»O Trank voll süßer Labe!
O wohl dem hochbeglückten Haus,
Wo das ist kleine Gabe!
Ergeht's euch wohl, so denkt an mich,
Und danket Gott so warm, als ich
Für diesen Trunk euch danke.«

Der Mensch ist so geneigt, sich mit dem Gemeinsten abzugeben, Geist und Sinne stumpfen sich so leicht gegen die Eindrücke des Schönen und Vollkommenen ab, daß man die Fähigkeit, es zu empfinden, bei sich auf alle Weise erhalten sollte. Denn einen solchen Genuß kann niemand ganz entbehren, und nur die Ungewohnheit, etwas Gutes zu genießen, ist Ursache, daß viele Menschen schon am Albernen und Abgeschmackten, wenn es nur neu ist, Vergnügen finden. Man sollte ... alle Tage wenigstens ein kleines Lied hören, ein gutes Gedicht lesen, ein treffliches Gemälde sehen, und, wenn es möglich zu machen wäre, einige vernünftige Worte sprechen.

Wilhelm Meisters Lehrjahre

Sänge sind des Lebens Bild!
Bilder nicht! sie sind nur Schatten!
Tönen herbe, deuten mild,
Was wir haben, was wir hatten.
Was wir hatten, wo ist's hin?
Und was ist denn, was wir haben?
Tönt, Gesänge! Rasch im Fliehn
Haschen wir des Lebens Gaben.

An Zelter, 16. Februar 1818

Tausend, abertausend Stimmen
Hör ich durch die Lüfte schwimmen,
Wie sie wogen, wie sie schwellen!
Mich umgeben ihre Wellen,
Die sich sondern, die sich einen,
Sie, die ewig schönen, reinen.
Wie sie mir ins Ohr gedrungen,
Wie sie sich ins Herz geschlungen,
Stürmen sie nach allen Seiten,
Von der Nähe zu den Weiten,
Berghinan und talhernieder,
Und das Echo schickt sie wieder.

Aus dem Prolog zur Eröffnung des Berliner Schauspielhauses, 1821

ÜBER DAS VOLKSLIED

Von Straßburg aus, wo Goethe 1770-1771 sein Jurastudium ab-
schloß, ritt er oft ins damals noch dörfliche Elsaß. Herder hatte
ihm den Sinn geöffnet für bisher noch unbekannte Poesie, die von
Mund zu Mund tradiert wurde: für Volkspoesie, besonders für das
Volkslied. Danach suchte Goethe nun, und es spricht für sein
musikalisches Gehör und Gedächtnis, wenn er sich auch die Melo-
dien der Lieder merkte, die er hier hörte. Wieder in Frankfurt,
schrieb er an Herder:

Daß ich Ihnen geben kann, was Sie wünschen, und mehr als Sie vielleicht hoffen, macht mir eine Freude, deren Sie mich so wenig als eines wahren Enthusiasmus fähig glauben können, nach dem Bilde, das Sie sich einmal von mir haben machen müssen. Genug, ich habe noch aus Elsaß zwölf Lieder mitgebracht, die ich auf meinen Streifereien aus den Kehlen der ältesten Mütterchen aufgehascht habe. Ein Glück! denn ihre Enkel singen alle: ich liebte nur Ismenen.[30] Sie waren Ihnen bestimmt, Ihnen allein bestimmt, so daß ich meinen besten Gesellen keine Abschrift aufs dringendste Bitten erlaubt habe. Ich will mich nicht aufhalten, etwas von ihrer Fürtrefflichkeit noch von dem Unterschiede ihres Wertes zu sagen. Aber ich habe sie bisher als einen Schatz an meinem Herzen getragen; alle Mädchen, die Gnade vor meinen Augen finden wollen, müssen sie lernen und singen; meine Schwester soll Ihnen die Melodien, die wir haben (sind NB. die alten Melodien, wie sie Gott erschaffen hat), sie soll sie Ihnen abschreiben.

September 1771

. . . wenn wir uns denken mögen, daß ein Harfner sich bei der Heu-, Korn- und Kartoffelernte finden wollte; wenn wir uns vorstellen, daß er die Menschen, die sich um ihn versammeln, aufmerksam auf dasjenige macht, was ihnen als etwas Alltägliches widerfährt; wenn er das Gemeine, indem er es betrachtet, dichterisch ausspricht, erhöht, jeden Genuß der Gaben Gottes und der Natur mit würdiger Darstellung schärft: so darf man sagen, daß er seiner Nation eine große Wohltat erzeige. Denn der erste Grad einer wahren Aufklärung ist, wenn der Mensch über seinen Zustand nachzudenken und ihn dabei wünschenswert zu finden gewöhnt wird. Man singe das Kartoffellied wirklich auf dem Acker, wo die völlig wundergleiche, den Naturforscher selbst zu hohen Betrachtungen leitende Vermehrung nach langem stillem Weben und Wirken vegetabilischer

Kräfte zum Vorschein kommt und ein ganz unbegreiflicher Segen aus der Erde quillt, so wird man erst das Verdienst dieser und anderer ähnlicher Gedichte fühlen, worin der Dichter den rohen, leichtsinnigen, zerstreuten, alles für bekannt annehmenden Menschen auf die ihn alltäglich umgebenden, alles ernährenden hohen Wunder aufmerksam zu machen unternimmt.

Aus Goethes Rezension lyrischer Gedichte von Johann Heinrich Voß, 1804

Die Kritik dürfte sich vorerst nach unserem Dafürhalten mit dieser Sammlung nicht befassen. Die Herausgeber haben solche mit so viel Neigung, Fleiß, Geschmack, Zartheit zusammengebracht und behandelt, daß ihre Landsleute dieser liebevollen Mühe nun wohl erst mit gutem Willen, Teilnahme und Mitgenuß zu danken hätten. Von Rechts wegen sollte dieses Büchlein in jedem Hause, wo frische Menschen wohnen, am Fenster, unterm Spiegel oder wo sonst Gesang- und Kochbücher zu liegen pflegen, zu finden sein, um aufgeschlagen zu werden in jedem Augenblick der Stimmung oder Unstimmung, wo man denn immer etwas Gleichtönendes oder Anregendes fände, wenn man auch allenfalls das Blatt ein paarmal umschlagen müßte.

Am besten aber läge doch dieser Band auf dem Klavier des Liebhabers oder Meisters der Tonkunst, um den darin enthaltenen Liedern entweder mit bekannten hergebrachten Melodien ganz ihr Recht widerfahren zu lassen, oder ihnen schickliche Weisen anzuschmiegen, oder wenn Gott wollte, neue bedeutende Melodien durch sie hervorzulocken.

Würden dann diese Lieder nach und nach in ihrem eigenen Ton- und Klangelemente von Ohr zu Ohr, von Mund zu Mund getragen, kehrten sie allmählich belebt und verherrlicht zum Volke zurück, von dem sie zum Teil gewissermaßen ausgegangen, so könnte man sagen, das Büchlein habe seine Bestimmung erfüllt und könne nun wieder als geschrieben und gedruckt verlorengehen, weil es in Leben und Bildung der Nation übergegangen.

Aus Goethes Rezension von ›Des Knaben Wunderhorn‹,
der von Achim von Arnim und Clemens Brentano herausgegebenen
Sammlung ›alter deutscher Lieder‹, 1806

Bereits ein halbes Jahrhundert hindurch beschäftigt man sich in Deutschland ernstlich und gemütlich[31] damit, und ich leugne nicht, daß ich unter diejenigen gehöre, die ein auf diese Vorliebe gegründetes Studium unablässig selbst fortsetzten, auf alle Weise zu verbreiten und zu fördern suchten; wie ich denn auch gar manche Gedichte, dieser Sinnes- und Gesangesart verwandt, von Zeit zu Zeit dem reinfühlenden Komponisten entgegenzubringen nicht unterließ.

Hierbei gestehen wir denn gerne, daß jene sogenannten Volkslieder vorzüglich Eingang gewinnen durch schmeichelnde Melodien, die in einfachen, einer geregelten Musik nicht anzupassenden Tönen einherfließen, sich meist in weicher Tonart ergehen und so das Gemüt in eine Lage des Mitgefühls versetzen, in der wir, einem gewissen allgemeinen unbestimmten Wohlbehagen wie den Klängen einer Äolsharfe hingegeben, mit weichlichem Genusse gern verweilen und uns in der Folge immer wieder sehnsüchtig danach zurückbestreben.

Aus Goethes Rezension einer Sammlung serbischer Volkslieder, 1826

Nehmen Sie Burns.[32] Wodurch ist er groß, als daß die alten Lieder seiner Vorfahren im Munde des Volkes lebten, daß sie ihm sozusagen bei der Wiege gesungen wurden, daß er als Knabe unter ihnen heranwuchs und die hohe Vortrefflichkeit dieser Muster sich ihm so einlebte, daß er darin eine lebendige Basis hatte, worauf er weiter schreiten konnte. – Und ferner wodurch ist er groß, als daß seine eigenen Lieder in seinem Volke sogleich empfängliche Ohren fanden, daß sie ihm alsobald im Felde von Schnittern und Binderinnen entgegen klangen und er in der Schenke von heiteren Gesellen damit begrüßt wurde. Da konnte es freilich etwas werden!

Wie ärmlich sieht es dagegen bei uns Deutschen aus! – Was lebte denn in meiner Jugend von unsern nicht weniger bedeutenden alten Liedern im eigentlichen Volke? – Herder und seine Nachfolger mußten erst anfangen, sie zu sammeln und der Vergessenheit zu entreißen; dann hatte man sie doch wenigstens gedruckt in Bibliotheken. – Und später, was haben nicht Bürger und Voß für Lieder gedichtet! Wer wollte sagen, daß sie geringer und weniger volkstümlich wären als die des vortrefflichen Burns! Allein, was ist davon lebendig geworden, so daß es uns aus dem Volke wieder entgegenklänge? – Sie sind geschrieben und gedruckt worden und stehen in Bibliotheken, ganz gemäß dem allgemeinen Lose deutscher Dichter. – Von meinen eigenen Liedern, was lebt denn? Es wird wohl eins und das andere einmal von einem hübschen Mädchen am Klaviere gesungen, allein im eigentlichen Volke ist alles stille. Mit welchen Empfindungen muß ich der Zeit gedenken, wo italienische Fischer mir Stellen des ›Tasso‹ sangen!

Wir Deutschen sind von gestern. Wir haben zwar seit einem Jahrhundert ganz tüchtig kultiviert; allein es können noch ein paar Jahrhunderte hingehen, ehe bei unseren Landsleuten so viel Geist und höhere Kultur eindringe und allgemein werde, daß sie gleich den Griechen der Schönheit huldigen, daß sie sich für ein hübsches Lied begeistern und daß man von ihnen wird sagen können, es sei lange her, daß sie Barbaren gewesen.   *Zu Eckermann, 3. Mai 1827*

ZUM WORT-TON-VERHÄLTNIS
IM LIED

Wenn ich irgend jemals neugierig auf die Bekanntschaft eines Individuums war, so bin ich's auf Herrn Zelter. Gerade diese Verbindung zweier Künste ist so wichtig, und ich habe manches über beide im Sinne, das nur durch den Umgang mit einem solchen Manne entwickelt werden könnte. Das Originale seiner Kompositionen ist, soviel ich beurteilen kann, niemals ein Einfall, sondern es ist eine radikale Reproduktion der poetischen Intentionen.

An August Wilhelm Schlegel, 18. Juni 1798

Die Schillerschen Sachen[33] sind ganz vortrefflich gefaßt. Die Komposition suppliert sie, wie eigentlich das Lied durch jede Komposition erst vollständig werden soll. Hier ist es aber ganz was Eignes. Der denkende oder gedachte Enthusiasmus wird nun erst in das freie und liebliche Element der Sinnlichkeit aufgehoben oder vielmehr aufgeschmolzen. Man denkt und fühlt und wird mit hingerissen.

An Zelter, 21. Dezember 1809

Der Komponist, der das Gedicht begleiten, tragen, heben und fördern soll . . . *An Zelter, 17. April 1815*

Möge er [West-östlicher Divan] Dich aufs neue erregen und drängen, daß Du mit musikalischer Fülle dieses doch im Grunde für sich nackte Liederwesen bekleidest und in die Welt einführst. *An Zelter, 30. Jänner 1820*

Deine Kompositionen fühle ich sogleich mit meinen Liedern identisch, die Musik nimmt nur, wie ein einströmendes Gas, den Luftballon mit in die Höhe. Bei andern Komponisten muß ich erst aufmerken, wie sie das Lied genommen, was sie daraus gemacht haben. *An Zelter, 11. Mai 1820*

Ein tief gefühlter Anteil an irgendeiner poetischen Produktion kann nicht schöner ausgedrückt werden, als wenn der Musiker sich darein versenkt, um ihr erst das eigentliche Leben einzuhauchen und sie durch seine Persönlichkeit eigens zu individualisieren. Es entsteht dadurch ein neues Poem, welches den Dichter selbst überraschen muß.

An Carl v. Schlözer, 27. August 1820

*

Es gibt zu interessanten Betrachtungen Anlaß, wenn man sieht, wie der Komponist, indem er sich ein Lied zueignet und es auf seine Weise belebt, der Poesie eine gewisse Vielseitigkeit erteilt, die sie an und für sich nicht haben kann; woraus denn erhellt, daß etwas Einfaches und beschränkt Scheinendes, wenn es nur wirksam ist, zu den mannigfaltigsten Produktionen Anlaß geben kann.

An Moritz v. Dietrichstein, 23. Juni 1811

Sodann wünschte [ich] mit einfachen, treuen Worten aussprechen zu können, daß ich meinen so mannigfaltigen, unter den verschiedensten Anlässen entstandenen Liedern nur dann eine innere Übereinstimmung und ideelle Ganzheit zuschreiben darf, als der Tonkünstler sie auch in die Einheit seines Gefühls nochmals aufnehmen und, als wären sie ein Ganzes, nach seiner Weise [hat] durchführen wollen. Hierüber ließe sich in Gegenwart gar freundlich handeln, da man in der Ferne immer nur im Allgemeinen verharren darf.

An Wenzel Joseph Tomaschek, 18. Juli 1820

Ihre Frömmigkeit in bezug auf Musik weiß ich zu ehren und gebe gerne zu, daß die Kompositionen von Liedern und sonst, genau besehen, oft nur ein qui pro quo geben; selten ist der Dichter durchdrungen, und man lernt dabei nur etwa den Kunstcharakter und die Stimmung des Kom-

ponisten kennen. Doch hab ich auch da manches Schätzenswerte gefunden, in dem man sich vielmal abgespiegelt sieht,
zusammengezogen, erweitert, selten ganz rein. Beethoven
hat darin Wunder getan ...

An Marianne v. Willemer, 12. Juli 1821

Zum Schlusse übergab ich ihm [Goethe] einige Kompositionen von mir zu einigen von seinen Gedichten und erzählte ihm die Dir bewußte Geschichte der Entstehung
meiner zwei Kompositionen seines ›Heiderösleins‹ und
fragte ihn, welche Farbe, die sentimentale oder die humoristische, die rechte sei. Er antwortete echt goethisch objektiv: Beides ist gut und recht, man kann das Gedicht nehmen, wie man will. Ich fordere bei meinen Sachen nicht,
daß alle sie durch dasselbe Glas betrachten sollen, jeder mag
daraus entnehmen, was er darin findet, und dieses ist dann
für ihn das Wahre.

Mitgeteilt von Xaver Schnyder von Wartensee, 11. Juli 1829

*

Die Komposition von ›Johanna Sebus‹[34] habe ich zwar
erst unvollkommen gehört, allein genugsam, um versichern zu können, daß sie mir ganz vortrefflich vorkommt.
Ich müßte sehr weitläuftig sein, wenn ich alles sagen wollte,
was mir bei dieser Gelegenheit durch den Sinn gegangen.
Nur eins will ich erwähnen, daß Sie auf eine sehr bedeutende Weise von demjenigen Gebrauch gemacht, wofür ich
keinen Namen habe, das man aber Nachahmung, Malerei
und ich weiß nicht sonst wie nennt und das bei andern sehr
fehlerhaft wird und ungehörig ausartet.

Es ist eine Art Symbolik fürs Ohr, wodurch der Gegenstand, insofern er in Bewegung oder nicht in Bewegung ist,
weder nachgeahmt noch gemalt, sondern in der Imagination auf eine ganz eigene und unbegreifliche Weise hervor-

gebracht wird, indem das Bezeichnete mit dem Bezeichnenden in fast gar keinem Verhältnisse zu stehen scheint. Daß auf einem ganz natürlichen Wege in der Musik der Donner rollen und die Wellen brausen können, versteht sich von selbst. Wie glücklich Sie aber die Negation ›Kein Damm, kein Feld‹ durch den abgerissenen, unterbrochnen Vortrag ausgedrückt haben, ist überraschend, so wie die Antizipation des Gefälligen vor der Stelle ›Doch Suschens Bild‹.

An Zelter, 6. März 1810

Auf Ihre Frage zum Beispiel, was der Musiker malen dürfe? wage ich mit einem Paradox zu antworten: »Nichts und Alles. Nichts! wie er es durch die äußern Sinne empfängt, darf er nachahmen; aber Alles darf er darstellen, was er bei diesen äußern Sinneseinwirkungen empfindet. Den Donner in Musik nachzuahmen ist keine Kunst, aber der Musiker, der das Gefühl in mir erregt, als wenn ich donnern hörte, würde sehr schätzbar sein. So haben wir im Gegensatz für vollkommene Ruhe, für Schweigen, ja für Negation entschiedenen Ausdruck in der Musik, wovon mir vollkommene Beispiele zur Hand sind. Ich wiederhole: das Innere in Stimmung zu setzen, ohne die gemeinen äußern Mittel zu brauchen, ist der Musik großes und edles Vorrecht.«

An den Liederkomponisten Adalbert Schöpke, 16. Februar 1818

Die reinste und höchste Malerei in der Musik ist die, welche du auch ausübst, es kommt darauf an, den Hörer in die Stimmung zu versetzen, welche das Gedicht angibt, in der Einbildungskraft bilden sich alsdann die Gestalten nach Anlaß des Textes, sie weiß nicht, wie sie dazu kommt. Muster davon hast du gegeben in der ›Johanna Sebus‹, ›Mitternacht‹, ›Über allen Gipfeln ist Ruh‹ und wo nicht überall? Deute mir an, wer außer dir dergleichen geleistet hat. Töne durch Töne zu malen: zu donnern, zu schmettern, zu plätschern und zu patschen, ist detestabel. Das Minimum davon wird als Tüpfchen aufs i in obigen Fällen weislich benutzt, wie du auch tust. Und so verwandle ich Ton- und Gehörloser, obgleich Guthörender, jenen großen Genuß in Begriff und Wort. Ich weiß recht gut, daß mir deshalb ein Drittel des Lebens fehlt; aber man muß sich einzurichten wissen. *An Zelter, 2. Mai 1820*

*

Goethe lenkte hierauf das Gespräch wieder auf Zelter und fragte dann, was ich von seinen Kompositionen halte. Das wäre für manchen eine verfängliche Frage gewesen; denn bekannt war, wieviel Goethe auf seinen Freund hielt. Ich kannte aber Goethe aus seinen Schriften hinlänglich, um zu wissen, daß er aus den Meinungen anderer ihre Anschauungsweise kennenlernen wollte und jede mit großer Toleranz gelten ließ, wenn sie nicht geradezu abgeschmackt war. Ich fand daher gar kein Bedenken, die meinige unverhohlen auszusprechen und bemerkte: »Ich kenne von Zelter nur seine Liederkompositionen; in der geistigen Auffassung erscheinen sie mir bedeutend und treffend ausgedrückt, aber ihre Form ist antiquiert.« »Erklären Sie mir das näher!« versetzte Goethe. – »Unsere Musiksprache«, fuhr ich fort, »ist seit Haydn und Mozart eine blühendere, sprechendere und anmutigere geworden. Die Melodie ist bei Zelter immer charakteristisch deklamiert, akzentuiert und rhythmisiert, aber seine Tonfiguren – Nächstverwandte der Schulzschen[35] und Reichardtschen[36] – sind jetzt veraltet. Dies fällt bei einfachen Singmelodien, die sich besonders dem Volkston nahehalten, nicht auf, aber es tritt stark hervor beim Akkompagnement. Das Zeltersche ist selten etwas mehr als die nötige Erfüllung der Harmonie und die Ergänzung und Ausgleichung des rhythmischen Flusses. Die Neueren haben es in ihren bessern Werken zur Mitsprache des Gefühls erhoben. Wenn Exzellenz den Versuch machen wollen, Baß und Mittelstimme manches Zelterschen Liedes ohne die Melodie spielen zu lassen, so werden Sie kaum etwas von einer mit dem Gefühl sympathisierenden Regung vernehmen; dasselbe Experiment mit einem Mozartschen, Weberschen, Beethovenschen Liede angestellt, zeigt etwas anderes: da fühlt man oft schon Leben und Regung des bezüglichen Gefühls auch ohne die Melodie, und doch ist dieses erst ein Lallen. Die Musik wird hoffentlich dahin gelangen, daß jede Nebenstimme einen Beitrag, sei er auch gering, zu dem Ausdruck des Gefühls liefert.«

Ich war ins Feuer gekommen und erschrak jetzt fast über meine lange Rede. Doch hatte mir Goethe mit etwas geneigtem Haupte und nachdenklichem Blick aufmerksam und, wie ich mir schmeichle, nicht ohne Interesse zugehört, blieb auch, nachdem ich innehielt, einen Augenblick sinnend stehen. Plötzlich ging er an den Flügel, der in dem Empfangszimmer stand, öffnete ihn und sagte: »Machen Sie mir das vorgeschlagene Experiment gleich selbst! Was man deduziert, muß man, wenn's wahr und klar ist, auch durch Tatsachen erhärten können.« – Ich spielte zuerst das Akkompagnement eines Zelterschen Liedes, dann, wenn ich mich recht erinnere, das zu Klärchens [Lied] aus ›Egmont‹: ›Trommeln und Pfeifen‹, und endlich die Melodien zu beiden. »Gut!« sagte Goethe, nachdem ich geendet, »die Welt bleibt nun einmal nicht stillstehen, wenn uns ihr Weiterschreiten auch zuweilen aus der Gewohnheit reißt und uns unbequem wird; denn ich will Ihnen nicht verhehlen, daß mich Ihre Beispiele nicht so getroffen haben, als ich von Ihrem neuen Prinzip erwartete, das auch gelten mag, wenn es die Musik überhaupt erfüllen kann. Aber darin liegt für euch Jüngere eben der gefährliche Dämon: Ihr seid schnell fertig mit der Kreierung neuer Ideale, und wie steht's mit der Ausführung? Ihre Forderung, daß jede

Stimme etwas sagen soll, klingt ganz gut, ja, man sollte meinen, sie müßte schon längst jedem Komponisten bekannt gewesen und von ihm ausgeübt worden sein, da sie dem Verstande so nahe liegt; aber ob das musikalische Kunstwerk die Durchführung dieses Grundsatzes vertragen könne und ob dadurch nicht andere Nachteile für den Genuß an der Musik entstehen, das ist eine andere Frage, und Sie werden wohl tun, wenn Sie dieselbe fleißig nicht bloß durchdenken, sondern auch durchexperimentieren. Es gibt Schwächen in allen Künsten der Idee nach, die aber in der Praxis beibehalten werden müssen, weil man durch Beseitigung derselben der Natur zu nahe kommt und die Kunst unkünstlerisch wird.

Im Gespräch mit dem Musiker Christian Lobe, 1820

Der Gesang selbst muß auf die simple Sprache zurückkehren, wenn er höchst bedeutungsvoll und rührend werden soll; dies haben auch schon alle großen Komponisten bemerkt. *Zu Christian Lobe, Juni 1820*

Dein Graun, der nur Worte haben will, um zu musizieren, kommt mir vor wie jener mit seinem Torzettel.[37] Die guten Menschen ehren weder den Wert des Wortes noch die grundkräftige Mannigfaltigkeit ihrer Kunst. Schlechte Gedanken, schlechte Verse können sie brauchen und vielleicht am liebsten, weil sie alsdann nach völliger Freiheit handeln können. *An Zelter, 24. April 1831*

ZUR GESTALT UND ZUM VORTRAG
VON LIEDERN

Brauchbar und angenehm in manchen Rollen war Ehlers als Schauspieler und Sänger, besonders in dieser letzten Eigenschaft geselliger Unterhaltung höchst willkommen, indem er Balladen und andere Lieder der Art zur Gitarre mit genauester Präzision der Textworte ganz unvergleichlich vortrug. Er war unermüdet im Studieren des eigentlichsten Ausdrucks, der darin besteht, daß der Sänger nach einer Melodie die verschiedenste Bedeutung der einzelnen Strophen hervorzuheben und so die Pflicht des Lyrikers und Epikers zugleich zu erfüllen weiß. Hiervon durchdrungen, ließ er sich's gern gefallen, wenn ich ihm zumutete, mehrere Abendstunden, ja bis tief in die Nacht hinein, dasselbe Lied mit allen Schattierungen aufs pünktlichste zu wiederholen: denn bei der gelungenen Praxis überzeugte er sich, wie verwerflich alles sogenannte Durchkomponieren der Lieder sei, wodurch der allgemein lyrische Charakter ganz aufgehoben und eine falsche Teilnahme am Einzelnen gefordert und erregt wird. *Annalen 1801*

Für das Gehör, im höhern Sinne, hat indessen auch unser wackrer Zelter gesorgt, der durch Kompositionen einiger Lieder von Schiller und mir unsre Winterstunden sehr erheitert hat. Er trifft den Charakter eines solchen in gleichen Strophen wiederkehrenden Ganzen trefflich, so daß es in jedem einzelnen Teile wieder gefühlet wird, da wo andere, durch ein sogenanntes Durchkomponieren, den Eindruck des Ganzen durch vordringende Einzelheiten zerstören. *An Wilhelm von Humboldt, 14. März 1803*

Ich kann nicht begreifen, wie Beethoven[38] und Spohr das Lied gänzlich mißverstehen konnten, als sie es durchkomponierten; die in jeder Strophe auf derselben Stelle vorkom-

1. Das Pyramidenklavier in Goethes Elternhaus
Foto, 1982, Freies Deutsches Hochstift,
Frankfurter Goethe-Museum

»Goethe spielt Klavier, und gar nicht schlecht«, berichtete 1795 der
Jenaer Student David Veit an Rahel Levin nach Berlin. Goethes
eigener Bericht in »Dichtung und Wahrheit« nennt Beginn und Umstände dieser Fertigkeit: den ersten Klavierunterricht erhielten Goethe
und seine Schwester ab 1763 im Elternhaus bei dem Kantor Johann
Andreas Bismann. 1769 kaufte der Vater, wie sein Ausgabenbuch
ausweist, für 60 Gulden bei dem Instrumentenbauer Ch. E. Friderici in
Gera die sog. »Giraffe«, ein aufrecht stehendes Hammerklavier. Das
Instrument, das heute im Musikzimmer im ersten Stock des Goethe-
hauses in Frankfurt gezeigt wird, stammt von demselben Instrumentenbauer. Die Stuckdekoration der Zimmerdecke aus Geigen, Horn
und Flöte und das rotlackierte Clavichord vermitteln etwas von der
heiteren Musikalität in der Familie Goethe. Sie wurde freilich weniger
durch den Vater geprägt, obwohl dieser Flöte und Laute spielte und
gelegentlich mit Freunden musizierte. Klavierspiel und Gesang der

Mutter, die wohl auch den Musikunterricht der Kinder anregte, dürften Goethe nachhaltiger beeindruckt haben. Bei dem Frankfurter Vizekapelldirektor Beck nahm sie noch Unterricht, als die Kinder schon heranwuchsen, und trug gemeinsam mit dem italienischen Sprachlehrer Giovinazzi italienische Arien und Duette zu eigener Klavierbegleitung vor.

Sicherlich zielte Goethes Klavierunterricht nicht auf den Vortrag anspruchsvoller Kompositionen. Tänze, Märsche und Lieder und leichtere Vortragsstücke dürften im Mittelpunkt gestanden haben. Immerhin aber mußte er sich in das Generalbaßspiel einarbeiten, denn auch in der zeitgenössischen Klavierliteratur für Laien waren die Harmonien nur selten ausgeführt; gewöhnlich mußten aus beziffertem Baß und Melodie die Akkorde durch den Spieler ergänzt werden.

Goethe empfing weitere musikalische Eindrücke aus der Kirchenmusik Frankfurts, den öffentlichen Umzugsmusiken bei städtischen Festlichkeiten und aus den Konzerten durchreisender Virtuosen. Der Auftritt des jungen Mozart und seiner Schwester 1763 blieb ihm bis ins Alter im Gedächtnis. Schließlich ist an den Besuch der Oper zu erinnern, die den Jugendlichen anregte, sich selbst als Librettist zu versuchen. Ein italienisches Libretto Goethes aus dieser Zeit, »La sposa rapita« (Die geraubte Braut), ist nicht erhalten: der Siebzehnjährige hat es selbst verbrannt.

2. Leopold Mozart, mit seinen Kindern musizierend
Kupferstich von Delafosse nach L. G. de Carmontelle, 1764
Goethe-Museum Düsseldorf

Der sechsjährige Mozart konzertierte 1763 mit Schwester und Vater in Frankfurt am Main. Im Publikum, das dem herausgeputzten »Wunderkind« so begeistert applaudierte, daß das Konzert dreimal wiederholt werden mußte, saß tief beeindruckt ein Vierzehnjähriger – Goethe.

Es kam zu keiner weiteren Begegnung, und Mozart hat Goethes Werk kaum zur Kenntnis genommen: Nur die Komposition des »Veilchen«-Liedes (1785) aus »Erwin und Elmire« bildete noch einmal einen flüchtigen Berührungspunkt.

Goethe seinerseits gehörte zu Mozarts unbedingten Verehrern. Freilich setzte Mozarts »Entführung aus dem Serail« den ehrgeizigen Bemühungen Goethes, die Singspielbühne zu erobern, ein jähes Ende,

denn Goethe fand hier in genialer Vollendung, was den allenfalls handwerklich geschickten Komponisten in seiner Umgebung kaum ansatzweise gelingen wollte, und später vernichtete Mozarts früher Tod jede Hoffnung auf Zusammenarbeit. Die »Faust«-Oper von Mozart blieb für Goethe ein unerfüllbarer Traum.

Die entschiedene Bevorzugung von Mozarts Opern durch den Theaterleiter Goethe ist bekannt. Darüber hinaus gibt es zahllose Belege für die besondere Neigung Goethes zu Mozarts Musik. Wiener Freundinnen beschafften ihm Notenhandschriften des Verstorbenen. Noch Felix Mendelssohn Bartholdy entzückte 1821 Goethe, als er eine Mozartsche Komposition fehlerfrei von der Handschrift abspielte. Das erste Denkmal für Mozart wurde in Weimar errichtet! Johann Nepomuk Hummel, Mozarts wohl begabtester Klavierschüler, konnte 1819 als Musikdirektor nach Weimar verpflichtet werden. Goethes unmittelbare Beteiligung an seiner Berufung ist nicht zu belegen; seine Freude über Hummels Entscheidung für Weimar ist vielfach verbürgt. Daß Hummel 1823 eine Bearbeitung von Mozarts Sinfonie Nr. 1 Goethe widmete, bezeugt die Verbundenheit beider Männer im Geiste Mozarts. Das wichtigste Zeugnis in dieser Reihe ist freilich Goethes

Versuch, die »Zauberflöte« in einem zweiten Teil fortzusetzen. Blieb der Versuch auch Fragment – nicht zuletzt, weil sich abermals kein fähiger Komponist fand –, so gingen Grundgedanken des Libretto-Plans doch in andere Werke Goethes ein: die Turmgesellschaft in »Wilhelm Meister« ist ein später Reflex freimaurerischer Ideen, wie sie Goethe in der Fortsetzung der »Zauberflöte« auszuführen dachte. Auch in der »Euphorion«-Episode von »Faust II« hat die Forschung Nachwirkungen des »Zauberflöten«-Plans glaubhaft gemacht. Wenn Goethe schließlich den Musiker zu der kleinen Gruppe »dämonischer« Persönlichkeiten zählte, die in der Geschichte ohne Beispiel bleiben und sie zugleich unübersehbar prägen, ist diese Reverenz vor Mozarts Genie ein unübertrefflicher Ausdruck dessen, was Goethe »Ehrfurcht« nannte.

3. J. W. Goethe, »Neue Lieder in Melodien«
Titelblatt, 1770, Goethe-Museum Düsseldorf

Ganz im Zeichen der Musik steht das erste gedruckte Werk Goethes, die »Neuen Lieder in Melodien«. Die Lyriksammlung vereinigt Gedichte der Frankfurter Jahre und der Leipziger Studentenzeit. Ganz aus dem Formgefühl anakreontischer Schäferdichtung erwachsen, bildet sie zugleich den Abschluß wie den Höhepunkt dieses lyrischen Traditionsstrangs. Bei späterer Sichtung des Jugendwerks hielten nicht alle Stücke der kritischen Prüfung Goethes stand. Was er in die nachfolgenden Gedichtsammlungen übernahm, läßt erkennen, wie übernommene Formen, Situationen und Gefühlsschablonen sich mit lebendiger Empfindung füllen und in frischer, persönlicher Sprache mitteilen. Kaum wetterleuchtet irgendwo das poetische Genie, aber fast überall zeigt sich reiche Begabung, mühelos wird Konventionelles ergriffen und mit staunenswerter Freiheit und Sicherheit behandelt.

Die musikalische Gestaltung der Liedersammlung bezeugt nicht weniger ihre Herkunft aus der Konvention, die den jugendlichen poetisch-musikalischen Kunstübungen gleichsam das Rückgrat gibt. Im Hause »Zum Goldenen Bären« in Leipzig traf der Student Goethe neben dem hochgebildeten Hausherrn, dem Drucker und Verleger Johann Gottfried Immanuel Breitkopf (1719-1794) auch dessen musikalisch begabte Söhne Bernhard Theodor und Christoph Gottlob. Der ältere der beiden, »ein wohlgestalteter junger Mann, der Musik erge-

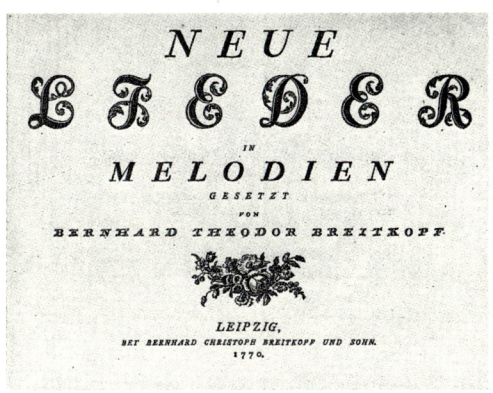

ben und geübt sowohl den Flügel als die Violine fertig zu behandeln«, komponierte die Melodien zu Goethes Texten. Im hauseigenen Verlag – der Vater hatte den Notendruck mit beweglichen Lettern erfunden – erschien im Herbst 1769 (mit dem gedruckten Erscheinungsjahr 1770) die Liedersammlung unter dem Namen des Komponisten; Goethe selbst blieb wie bei den Werken, die in den nächsten Jahren dem »Leipziger Liederbuch« im Druck folgten, auf dem Titelblatt ungenannt.

4. Johann Wolfgang Goethe, »Concerto Dramatico«
Erste Seite der eigenhändigen Niederschrift, 1772
Freies Deutsches Hochstift, Frankfurter Goethe-Museum

Goethes kleine Gelegenheitsdichtung, wahrscheinlich im Frühjahr 1772 entstanden, spiegelt auf eine besonders reizvolle Weise die Stellung der Musik in den Zirkeln, in denen sich der junge Schriftsteller als »Wanderer« zwischen Frankfurt und Darmstadt bewegte. Die »Gemeinschaft der Heiligen« in Darmstadt, die von Herders Braut Caroline Flachsland, ihrer Schwester, der Geheimrätin Hesse, Fräulein von Roussillon und dem Kriegsrat J. H. Merck gebildet wurde, langweilte sich in den Wintermonaten über die Maßen. Auf verzweiflungsvolle Hilferufe der Darmstädter Frauen antwortete Goethe mit dem »Concerto dramatico«, das folglich die Langeweile und deren Gegenmittel zum Thema hatte. Goethe selbst maskierte sich als fiktiver Verfasser

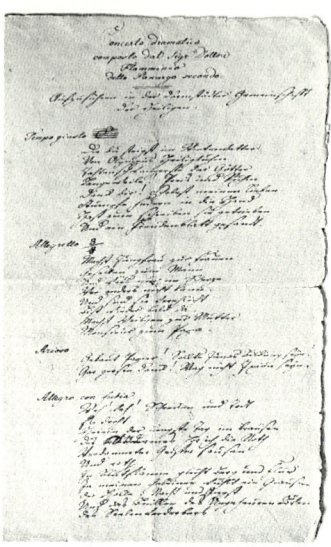

»Dottore Flamminio« bzw. als »Panurgo secundo«, als »zweiter Alles-
vermögender«.

Der Text selbst nutzt die Bauform der Kantate und arrangiert
entsprechend die vierzehn Musiknummern zu drei Teilen mit einer
Einleitung. Es war wohl kaum daran gedacht, den Text insgesamt neu
zu vertonen. Vielmehr wies Goethe durch Vortrags- und Rhythmus-
angaben auf bestimmte musikalische Formen hin, die den Darmstädter
Freunden mit Sicherheit bekannt waren und so den einzelnen Text-
abschnitten leicht unterlegt werden konnten. Dieses Verfahren des
Neuarrangements bekannter Musikstücke begegnet in der Musik des
18. Jahrhunderts allenthalben. Es war keineswegs auf die profane
»Gebrauchsmusik« der Zeit beschränkt, sondern läßt sich in der geistlichen Musik, in der Oper und in Instrumentalkompositionen ebenso
nachweisen. Ein weites Feld geistvollen Spiels zwischen Wiedererken-
nen und parodistischem Scherz eröffnete sich vor allem auch solchen
Kreisen, die nicht selbst produzierend, sondern ausübend am musikalischen Geschehen der Zeit teilnahmen.

So sicher der junge Goethe diese Form musikalischer Unterhaltung
auch handhabte: er mußte sie in dem Maße als einengend und rückstän-

dig empfinden, wie seine Dichtung sich in ihrer Sprachgestalt und in ihren gedanklichen Ansprüchen weiterentwickelte.

Bei Gelegenheit einer Reise rheinabwärts bis Düsseldorf entstanden 1774 fünf Profilporträts Goethes. G. F. Schmoll zeichnete sie für den Schweizer Theologen Johann Kaspar Lavater (1741-1801), dessen »Physiognomische Fragmente zur Beförderung der Menschenkenntnis und Menschenliebe« 1775-1778 in vier Bänden erschienen. Für die Drucklegung mußten die Zeichnungen in Radierungen umgesetzt werden. Das abgebildete Porträt ist eine Proberadierung, die gerade in der Skizzenhaftigkeit ihrer Ausführung die Frische des ersten Eindrucks bewahrt hat.

6. Lotte am Klavier
Illustration zu »Die Leiden des jungen Werthers«
Farbstich von Morange nach S. Amand, um 1780
Goethe-Museum Düsseldorf

Erst spät – in dem Gedicht »Aussöhnung« aus dem Jahre 1823 – hat Goethe noch einmal die geheimnisvoll heilenden Kräfte beschworen, mit denen Musik selbst die Schatten des Todes zu bannen vermag. Fast fünfzig Jahre zuvor hatte der junge Werther in seinem Brief »am 16. Julius« dem Freunde im selben Sinne geschrieben: »Kein Wort von der alten Zauberkraft der Musik ist mir unwahrscheinlich. Wie mich der einfache Gesang angreift! Und wie sie (Lotte) ihn anzubringen weiß, oft zur Zeit, wo ich mir eine Kugel vor den Kopf schießen möchte! Die Irrung und Finsternis meiner Seele zerstreut mich, und ich atme wieder freier.«

Die Empfänglichkeit für Musik erweist sich bei Goethe als überge-schichtliches Kontinuum. Die Lotte des »Werther«-Romans spielt ja »eine Melodie, . . . so simpel und geistvoll«, wie sie die empfindsame Liedästhetik um 1770 gefordert hatte. Maria Szymanowska wird später in Marienbad Goethes ineinander-gekrampfte Seele mit dem virtuosen Vortrag der besten Kompositionen der Wiener Klassik lösen. Diese offenbar zeitlose Wirkung von Musik meint Goethe, wenn er »von der alten Zauberkraft der Musik« spricht. Im Mythos vom Sänger Orpheus hatte die Antike einen bildhaften Ausdruck für die seelenbewegende Kraft der Musik gefunden. Das 18. Jahrhundert hatte in seiner empfindsamen Phase die Symbolkraft dieses Mythos gespürt, Christoph Willibald Gluck ihm in seiner »Orpheus«-Oper den damals modernsten musikalischen Ausdruck verliehen. Im Sieg der durch rhythmisches Zeitmaß getragenen Melodie über die »Irrung und Finsternis« der Seele triumphiert zugleich die künstlerische Formkraft über das ungestalte Chaos.

7. Junge Dame am Spinett (Lili Schönemann?)
Federzeichnung von Johann Wolfgang Goethe, um 1775
Nationale Forschungs- und Gedenkstätten
der klassischen deutschen Literatur in Weimar

»Die Musikliebhaberei ist auch allhier sehr groß . . . Es sind wenig angesehene Familien, da nicht die Jugend auf einem oder dem anderen Instrument oder im Singen unterwiesen wird.« – So beschrieb 1741 nicht ohne Stolz ein Frankfurter Chronist das musikalische Klima der Kaiserstadt, unter dessen prägendem Einfluß auch Goethes Kinder- und Jugendjahre standen. Freilich demonstrierte die Musikpflege im Hause des Kaiserlichen Rats Goethe auch, daß man ungeachtet des erst kürzlich erlangten Wohlstands sehr wohl die gesellschaftlichen Lebensformen der angesehenen Familien Frankfurts beherrschte und mitvollzog. Waren schon die Einheirat in eine der alten Patrizierfamilien Frankfurts, der Umbau und die kostbare Einrichtung des Hauses am Großen Hirschgraben, die sorgfältige Erziehung der Kinder und das juristische Studium des Sohnes wohlerwogene Schritte des Vaters auf der Stufenleiter gesellschaftlichen Ansehens gewesen, so mußte sich die Aufmerksamkeit der Eltern erst recht auf eine günstige Verheiratung der Kinder richten. Aus gesellschaftlichen und religiösen Gründen keineswegs wunschgemäß war allerdings die Verbindung des Sohnes, die sich anzubahnen schien, als Goethe Ende 1774 Eingang in das Schönemannsche Haus am Großen Kornmarkt in Frankfurt fand. Hier führten im Herbst und Winter die Witwe des Bankiers

und Kaufmanns Johann Wolfgang Schönemann und ihre Tochter Anna Elisabeth ein aufwendig elegantes Leben, in dem der Musik die größte Bedeutung zukam. Musikalischer Berater und Lehrer der Damen und Arrangeur ihrer musikalischen Unterhaltungen war der Offenbacher Fabrikant, Musikverleger und Komponist Johann André, der Goethe auch im Schönemannschen Haus eingeführt hatte. Goethe fand bei seinem ersten Besuch Lili, die sechzehnjährige Tochter, am Spinett. »Mit bedeutender Fertigkeit und Anmut«, wie er bemerkte, spielte sie eine Sonate. Möglicherweise hielt Goethe diese Szene in seiner Zeichnung fest. Einem leidenschaftlichen Winter folgte Ostern 1775 die Verlobung mit Lili. Als sie im Herbst desselben Jahres wieder gelöst wurde, hatten nicht nur die Einwände beider Eltern gesiegt. Die Lyrik Goethes und seine Briefe aus dieser Zeit, wohl auch die »Stella«, die im Frühjahr 1775 entstand, spiegeln die innere, fast unerträgliche Spannung zwischen Zuneigung und Bindungsscheu, die die Beziehung belastete und schließlich beendete.

8. Johann André (1741-1799)
Kupferstich von J. H. Lips nach O. May, 1777
Goethe-Museum Düsseldorf

Im Schönemannschen Kreise traf Goethe 1775 den ihm schon von früher bekannten Offenbacher Seidenwarenfabrikanten wieder, einen Mann »von angeborenem lebhaftem Talente« in der Musik. Andrés Singspielkomposition »Der Töpfer« (1773) nach einem eigenen Libretto regte Goethe im November 1773 zur Arbeit an »Erwin und Elmire« an, seinem ersten Singspieltext. Februar 1775 stellte er ihn für den Druck in J. G. Jacobis Frauentaschenbuch »Iris« fertig. Die Komposition der Arien hatte André übernommen. Die Uraufführung des Werks in Frankfurt im Mai 1775 blieb mäßig erfolgreich; Aufführungen in Berlin im Juli desselben Jahres fanden weitreichende Beachtung.

1778 vertonte André – inzwischen Kapellmeister der Döbbelinschen Theaterkompanie in Berlin – als zweiten Singspieltext Goethes »Claudine von Villa Bella«. Es folgten durchaus erfolgreiche Singspielkompositionen wie »Die Entführung aus dem Serail« (1781) mit dem

Libretto von Christian Friedrich Bretzner, ein Jahr später von Mozart in der Bearbeitung von Gottlob Stephanie vertont, und »Der Barbier von Bagdad« (1783) nach einer Erzählung aus Tausendundeiner Nacht, die auch Peter Cornelius 1858 in einer eigenen Texteinrichtung vertonte.

Neben Andrés Singspielkompositionen fanden vor allem seine Lieder Beachtung. 1774 erschienen »Scherzhafte Lieder von Herrn Weiße«; 1775 vertonte er Bürgers Ballade »Leonore«. Gerade diese Komposition trug er selbst gerne in geselligem Kreise vor, sofern die Gesellschaft nicht Goethes Rezitation der Ballade den Vorzug gab.

Im 17. Buch von »Dichtung und Wahrheit« gibt Goethe eine lebhafte Darstellung der hochmusischen großbürgerlichen Gesellschaft in Frankfurt und Offenbach, auf deren musikalische Bedürfnisse und Fähigkeiten Andrés Kompositionen mindestens vor seiner Übersiedlung nach Berlin bezogen blieben. Sein erklärtes Bestreben, den Typ des Weiße-Hillerschen Singspiels, wie Goethe es in Leipzig kennengelernt hatte, dadurch weiterzuentwickeln, daß sich ein kräftig humoristischer Ton mit einer geistvollen Handlungsführung verband, traf sich mit Goethes gleichartigen Absichten.

9. Johann Wolfgang Goethe »Erwin und Elmire«
Illustrationsvorzeichnung von Daniel Nikolaus Chodowiecki, 1775
Freies Deutsches Hochstift, Frankfurter Goethe-Museum

Die Lektüre des Romans »The Vicar of Wakefield« von Oliver Goldsmith, in dem die romantische Liebesgeschichte Edwins und Angelinas berichtet wird, regte Goethe zu seinem ersten Singspiel »Erwin und Elmire« an, das im Mai 1775 in Frankfurt mit freilich nur mäßigem Erfolg aufgeführt wurde. Der Offenbacher Musiker Johann André hatte die Bühnenmusik komponiert. Die erste Fassung, ein lockerer Text in beschwingter Prosa, wurde im Frühjahr des Entstehungsjahres auch in J. G. Jacobis Damen-Taschenbuch »Iris« abgedruckt. Andrés Komposition »Das Veilchen«, eigentlich ein Terzett im 1. Aufzug, 2. Auftritt, wurde als Notenstich beigegeben. Von hier aus gelangte das Singspiel in die Raubdruck-Ausgabe der Schriften Goethes, die der Berliner Verleger Himburg ohne Einwilligung des Autors publizierte. In Berlin fand auch die zweite, ungleich erfolgreichere Aufführung von »Erwin und Elmire« statt. Der Kupferstecher Daniel Nikolaus

Chodowiecki, der die illustrative Ausschmückung des Himburgischen Raubdrucks übernommen hatte, überlieferte uns die zauberhafte »Momentaufnahme« einer wichtigen Szene der Berliner Inszenierung: Mit ausgebreiteten Armen fliegt bei der Arie »Er ist nicht weit« (2. Aufzug, 9. Auftritt) Demoiselle Huber, die Darstellerin der Elmire, dem langersehnten Erwin entgegen. Die empfindsame Tönung des Singspiels, die seinen Erfolg wesentlich begründete, wird gerade hier spürbar.

1776 vertonte die Herzogin-Mutter Anna Amalia in Weimar die Gesangseinlagen des Singspiels mit der Begleitung durch ein Kammerorchester. Mit dieser Bühnenmusik wurde es mehrfach auf der Weimarer Liebhaberbühne aufgeführt.

In Italien arbeitete Goethe den Text um: fünffüßige Jamben stützten nun den gehobenen poetischen Ausdruck; das Stück verlor jedoch seinen frischen, gefühlvollen Charakter. Die überarbeitete Textfassung wurde von Johann Friedrich Reichardt neu komponiert; der gedruckte Klavierauszug erschien 1793. Goethe war mit der Reichardtschen Vertonung rundum zufrieden. Heute freilich ist sie gänzlich vergessen, und nur Mozarts Gelegenheitsvertonung des »Veilchen«-Gedichts, übrigens eins der vier Lieder, die Mozart selbst zu Lebzeiten in Druck gab, bewahrt ein Andenken an Goethes ersten Singspiel-Versuch.

10. Philipp Christoph Kayser (1755-1824)
Kupferstich nach Johann Heinrich Lips, 1777
Goethe-Museum Düsseldorf

Kayser, wie Goethe in Frankfurt a. M. geboren und mit ihm frühzeitig bekannt, erhielt seine musikalische Grundausbildung bei seinem Vater Matthäus Kayser, dem Organisten an der Katharinenkirche. Als talentierter Klavierspieler gab er von 1770 an in Frankfurt Klavierstunden und übersiedelte 1775 als Musiklehrer nach Zürich. Kurz vor der Abreise noch paßte er eine von Goethe besonders geschätzte Melodie aus Grétrys Oper »La Magnifique« den Versen »Ihr verblühet, süße Rosen« aus »Erwin und Elmire« an und vertonte Goethes Gedicht »An Belinden«.

Goethes Beziehung zu dem scheuen, verinnerlichten und entschlußarmen Musiker verstärkte sich wieder ab 1777, und 1781 versuchte Goethe ihm sogar eine Anstellung in Weimar zu vermitteln. Er hatte ihn, ohne Frage seine Fähigkeiten überschätzend, um die Komposition seiner Singspiele »Jery und Bätely« und »Scherz, List und Rache« gebeten und die Arbeit mit vielen Hinweisen für die musikalische

Gestaltung zu fördern versucht. Weit über gattungstheoretische Erwägungen hinaus gab Goethe dem Musiker Handreichungen wie etwa zu Details der Verwendung obligater Holzblasinstrumente. Trotzdem kamen die Kompositionen nur langsam voran und blieben zuletzt hinter den Erwartungen Goethes und den Bedürfnissen des bescheidenen Weimarer Liebhabertheaters zurück. Noch 1828 blickte Goethe enttäuscht auf die »Stimmenmagerkeit« von »Scherz, List und Rache« zurück, die ohne Chor »nicht weiter als zum Terzett stieg«.

Goethes Angebot einer finanziellen Unterstützung zur Weiterbildung in München und Wien schlug Kayser aus, kam aber im November 1787 auf Goethes Einladung hin zu ihm nach Rom. Er brachte die Partitur von »Scherz, List und Rache« und eine noch unvollendete Bühnenmusik zum »Egmont« mit, deren Ouvertüre er im Hause von Angelica Kauffmann vorspielte. Bedeutsam für Goethe wurde allerdings Kayser bei der Erschließung altitalienischer Kirchenmusik: Motetten von Morales und Palestrina, Kompositionen von Allegri und Benedetto Marcello erschloß ihm Kayser am Klavier, ehe er ihn zu den Aufführungen in die römischen Kirchen begleitete. Goethes Hochschätzung der »musica sacra« und besonders der Vokalmusik hat hier eine ihrer Wurzeln, und das Erlebnis der ernsten, großen italienischen Kirchenmusik zählt zu Goethes wichtigsten musikgeschichtlichen Erfahrungen.

11. Anna Amalia Herzogin von Sachsen-Weimar-Eisenach (1739–1807)
Ölgemälde von Johann Ernst Heinsius, 1780
Freies Deutsches Hochstift, Frankfurter Goethe-Museum

Weimars kulturelle Bedeutung im 18. und frühen 19. Jahrhundert wäre ohne das Wirken Anna Amalias kaum erklärbar. Als kaum Zwanzigjährige hatte die Nichte Friedrichs des Großen nach dem Tode ihres Mannes die Regentschaft für ihren Sohn Carl August übernommen. Mit der Berufung Wielands zum Erzieher ihrer beiden Söhne setzte sie ein deutliches Zeichen: Die Musen fanden am Weimarer Hof eine Heimstatt. Goethe schätzte die tatkräftige und lebenskluge Frau, die, manche Wesenszüge mit seiner Mutter teilend, sich nach dem Regierungsantritt ihres Sohnes nur schwer in das behagliche, aber politisch bedeutungslose Leben einer fürstlichen Pensionärin schicken konnte. Ein geselliger Kreis um die Herzogin-Mutter versammelte sich im

Tafelrundenzimmer des Wittumspalais oder in den Sommersitzen Tiefurth und Ettersburg. In diesem Kreis erwuchs auch die Idee eines »Liebhabertheaters«, an deren Verwirklichung Goethe lebhaften Anteil nahm. Zu Goethes Singspiel »Erwin und Elmire« komponierte Anna Amalia eine Bühnenmusik, die lange Zeit bei Aufführungen in Weimar gespielt wurde.

Obwohl die Berufsmusiker am Weimarer Hof die Herzogin-Mutter in Kompositions- und Instrumentierungsfragen berieten und unterstützten, wird man das musikalische Talent der fürstlichen Frau nicht gering veranschlagen dürfen. In ihrem Nachlaß fanden sich mehrere Kompositionen für Kammerorchester, die eine beachtliche Formsicherheit und Fülle der musikalischen Einfälle erkennen lassen. Das gerollte Notenblatt in der Hand der Herzogin, wie es das Porträt von Heinsius zeigt, ist deshalb mehr als das Attribut einer modischen Musikbeflissenheit.

12. Karl Friedrich Siegmund von Seckendorff (1744-1785)
Ölgemälde von J. E. Heinsius, 1779
Freies Deutsches Hochstift, Frankfurt am Main

Kurz vor Goethes Eintreffen in Weimar hatte der aus Erlangen stam-
mende v. Seckendorff hier die Stelle eines Kammerherrn des jungen
Herzogs Carl August von Sachsen-Weimar angenommen. Im Herbst
1779 heiratete er Sophia Friederike v. Kalb, deren Bruder August
vordem Goethe von Frankfurt nach Weimar geleitet hatte.

Von Seckendorffs gesellige Talente gewannen ihm die Zuneigung
Wielands, aber auch der Herzogin-Mutter Anna Amalia, die ihn als
Gesellschafter und musikalischen Berater schätzte. Die kleine Liebhaberbühne bei Hofe sah ihn in vielen Rollen, besonders des komischen Fachs.

Eine gewisse Rivalität gegenüber Goethe hinderte den Kammerherrn freilich nicht, seine musikalischen Fähigkeiten auch an Texten
Goethes zu erproben. Zu seinen herausragenden Liedkompositionen
zählen »Der König in Thule«, »Der Fischer« und »An den Mond«.
Darüber hinaus lieferte er Bühnenmusiken zu Goethes Singspiel »Jery

und Bätely«, nachdem Kayser die Komposition nicht rechtzeitig beenden konnte, zum »Triumph der Empfindsamkeit« und zu »Die Laune des Verliebten«. Auch das Feenspiel »Lila« und das Schattenspiel »Minervens Geburt, Leben und Taten« stattete er musikalisch aus. Mit seiner Berufung auf den Posten des preußischen Gesandten am Ansbacher Hof verließ er 1784 den Weimarer Hof.

Ohne Frage liegen die Leistungen von Seckendorffs in der Komposition weit über dem Durchschnitt der wohlmeinenden Dilettantenvertonungen aus dem Weimarer Kreis, und Seckendorff darf als einer der talentvollsten Musiker in der damaligen deutschen Aristokratie gelten. Wenn Goethe gleichwohl Berufsmusiker zu bevorzugen schien wie etwa den ewig zaudernden Kayser, so wird der Grund dafür in dem Ernst seiner Bemühungen um die Verbesserung des Theaterbetriebs im ganzen, des deutschen Singspiels im besonderen zu suchen sein. Hier war eine dauerhafte Wirkung nur in der Zusammenarbeit mit Berufskünstlern zu erhoffen, die ihre Aufgaben verantwortlich und nicht nur aus gutem Willen versahen, deren Leistungsbereitschaft aus fachlichem Können und nicht allein aus dem Wunsch, gesellschaftlich zu gefallen, motiviert war.

13. Corona Schröter (1751-1802)
Lithographie von Sixtus Thon, um 1825
Goethe-Museum Düsseldorf

Seit dem 16. November 1776 sammelte sich der kleine Kreis musik- und theaterbegeisterter Weimarer Hofleute und Bürger um einen neuen Mittelpunkt: Die Sängerin und Schauspielerin Corona Schröter war einer von Goethe persönlich überbrachten Einladung an den »Weimarer Musenhof« gefolgt. Schon als Student in Leipzig hatte Goethe sie in den von Johann Adam Hiller geleiteten »Großen Konzerten« gehört und sie mit etwas studentenhaftem Enthusiasmus gefeiert. Jetzt warben der junge Weimarer Herzog Carl August und Goethe gleichermaßen vergeblich um die Gunst der schönen, vielseitig begabten Künstlerin. Dies verdeckte Spiel der Herzen gab den Aufführungen der Weimarer Liebhaberbühne manchen galanten Nebensinn; Goethe versteckte seine Huldigungen in den Rollen, die er in seinen frühen Weimarer Theaterarbeiten bewußt für die »Krone«, wie er Corona Schröter gelegentlich nannte, gestaltete. In »Lila« sang sie die

Fee Sonna (1777), im »Triumph der Empfindsamkeit« die Fee Man-
dandane und in dem eingefügten Monodram »Proserpina« die Titelrolle (1778). In »Jery und Bätely« sang sie die Bätely (1780), in der
»Fischerin« hörte man von ihr erstmals die Ballade »Der Erlkönig« in
einer eigenen Vertonung (1782). Vor allem aber stand sie als erste
Iphigenie gemeinsam mit Goethe als Orest bei der Uraufführung des
Dramas auf der weimarischen Liebhaberbühne (1779).

Spielten schon die Weimarer Hofdamen fast alle wenigstens ein
Instrument, so steuerten die Herzogin-Mutter Anna Amalia und Corona Schröter sogar eigene Kompostionen zur musikalischen Unterhaltung des Hofes bei. Die vierundzwanzig Liedvertonungen Corona
Schröters, die sie 1786 drucken ließ, sind bei geringen technischen
Ansprüchen durchweg ansprechend. Ihr Wert liegt sicher eher im
musikgeschichtlich Dokumentarischen: Sie spiegeln das Musikverständnis und die Musikpraxis des Weimarer Hofes, auf dessen Bedürfnisse und Möglichkeiten Goethes Bemühungen um die Weiterent-
wicklung insbesondere des Singspiels zunächst zielten.

14. Georg Friedrich Händel (1684-1759)
Lithographie von Delpech nach Belliard, um 1825
Goethe-Museum Düsseldorf

Anders als die Musik Johann Sebastian Bachs ist die seines Zeitgenossen Händel ungebrochen in die Goethe-Zeit hinein und über sie hinaus tradiert worden. Verhältnismäßig frühzeitig ist auch Goethes Beschäftigung mit Händel nachweisbar. Im Mai 1780 ließ er in Weimar den »Messias« einstudieren, der mit Erfolg aufgeführt und im folgenden Jahr wiederholt wurde. Die Aufführung des »Alexanderfests« kurz zuvor war weniger gelungen. »Unsere Leute sind nicht dazu«, lautete Goethes lakonische Bemerkung über die Leistungsfähigkeit des Weimarer Hoforchesters, doch gab ihm der »Messias« »neue Ideen von Deklamation«. Dieser auf den ersten Blick etwas formalistische Gewinn mag erstaunen. Erinnert man sich indessen daran, daß Goethe damals noch kaum eigene Erfahrungen mit metrisch gebundener Rede gemacht hatte, die – von Musik getragen – eine ungleich stärkere künstlerische Wirkung versprach als etwa die Prosa, in der noch kurz zuvor die »Iphigenie« in ihrer ersten Fassung niedergeschrieben wurde, mag man die Wirkung des Händelschen Oratoriums auf den Dichter weniger gering veranschlagen.

Der »Messias« blieb eine Konstante in Goethes Beziehung zum Werk Händels. Teile des Werks erklangen 1811 in einer Aufführung des Chors, den Goethe zu gemeinsamem Musizieren in seinem Hause gegründet hatte. Mit Zelter diskutierte er 1814 über das Werk und las aufmerksam, was der Berliner Freund über die »Entwicklung des Messias von Händel« ihm zehn Jahre später brieflich darlegte. Kurz zuvor hatte er die Aufsatzsammlung von Rochlitz »Für Freunde der Tonkunst«, die u. a. Arbeiten über die Fuge und den »Messias« enthielt, mit größtem Interesse gelesen und sogleich Zelter in einigen Fragen um Auskunft gebeten. Abermals vergegenwärtigte sich Goethe die Wirkung des »Messias« in einem Konzert in seinem Hause. Doris, Zelters Tochter, überbrachte schließlich im Januar 1832 einen Aufsatz ihres Vaters über Händels »Judas Maccabäus«, die letzte Nachricht aus der Musikgeschichte, von der Goethe Kenntnis nahm.

15. Goethe 1791
Kupferstich von Johann Heinrich Lips
Goethe-Museum Düsseldorf

In der Januarmitte 1791 saß Goethe dem Schweizer Maler Lips Modell zu einem Kreidebildnis, das Lips wenig später als Kupferstich ausführte. Die Zeitgenossen urteilten zwar kontrovers über die Porträtähnlichkeit, doch hat das Bildnis bis heute seinen Rang als *das* Porträt des »klassischen« Goethe behaupten können. Am 17. Januar, dem Tag nach der Fertigstellung des Kreideporträts, übernahm Goethe offiziell die Leitung des Weimarer Hoftheaters.

16. Das alte Weimarer Hoftheater
Anonymer Kupferstich, um 1800
Goethe-Museum Düsseldorf

Beim Brand des Weimarer Schlosses 1774 wurde auch der Theatersaal zerstört, so daß das Ensemble des Hoftheaters entlassen werden mußte. Die Liebhaberaufführungen, an denen Goethe lebhaften Anteil nahm, füllten nur notdürftig die Lücke in der kulturellen Repräsentation des Weimarer Hofes. Zwar stand seit 1779 im »Komödien- und Redoutenhaus« wieder eine Bühne zur Verfügung, doch wurde erst 1791 wieder ein Hoftheater mit festem Ensemble ins Leben gerufen. Es unterstand bis 1817 Goethes Leitung. Nach einem durchgreifenden Umbau 1798 präsentierte sich der »weimarische neudekorierte Theatersaal« als leistungsfähige Opern- und Schauspielbühne. Die Theaterarbeit Goethes und Schillers ließ hier eine weitbeachtete Musterbühne entstehen.

Goethes Aufmerksamkeit galt besonders dem Musiktheater, denn »die Opern zogen mehr an als alles übrige«, bemerkte er 1795. Entsprechend sorgfältig überwachte er alle Phasen der Einstudierung und die abendlichen Aufführungen. Die Engagements von Sängern und Instrumentalisten, die Beschaffung von Partituren und Instrumenten, die Bearbeitung der Libretti und schließlich die Inszenierungen selbst machten Goethe über Jahrzehnte mit allen praktischen Problemen des Opernbetriebs vertraut. Als das Ensemble einen vertretbaren Leistungsstandard erreicht hatte, engagierte Goethe auch auswärtige Solisten, die neben Opernrollen auch Konzertverpflichtungen übernahmen. Damit wurde das Hoftheater zum Mittelpunkt des Musiklebens in Weimar. Ein Brand zerstörte 1825 das Gebäude; vor allem der Verlust des Theaterarchivs mit Goethes Regiebüchern ist zu beklagen.

17. Johann Wolfgang Goethe
Eigenhändiger Bühnenbildentwurf zur »Zauberflöte«
Aquarell über Bleistiftvorzeichnung, um 1810
Nationale Forschungs- und Gedenkstätten
der klassischen deutschen Literatur in Weimar

Als Goethe im Januar 1791 die Leitung des Hoftheaters in Weimar übernahm, stellte er sich einer durchaus schwierigen Aufgabe. Anders als zu Zeiten des »Liebhabertheaters«, auf dem gelegentlich adlige und bürgerliche Laien selbstgenügsam ihrer privaten Theaterbegeisterung Ausdruck gegeben hatten, war nun eine feste Institution mit Etat und Stellenplan zu leiten. Dem Theater fiel eine wichtige Rolle bei der fürstlichen Repräsentation zu; sie war besonders bei der Spielplangestaltung zu beachten und erklärt den hohen Anteil des Musiktheaters an Goethes Inszenierungen.

Mozarts Opern waren zu Beginn der Theaterintendanz Goethes noch keineswegs unangefochtener Allgemeinbesitz des Musiktheaters. Wenn Goethe sie zum Kernpunkt seiner Programmarbeit machte – allein die »Zauberflöte« wurde bis zu Goethes Rücktritt von der Theaterleitung 1817 zweiundachtzigmal gegeben –, so bewies er ein seltenes Gespür für den Rang der Theaterkompositionen Mozarts. Das Weimarer Publikum hat sich offenbar zunächst etwas zögernd, dann aber mit anhaltender Begeisterung den Opern Mozarts geöffnet. Den Zugang erleichterte Goethe durch Übersetzungen und Bearbeitungen der Libretti, für die sein Schwager Christian August Vulpius verantwortlich zeichnete.

Es ist bekannt, daß Goethe sich durchaus um alle Einzelheiten der praktischen Theaterarbeit selbst kümmerte – das aber nicht durchgehend und auch mit wechselnder Intensität. Den Mozart-Inszenierungen freilich scheint er dauernde Aufmerksamkeit gewidmet zu haben. Unter den wenigen erhaltenen Aktenzeugnissen von Goethes Theaterarbeit ragen die im Düsseldorfer Goethe-Museum aufbewahrten »Bemerkungen zur Zauberflöte« heraus. Hier weist Goethe Sänger, Bühnenpersonal und Ausstatter an, dem einreißenden Schlendrian der Routinearbeit entgegenzuwirken, abgenutzte Ausstattungsteile aufzufrischen und kleine Eitelkeiten zu unterdrücken, mit denen die Sänger ihre Auftritte auffälliger zu machen versuchten. So kleinlich diese »Bemerkungen« teilweise erscheinen mögen: sie belegen, daß Goethe die Mozart-Inszenierungen aus einer ideellen Konzeption heraus gestaltete, die nicht getrübt oder gar vergessen werden durfte.

Im zeichnerischen Werk Goethes haben sich nur wenige, oft flüchtige Federzeichnungen zu Bühnenbildern oder Spielszenen erhalten. In dieser kleinen Gruppe nimmt das hier abgebildete, sorgfältig ausgeführte und aquarellierte Blatt abermals eine Sonderstellung ein. Es zeigt die Erscheinung der Königin der Nacht im Palast Sarastros: Die strenge, ernsthaft-männliche dorische Säulenordnung, die Goethe besonders schätzte, bezeichnet die Palastarchitektur. Mit dem Flugwerk schwebt die Gegenspielerin Sarastros, auf der Mondsichel stehend, vom Schnürboden herab. Die Begegnung des Phantastischen mit dem gesetzmäßig Geordneten bezeichnet wünschenswert genau den gedanklichen Mittelpunkt von Goethes Inszenierung.

18. Weimarisches Bühnenbild zur »Zauberflöte«
Kolorierter Kupferstich von Friedrich Beuther, nach 1819
Goethe-Museum Düsseldorf

Der Ausstattung widmete Goethe bei jeder Inszenierung besondere
Aufmerksamkeit. Hatten in der Frühzeit seiner Intendanz die Maler
Georg Melchior Kraus, Johann Friedrich Carl Heideloff und Conrad
Horny die Prospekte und Kulissen gemalt, so konnte 1815 mit Friedrich Beuther ein hervorragender Bühnenmaler für Weimar gewonnen
werden. Er war Schüler von Georg Fuentes, von dem sich Goethe
schon 1797 in Fragen der Bühnengestaltung hatte beraten lassen.
Goethe lobte in seinen »Tag- und Jahresheften« die Sicherheit Beu-
thers in der perspektivischen Gestaltung, die der kleinen Bühne im
Weimarer Theater besonders zugute kam. Daneben studierte Beuther
in der Weimarer Bibliothek Mappenwerke zur Architektur und Stil-
kunde, um – wohl erstmals in der Weimarer Theatergeschichte –
Stücke mit historisch getreuen und stilistisch reinen Dekorationen
versehen zu können. Goethe war entzückt, als Beuther schon im ersten
Jahr seines Aufenthalts in Weimar 39 neue Dekorationen ausführte.
Sie erschienen später auch – wie die vorliegende Abbildung – im
Druck. Mit den Bühnenbildern Karl Friedrich Schinkels bilden Beu-
thers Entwürfe den Höhepunkt des klassizistischen Bühnenbilds.

Auch Mozarts »Zauberflöte« wurde 1815 neu ausgestattet. Die
Tempelarchitektur gestaltete Beuther nach Abbildungen ägyptischer
Bauwerke. Nach Napoleons Ägyptenfeldzug 1798 ließen sich allent-

halben europäische Künstler von der zuvor fast völlig unbekannten Kunst des alten Ägypten begeistern. Für das entlegene Weimar dürfte die ägyptische Dekoration eine Sensation gewesen sein, die Mozarts Oper erneut in den Mittelpunkt des Interesses hob; für Goethe stellte die Neuinszenierung sicherlich einen entschiedenen Schritt zur Verwirklichung seiner Idee eines theatralischen Gesamtkunstwerks dar. Für deren allmähliche Entfaltung war seine Beschäftigung mit den Opern Mozarts von kaum zu überschätzender Bedeutung.

19. Caroline Jagemann, spätere Frau v. Heygendorff (1777-1848)
Silberstiftzeichnung von Christian Hornemann, 1800
Goethe-Museum Düsseldorf

Von den Weimarer Solisten hob sich Caroline Jagemann nicht nur durch ihre große Stimme ab, mit der sie zu den bedeutendsten dramatischen Sopranen ihrer Zeit zählte. Ihre Stellung als Mätresse des Herzogs Carl August und die Erhebung in den Adelsstand öffneten ihr Wirkungsmöglichkeiten am Theater, die fast notwendig zu Kompetenzstreitigkeiten mit dem Theaterleiter Goethe führen mußten. Hinzu kam ein natürliches Gespür für Bühnenwirksamkeit, das nicht in jedem Fall mit Goethes Inszenierungsvorstellungen übereinstimmte. Machte die Theaterkrise von 1808 die gespannte Lage schon hinreichend erkennbar, so entlud sich 1817 die schwelende Rivalität in einer handfesten Intrige, in deren Verlauf Goethe um die Entlassung aus der Theaterleitung bat und der Herzog seiner Bitte überraschend schnell entsprach. So sehr indessen ihre enge persönliche Bindung an den Herzog der Primadonna eine unangefochtene Sonderstellung sicherte, indem sie selbst ihre Rollen auswählen und die Häufigkeit ihrer Auftritte bestimmen konnte, so wenig persönlichen Ehrgeiz entwickelte Caroline Jagemann, den Weimarer Bühnenstil Goethes zu beeinflussen. Als Darstellerin verfügte sie über außerordentliche Qualitäten, die in ihren Lehrjahren in Mannheim unter anderem durch Iffland erkannt und gefördert worden waren. In fast allen Dramen Schillers übernahm sie die weiblichen Hauptrollen.

Gleich hohe Leistungen als Sängerin und Schauspielerin verband Caroline Jagemann mit einem vorteilhaften Äußeren, so daß das Weimarer Publikum sie bereitwillig als »Star« des Hoftheaters, dem sie seit 1797 angehörte, feierte. Nach ihrem Debut im »Oberon« von

Wranitzky glänzte sie als Constanze in Mozarts »Entführung aus dem Serail« und in den hochdramatischen Sopranpartien des »Don Giovanni« und der »Zauberflöte«. Nicht zuletzt ihrer Gesangskunst ist es zuzuschreiben, wenn der Herzog die Oper bevorzugte, während von der Herzogin Luise das Schauspiel begünstigt wurde. Zeitgenossen bemerkten, daß das Ensemblespiel, wie Goethe es verlangte, beim Schauspiel die Gefahr der Nivellierung schauspielerischer Einzelleistungen mit sich brachte, in der Oper aber gar nicht durchzuhalten war, weil für die Besetzung von Nebenrollen keine Sänger mit wirklich hervorragenden Stimmen zur Verfügung standen. Oper und Schauspiel mußten sich folglich auseinanderentwickeln. Nach Goethes Rücktritt von der Theaterleitung war die Trennung beider Sparten deshalb durchaus sinnvoll. Daß Caroline Jagemann, nunmehr Frau v. Heygendorff, die Oper weiter in den Vordergrund zu schieben wußte, versteht sich.

*20. Antonio Brizzi (1774 – um 1830) als Achilles
in Paërs gleichnamiger Oper:* Kolorierter Kupferstich
von J. Wagner nach J. N. Müxel, 1814
Deutsches Theatermuseum München

Der aus Bologna gebürtige Tenor war einer der gefeierten Gesangs-
stars der Goethe-Zeit. Nach seinem Debüt in Mantua hatte er auf allen
damals bedeutenden Opernbühnen Italiens gesungen, war dann nach
Wien gegangen und wurde auf Wunsch Napoleons an das Théatre
Italien nach Paris engagiert. Gesundheitsrücksichten vorschützend,
verließ er jedoch die französische Metropole bald wieder und nahm ein
Engagement an die Königliche Oper München an, das ihm die Möglichkeit zu ausgedehnten Konzertreisen einräumte.

Goethe erlebte den Sänger erstmals im September 1810 während
eines Besuchs bei dem Fürsten J. F. M. Lobkowitz in Eisenberg
(Böhmen). Die beispielhaft hohe Gesangskultur des Italieners – er
verfügte über ein außerordentlich klangschönes, volles Organ mit
einem Umfang von über zwei Oktaven und genoß die Vorzüge einer
gewinnenden äußeren Erscheinung – legte es nahe, ihn nach Weimar
zu engagieren. Goethe erhoffte sich davon eine günstige Wirkung auf

die Leistungen des heimischen Opernensembles. Herzog Carl August genehmigte trotz der bedeutenden Gagenforderung des Sängers das Gastspiel. Fürst Lobkowitz beschaffte die in Weimar noch unbekannte Partitur der Oper »Achille« von Ferdinando Paër, deren Titelrolle Brizzis Glanzpartie war. Da Brizzi den italienischen Originaltext singen wollte, mußten die Sänger eilig ihre Kenntnisse des Italienischen aufbessern. Am 16. November traf Brizzi in Weimar ein, wurde von Goethe persönlich bei Hofe und in der Weimarer Gesellschaft vorgestellt und sang am 28. November den »Achille«, der eine Woche später wiederholt wurde. Nicht ohne Stolz konnte Goethe den auswärtigen Freunden den Erfolg des Gastspiels und Brizzis Lob für die Leistungen des Weimarer Ensembles mitteilen.

Im November 1811 gastierte Brizzi wieder in Weimar; ein Gastspiel im folgenden Jahr kam wegen des schon früher vereinbarten Auftritts von August Wilhelm Iffland nicht zustande, doch konnte Brizzi im März 1816 das Weimarer Publikum mit weiteren Werken der italienischen Oper bekannt machen.

Goethe verdankte den wiederholten Gastspielen Brizzis in Weimar Eindrücke von den Leistungen der zeitgenössischen italienischen Oper und der Entwicklung des italienischen Belcanto-Gesangs, der von Brizzi ideal vertreten wurde, daneben aber auch interessante Einsichten in die Reaktionen des Publikums auf fremdsprachige Operntexte und deren szenische Realisierung.

21. Johann Nepomuk Hummel (1778-1837)
Kohle- und Kreidezeichnung seines Sohnes Carl Hummel, 1836
Goethe-Museum Düsseldorf

Mit dem Engagement des Komponisten und Klaviervirtuosen Johann Nepomuk Hummel an den Weimarer Hof 1819 verdeutlichte sich eine Tendenz, die bereits 1817 mit Goethes Rücktritt von der Leitung des Hoftheaters erkennbar geworden war: Das Sprechtheater trat nun deutlich gegenüber dem Musiktheater zurück. Das Repertoire der Oper umfaßte schon 1821 über 120 Titel, darunter fast alle der damals neueren Werke der italienischen und französischen Opernliteratur. Hummels internationale Verbindungen ermöglichten Gastspiele fast aller berühmten Sänger, Sängerinnen und Instrumentalsolisten in Weimar. Da die Leistungen des Weimarer Orchesters und des Opern-

ensembles kaum mehr als durchschnittlich waren, hatte Goethe nur bei den Gastauftritten berühmter auswärtiger Solisten Gelegenheit, musikalische Interpretationen in höchster Vollendung zu erleben. Da andererseits das Lied bis zur Mitte des 19. Jahrhunderts nicht konzertfähig war, sondern dem Vortrag im engeren Rahmen privater Geselligkeit vorbehalten blieb, hat Goethe Vertonungen seiner eigenen Gedichte nur ganz selten in Interpretationen bedeutender Sängerinnen oder Sänger gehört. Für ihn mußte deshalb das erfolgreiche Wirken Hummels in Weimar und die deutliche Bevorzugung des Musiktheaters durch den Hof ein ambivalentes Erlebnis bleiben. Goethes Bemühungen um die Musik im eigenen Hause tragen denn auch deutliche Zeichen der Abwendung von einer höfischen Repräsentativkunst, deren Exponenten die Oper und die reisenden Stars der internationalen Musikszene waren. Dem virtuosen Klavierspiel Hummels freilich zollte Goethe ungeteilte Anerkennung, zumal Hummel in seinen Kompositionen das Erbe seines Lehrers Mozarts weiterentwickelte und gelegentlich durch kleine Konzerte auf dem Streicherschen Flügel, den Goethe 1821 für sein Haus gekauft hatte, »den Besitz des vorzüglichen Instruments ins Unschätzbarste zu erheben verstand«.

22. Joseph Haydn (1732-1809)
Kupferstich von J. E. Mansfeld, 1780
Goethe-Museum Düsseldorf

Im Mittelpunkt der Begegnungen Goethes mit der Musik Joseph Haydns stehen die großen Oratorien, von denen Goethe 1797 als erstes »Die Worte des Erlösers am Kreuze« kennenlernte. Die ursprüngliche Instrumentalkomposition hatte Haydn erst 1796 für Singstimmen und Orchester umgearbeitet, so daß der Weimarer Hofkapellmeister und Haydn-Schüler Johann Friedrich Kranz, der die Aufführung im Hoftheater dirigierte, das Werk mit dem Reiz der Neuheit vorstellen konnte.

Mit Haydns Oratorium »Die Schöpfung« wurde in Weimar der Übergang vom 18. ins 19. Jahrhundert musikalisch gewürdigt: Am 1. Januar 1801 fand die Aufführung im Hoftheater statt.

Am 16. Februar 1811 ließ Goethe zur Feier des Geburtstags der Herzogin Luise »Die vier Jahreszeiten« aufführen. Wegen der ungewöhnlich lebhaften Aufnahme durch das Weimarer Publikum mußte das Werk wiederholt werden und wurde in Ausschnitten am 7. April im Rahmen der Goetheschen Hauskonzerte von Solisten des Weimarer Hoftheaters vorgetragen. Der Einstudierung dieses Werkes war nach Goethes Tagebucheintragung vom 7. Februar die Aufführung der geistlichen Komposition Haydns »Herr, ich bin viel zu gering« vorausgegangen. Am 10. April lernte Goethe dann eine Messe Haydns kennen und hörte an den beiden folgenden Tagen weitere geistliche Kompositionen Haydns, die als zweiter Programmteil eines »Concert spirituel« geprobt und aufgeführt wurden.

Durch den Klaviervortrag des Bürgermeisters, Badeinspektors und Organisten von Bad Berka, Johann Heinrich Friedrich Schütz, lernte Goethe am 4. Dezember 1818 Klaviersonaten Haydns kennen. Die Interpretation Haydnscher Klavierwerke durch Johann Nepomuk Hummel, der als Hofkapellmeister ab 1819 das Musikleben Weimars entscheidend prägte, hat Goethes Kenntnis dieses Teils des Haydnschen Œuvres bedeutend erweitert.

1826 ehrte man den Geburtstag Haydns mit der erneuten Aufführung der »Schöpfung«. Zum selben Anlaß hatte Carl Friedrich Zelter eine gründliche Studie über Haydns musikgeschichtliche Bedeutung verfaßt, in der er persönliche Mitteilungen Haydns verwerten konnte. Goethe nahm die Studie in seine Zeitschrift »Über Kunst und Altertum« auf.

Der letzte Besuch Felix Mendelssohn Bartholdys 1830 schloß schließlich eine Lücke in Goethes Kenntnis Haydnscher Musik, denn nach einem Klaviervortrag Mendelssohns konnte Goethe am 25. Mai im Tagebuch notieren: »Symphonien von Haydn und Mozart vorgespielt«.

23. Johann Friedrich Reichardt (1752–1814)
Kupferstich von B. H. Bendix nach S. Henry, 1791/96
Goethe-Museum Düsseldorf

Der bedeutendste Musiker neben Zelter war für Goethe ohne Frage der in Königsberg geborene Reichardt. Nicht allein die Zahl seiner Goethe-Vertonungen – es sind etwa 140 Liedkompositionen überliefert – beeindruckt. Auch Reichardts Bedeutung für die Verbreitung von Goethes Lyrik in der ersten Häfte des 19. Jahrhunderts ist hoch zu veranschlagen. In handschriftliche Notenhefte musizierender Familien, in zeitgenössische Chorliedersammlungen und in studentische

Kommersbücher fanden Goethes Gedichte in Reichardts eingängigen Kompositionen Eingang.

Ganz im Sinne Goethes gestaltete Reichardt seine Gedichtvertonungen in der Regel als Strophenlieder. Selbst in diesem engen formalen Rahmen läßt sich jedoch in der Folge seiner Liedveröffentlichungen eine musikgeschichtlich bedeutsame Entwicklung erkennen. Melodischer Reichtum und sorgsame Berücksichtigung der Erfordernisse des Gesangs wie des Gehalts der vorgegebenen Texte lassen Lieder von sehr eigener Prägung entstehen. In der Spätzeit sind sie auch in der instrumentalen Begleitung reicher ausgestaltet und erscheinen dynamisch differenzierter als frühe Kompositionen, in denen der etwas pedantische Geist der sogenannten »Berliner Liederschule« spürbar bleibt.

Goethe hat die starke Begabung Reichardts und dessen ehrliches Interesse an seiner Dichtung offenbar gespürt, als er trotz Schillers erklärter Abneigung gegen Reichardt im Frühjahr 1789 den Komponisten zum Vorspiel der Bühnenmusik zu »Claudine von Villa Bella« empfing. Bis 1795 gestaltete sich die Zusammenarbeit für beide gleicherweise anregend. Nachdem jedoch Reichardt wegen seiner öffentlichen Parteinahme für die Ideen der Französischen Revolution sein Hofamt verloren und Goethes wie Schillers politische Haltung sich in sechsundsiebzig scharfen Xenien gegen Reichardt ausgedrückt hatte, erschien die zweite Periode der Zusammenarbeit zwischen 1801 und 1809 Fernerstehenden wie ein kleines Wunder. Trotz der dann endgültigen Trennung zeigte die Verbindung beider für ihre Zeit so typischen Männer schöne Ergebnisse. Neben den genannten Liedkompositionen vertonte Reichardt Goethes Singspiele, schuf Bühnenmusiken zu »Clavigo«, »Egmont«, »Tasso«, »Götz von Berlichingen« und zum ersten Teil des »Faust«.

24. *Der Harfner – Mignon als Engel*
Illustrationen zu »Wilhelm Meisters Lehrjahre«
Sepiazeichnungen von Franz Ludwig Catel, 1799
Goethe-Museum Düsseldorf

Musikalität charakterisiert Goethes lyrische Sprache. Wo in den Prosawerken Goethes musiziert und gesungen wird, drückt häufig ein Gedicht die innige Verbindung von Musik und Sprache aus. Neben gesellig-heiteren, gelegentlich auch frivol getönten Liedern wie dem der Philine in »Wilhelm Meisters Lehrjahren«: »Singet nicht in Trauertönen« singen oft gerade Personen, die auf andere Weise ihre Empfindungen nicht ausdrücken können oder wollen. Die Gestalten Mignons und ihres Vaters, des Harfners, in den »Lehrjahren« sind Inbegriff dieser Hemmung geworden, sich in den Allgemeinheiten der Umgangssprache zu äußern. Die Geschichte ihrer Herkunft, die Tiefen ihres Wesens, ihre Sehnsüchte über dieses Leben hinaus deuten sich in geheimnisvollen Liedern eher an, als daß sie sich aussprechen. Das einsame Lied des Harfners »Wer nie sein Brot mit Tränen aß« oder Mignons Gesang »So laß mich scheinen, bis ich werde!« haben, wie alle lyrischen Einlagen in »Wilhelm Meisters Lehrjahren«, nicht zuletzt wegen dieses Zugs des nur geheimnisvoll Andeutenden viele Komponisten herausgefordert, die Zwischentöne der Texte musikalisch aufzufangen.

25. Carl Friedrich Zelter (1758-1832)
Anonyme Tuscheminiatur nach dem Gemälde von Carl Begas, 1827
Goethe-Museum Düsseldorf

Carl Friedrich Zelter, dem Goethe 1812 das freundschaftliche Du
antrug, erscheint aus historischer Distanz gelegentlich zwiespältig.
Das handfest Solide seines Naturells, das Goethes hochdifferenzierte
Natur psychisch ergänzte, kontrastiert mit dem künstlerisch Durch-
schnittlichen seiner Kompositionen und dem gelegentlich Einge-
schränkten seiner ästhetischen Urteile. Unbestreitbare Verdienste hat
sich Zelter freilich um die Reform und Organisation der evangelischen
Kirchenmusik und des Laienchorgesangs in Preußen erworben. Sein
Talent fand an den musikalischen Großformen der Oper, der Sinfonie,
des Oratoriums und des Konzerts seine Grenzen und versagte auch
vor den Vertonungswünschen des Weimarer Freundes bei der Fortsetzung der »Zauberflöte«, der großen Kantate zur Dreihundertjahrfeier
der Reformation und der bühnenmusikalischen Ausstattung des
»Faust«.

Dieses kritische Wägen aus historischem Abstand verfehlt zumin-
dest den menschlichen Rang Zelters und die Bedeutung seiner Freund-

schaft für Goethe. Dem ersten schriftlichen Kontakt aus dem Jahre 1796 folgte erst 1802 die erste persönliche Begegnung in Weimar; mehrere Treffen schlossen sich in den nächsten Jahrzehnten an. Goethe unterließ die Gegenbesuche in Berlin und schickte statt dessen Sohn und Schwiegertochter in die preußische Hauptstadt. Werbenden Angeboten des Berliner Hofes wollte er sich nicht persönlich stellen, obwohl sie ihm bedeutende Wirkungsmöglichkeiten im preußischen Kulturleben eröffnet hätten. Das treue Festhalten an Weimar, das Goethe auch gleichartigen Anträgen aus Wien entgegensetzte, bedeutete einen Verzicht, den auch der Briefwechsel mit Zelter nur teilweise ausgleichen konnte. Jede Mitteilung über das reiche kulturelle Leben Berlins machte ja schmerzhaft bewußt, was Goethe sich selbst versagt und entzogen hatte. Wenn Zelter grantig spöttelnd, ironisch und abschwächend über Berlin berichtete, war das keine Nörgelei, sondern entsprach einem ungewöhnlich zarten Empfinden für Takt und Rücksicht, den Weimarer Freund umfassend und zugleich schonend zu unterrichten. Goethe hat diese Geste dankbar verstanden und Zelter nicht weniger taktvoll dort weitergeholfen, wo die Grenzen seines musikalischen Horizonts sichtbar wurden. Auf Zelters zunächst vehemente Ablehnung Beethovens etwa kamen aus Weimar nur wenige andeutende Hinweise, wie sich das Genie vom Talent unterschiede; sie wurden in Berlin sogleich verstanden. Ohnehin einig waren sich die Freunde, was die künstlerischen Entwicklungstendenzen besonders auch in der Musik anging: Fortschreitender Subjektivismus gefährde die Allgemeinverständlichkeit künstlerischer Vorstellungen, rapide Differenzierung der Satz- und Spieltechnik ermögliche zwar neue frappierende Effekte, beschränke aber offenbar die Urteilskompetenz des Publikums: Starrummel und Massenhysterie in Konzerten erschienen als drohende Zeichen dieser Verschiebungen. Zelters eigene Tonsprache, besonders in seinen Liedkompositionen, bewahrte demgegenüber ein Ideal von Singbarkeit, Durchsichtigkeit und Beschränkung der Ausdrucksmittel.

26. Ludwig van Beethoven (1770-1827)
Kolorierter Kupferstich von Blasius Höfel nach Louis Letronne, 1814
Goethe-Museum Düsseldorf

Als Goethe 1812 in Teplitz mit Beethoven zusammentraf, war ihm der
Musiker kein Unbekannter mehr. Die 1809 begonnene Egmont-
Ouvertüre war mit Beethovens herzlichem Begleitschreiben im April
1811 bei Goethe eingetroffen; die Komposition beeindruckte ihn tief.
Noch während der gemeinsamen Tage in Teplitz forderte Beethoven
dringlich ein Vorzugsexemplar seiner »Sechs Gesänge« bei seinem
Verleger Härtel an, das er dem Dichter zur Erinnerung schenken
wollte, weil es die Vertonung des Mignon-Liedes »Kennst du das
Land . . .« enthielt. Bei den Gesprächen auf der Kurpromenade hat
Goethe wohl einen Text zur Komposition in Aussicht gestellt, ein für
Beethoven höchst erwünschtes Versprechen. Die Skepsis des Komponisten diesem Versprechen gegenüber (». . . wenns mir mit ihm nur
nicht geht, wie andern mit mir!!! – manches sagt einem nicht zu und
versprichts mit bestem Willen, und's wird doch nichts . . .«, an Härtel,
24. Juli 1812) erwies sich als berechtigt: Goethes Text blieb aus.

Die Nachwelt hat die Begegnung Goethes und Beethovens anekdotisch umgedeutet und die offenbaren Schwierigkeiten der beiden Männer als den Gegensatz des steifen, die »Hofluft« allzusehr liebenden Konservativen zum genialen bürgerlichen Künstler verstehen wollen. Tatsächlich waren beide Künstler auf die hochentwickelte Sensibilität des europäischen Adels, der sich sommers in den böhmischen Bädern versammelte, angewiesen, denn in der breiten bürgerlichen Schicht wurden ihre Werke nur zögernd heimisch. Die Einsamkeit des Künstlers, dessen Werk mehr der Zukunft als der Gegenwart willkommen schien, hat Goethe schmerzhaft erlebt. In Beethovens persönlichem Schicksal und seinem entsprechend problematischen Wesen potenzierte sich die künstlerische Isolation. Wie wenige Zeitgenossen empfand Goethe mitleidend, daß für die unheilvolle Vereinsamung Trost nur im Rückzug auf die eigene Schaffenskraft zu finden war. Beethovens Genie stand für Goethe nie in Frage, zumal er häufiger Gelegenheit fand, Beethovens Musik in der Interpretation der besten Pianisten seiner Zeit zu hören. Das Neuartige dieser Musik, ihre Expressivität und Direktheit, kontrastierte freilich scharf mit Goethes andeutendverhüllender Symbolsprache. Vielleicht liegt hier ein Grund für die Zurückhaltung Goethes, die Beziehungen zu Beethoven zu vertiefen. Wenn Goethe eine Lieblingsvorstellung unserer Zeit, das Arbeitsteam der bedeutendsten Fachleute, nicht einlöste, zeigt das kaum seine mangelnde Bereitschaft zur Zusammenarbeit mit einem anderen »Großen«. Vielmehr wird deutlich, daß die kulturelle Blütezeit der deutschen Klassik ihren Reichtum aus der kontraststarken, vielgestaltigen Leistung einzelner künstlerischer Pesönlichkeiten gewinnt und nirgends den Charakter einer »Schule« zeigt.

27. Johann Sebastian Bach (1685-1750)
Das wohltemperierte Klavier
Titel der Breitkopfschen Ausgabe
Musikbibliothek der Stadt Wien

Weder in Leipzig, wo Bach seit 1723 Thomaskantor war, noch während der frühen Jahre in Weimar, wo Bach 1703 und von 1708 bis 1717 gewirkt hatte, ist eine nachhaltige Begegnung Goethes mit Bachscher Musik belegt. Goethe teilte zunächst die Interesselosigkeit des späten 18. Jahrhunderts am Werk Bachs, zumal nach dem Tode des Kompo-

nisten seine Musik nur noch in wenigen abgeschlossenen Zirkeln weiterlebte und sonst als regelhaft mathematisierende, spröde Gelehrtenmusik galt, deren hohe formale Ansprüche gerade in geistlichen Kompositionen Rücksicht auf die frommen Bedürfnisse des Kirchenvolks vermissen ließen.

Wenn Goethe in späteren Jahren schließlich doch ein ganz eigenes tiefes Verständnis der Musik Bachs entfaltete, dankte er das zunächst der Vermittlung enger musikalischer Freunde. Von Berlin aus hatte ihn Zelter über die eigenen Bachstudien unterrichtet. Friedrich Rochlitz, der Leipziger Herausgeber der »Allgemeinen Musikalischen Zeitung«, hatte ihm seine mehrbändige, auch das Werk Bachs behandelnde Aufsatzsammlung »Für Freunde der Tonkunst« geschickt, und Goethe hatte sie selbst rezensiert. Nur das für die Bach-Renaissance im frühen 19. Jahrhundert wichtige Buch des Göttinger Musikhistorikers Johann Nikolaus Forkel, den Zelter freilich scharf kritisierte, scheint Goethe unbekannt geblieben zu sein.

Erschlossen ihm Zelter und Rochlitz die musikgeschichtliche Bedeutung Bachs, seine Satzkunst, Formenvielfalt und musikalische Sprache, so verhalfen die Klaviervorträge des jungen Felix Mendelssohn Bartholdy, vor allem aber des Berkaer Organisten, Bürgermeisters und Badeinspektors Johann Heinrich Friedrich Schütz zu lebendigen Begegnungen mit der Musik Bachs. Seit 1814 suchte Goethe fast alljährlich Gelegenheit, Schütz über einige Stunden oder gar Tage hin beim Vortrag Bachscher Kompositionen zuzuhören. Die sprachlichen

Spiegelungen dieser konzentrierten Hörerlebnisse, für die Goethe völlige äußere und innere Ruhe herzustellen suchte, gehören zu den bedeutensten Äußerungen musikalischer Laien über ihr »Bach-Erlebnis«. Daß Goethe gelegentlich die kompositorischen Strukturen in anschauliche Handlung umsetzte, dürfte eher in den Erfordernissen eines nicht fachsprachlichen Erfahrungsaustausches als in einer Unfähigkeit Goethes begründet gewesen sein, der spirituellen Formkunst Bachs sprachlich gerecht zu werden.

28. *Johann Heinrich Friedrich Schütz (1779-1828)*
Bleistiftzeichnung von Johann Joseph Schmeller, 1825
Nationale Forschungs- und Gedenkstätten
der klassischen deutschen Literatur, Weimar

Nach der chemischen Analyse schwefelhaltiger Quellwässer förderte Goethe mit Unterstützung des herzoglich-weimarischen Hauses ab 1812 den Ausbau des kleinen, südlich von Weimar an der Ilm gelegenen Landstädtchens Berka zum Heilbad. Dem Bürgermeister und Organisten von Berka, J. H. F. Schütz, wurde die Inspektion der Badeeinrichtungen übertragen. Goethe ließ ihn scherzend zum

»Sumpfkönig« avancieren, als er im Frühjahr 1814 selbst erstmals die Heilkraft des Berkaer Wassers erprobte. Auch später zog er sich gelegentlich mit literarischen Arbeiten nach Berka zurück. Bei allen diesen Anlässen ließ er sich von Schütz, der ein sehr wohlklingendes Wiener Klavier besaß, vorspielen.

Schütz war Schüler des Erfurter Musikers J. Chr. Kittel und hatte von seinem Lehrer reiches vor- und frühklassisches Notenmaterial in Handschriften gekauft bzw. geerbt. Für Goethe spielte er Johann Sebastian Bach, G. F. Händel, Karl Philipp Emanuel Bach, Mozart und Beethoven, oft, wie Goethe es liebte, in musikgeschichtlichen Entwicklungsreihen. Aus den Jahren 1814, 1816, 1817 und 1819 sind solche musikalischen Praktika Goethes bei Schütz belegt. Sie erstreckten sich meist über Stunden, oft gar über Tage. Der Geduld des Pianisten entsprach dabei die Aufgeschlossenheit und Konzentration des Zuhörers. In glückhaften Momenten führte sie bei Goethe zu völliger geistiger Identität mit der Musik Bachs, wobei die technische Erzeugung und der eigene physiologische Hörvorgang gänzlich zurücktraten. Die innere Erfahrung einer reinen und produktiven Harmonie, wie Schütz sie zu vermitteln verstand, gehört zu Goethes tiefsten musikalischen Erlebnissen. Schließlich kaufte Goethe selbst bei Breitkopf & Härtel Bachs »Wohltemperiertes Klavier«, um Schütz bei seinen Besuchen in Weimar die Belastung mit dem eigenen schwergewichtigen Notenfolianten zu ersparen, und ersetzte ihm nach dem Verlust zahlreichen Notenmaterials bei einem Brand nach Kräften das Fehlende; die Notenbücher versah er mit Widmungen, die durch eine bei solchen Höflichkeitsübungen ungewohnte Tiefe überraschen.

29. Bernhard Anselm Weber (1766-1821)
Aquatinta von Johann Friedrich Jügel nach L. Wolf, 1814
Bildarchiv Preußischer Kulturbesitz

Unter den Musikern, die Goethes Lebensweg kreuzten, ist der Berliner Kapellmeister B. A. Weber sicherlich eine der randhaftesten Gestalten. Er wurde von Iffland beauftragt, die Bühnenmusik zu Goethes Festspiel »Des Epimenides Erwachen« zu komponieren. Goethe äußerte sich nur spärlich über Webers Komposition; auch Zelter, der die Uraufführung und die Wiederholung des Festspiels am 30. und 31. März 1815 in Berlin miterlebte, erwähnte die Bühnenmusik kaum. Zur

Weimarer Premiere am 7. Februar 1816 war Weber von Berlin angereist und übernahm die musikalische Leitung der Aufführung. Eine tiefere Beziehung zu Goethe scheint sich nicht entwickelt zu haben.

Indessen war der geringe Erfolg des ›Epimenides‹, bei dem wohl auch die allzu durchschnittliche Bühnenmusik Webers zu veranschlagen ist, nicht vorauszusehen. Weber verfügte über reiche Kompositionserfahrungen: vierzig Schauspielmusiken hat er neben seinen Singspielen und Opern hinterlassen. Die erste Berliner Aufführung der »Iphigenie in Tauris« von Gluck 1795, dessen stilistischem Vorbild er auch als Komponist verpflichtet blieb, war sein Verdienst. Seit 1787 war er als Musikdirektor der Großmannschen Truppe in Hannover tätig. Der junge Meyerbeer ist der bekannteste seiner Schüler.

Goethe hatte dem Komponisten des »Epimenides« bewußt in die Hand gearbeitet: Schon das erste Szenarium enthielt genaue Anweisungen für den Charakter der Musiknummern; der vollständige Text bot ein fachgerechtes Libretto mit Rezitativen, Arien, Duetten, Terzetten und Chören. Dem mythologisch-symbolischen Text, der anstelle einer dramatischen Handlung eine Folge von Bildern bot und am ehesten durch eine streng stilisierte Choreographie in szenische Aktion umzusetzen gewesen wäre, entsprach im Grunde das Modell der barocken Opera seria. Diesem Anspruch – er wiederholte sich später im Schluß des »Faust« II – konnte eine Musik nicht gerecht werden, die den Zeitgenossen allenfalls als »recht gut gerathen, angemessen gefällig und ausdrucksvoll« erschien.

Leben einige Kompositionen Goethescher Texte von Carl Friedrich Zelter wenigstens im Liedgut der Gesangvereine weiter, so sind die mit Goethes Werk verbundenen Kompositionen eines ungleich prominenteren Mitglieds der Zelterschen »Liedertafel« heute gänzlich vergessen. Anton Heinrich Fürst Radziwill, Mitglied des polnischen Hochadels, durch Heirat mit der preußischen Königsfamilie verbunden und ab 1815 preußischer Statthalter im Großherzogtum Posen, weltmännisch, wissenschaftlich gebildet und vor allem hochmusikalisch, arbeitete seit 1808 an einer Bühnenmusik zu Goethes »Faust«. Im

November 1813 führte er Goethe in Weimar Teile seiner Komposition vor, sich selbst auf dem Cello, das er meisterlich spielte, begleitend. Die musikalische Kostprobe scheint Goethes Vorstellungen von der musikalischen Ausgestaltung des »Faust« nicht enttäuscht zu haben, doch reichte das damals Komponierte – im wesentlichen die Sololieder Gretchens und Mephistos – längst nicht für eine angemessene Bühnenrealisation aus. Die heutige Aufführungspraxis des »Faust« läßt leicht vergessen, welch bedeutenden Anteil Goethe der Musik im »Faust« ohnehin bereits zugemessen hatte, ehe er mit neuen Textpartien, die er dem Fürsten zusagte, die Basis für die musikalische Ausgestaltung des Dramas noch einmal erweiterte. Bis 1819 war die Komposition soweit fortgeschritten, daß Radziwill eine Teilaufführung der »Faust-Szenen« im Privattheater seines Palais in Berlin wagte. Der Chor der Singakademie wirkte bei der Aufführung mit, Zelter übernahm die musikalische Leitung. August und Ottilie v. Goethe, die sich gerade in Berlin aufhielten, waren zu einer der Hauptproben eingeladen und berichteten ausführlich von ihren Eindrücken nach Weimar. Daß die Radziwillsche Faust-Bühnenmusik einen nur ehrgeizigen Dilettantismus weit hinter sich ließ, ist uns aus kompetenter Feder überliefert. 1829 schrieb Frédéric Chopin nach dem Studium der handschriftlichen Radziwillschen Partitur einem Freund: ».. . er zeigte mir seinen ›Faust‹, und ich habe manches darin gefunden, das wirklich schön, ja sogar teilweise genial gedacht ist. Im Vertrauen, ich hätte solche Musik einem Statthalter gar nicht zugetraut . . .« Goethe hat das vollendete Werk, das der Fürst ihm zu widmen dachte, nicht mehr zu Gesicht bekommen. Radziwill starb ein Jahr nach Goethe; seine Bühnenmusik erschien erst 1835 im Druck. Als *die* Musik zum »Faust« ist sie bis in die achtziger Jahre des 19. Jahrhunderts für die Aufführungspraxis des Dramas in Deutschland, England und Frankreich verbindlich geblieben.

31. August Eberhard Müller (1767-1817)
Kupferstich von F. A. Brückner, um 1820
Goethe-Museum Düsseldorf

Ab 1810 versah Müller in Weimar das Amt des Hofkapellmeisters; die mit seinem Tode freigewordene Stelle nahm 1819 Johann Nepomuk Hummel ein. Bei beiden Berufungen setzte die junge Erbherzogin

Maria Paulowna, eine Tochter des russichen Zaren, ihren Wunsch durch, die Leitung des Hoforchesters in die Hände kompetenter Anhänger der Wiener Klassik zu legen. Sie kam hier Goethes persönlichsten Neigungen entgegen, der denn auch manche Gelegenheiten nutzte, sich über Satzkunst, Vortragstechnik und Orchesterarrangements Haydns und Mozarts von beiden Musikern, die als Orchesterleiter und Klaviervirtuosen die Zeitgenossen bedeutend übertrafen, Aufschlüsse und Hinweise geben zu lassen.

Müller stammte aus einer armen Musikerfamilie, erhielt seine musikalische Grundausbildung aber immerhin bei einem der Söhne Johann Sebastian Bachs. Nach unruhigen Wanderjahren fand er 1794 als Organist der Leipziger Nicolaikirche, später in der Nachfolge J. A. Hillers als Kantor der Thomasschule eine beachtete Stellung. Bei geringer Neigung zur Vokalmusik nahm er gerne das Weimarer Angebot an, das ihn von der Verpflichtung zum Gesangsunterricht entband.

Müllers eigene Kompositionen – darunter mehrere Klavier- und Flötenkonzerte, Klaviersonaten und Kammermusik – wurden von den Zeitgenossen durchaus geschätzt. Bedeutender aber waren seine musikpädagogischen Bemühungen. Er hat mehrere Klavierschulen geschrieben, die noch lange nach seinem Tode in Gebrauch blieben. Seine »Anweisung zum Vortrag der Mozartschen Clavier-Concerte« (1796), die auch unter dem Titel »Anleitung zum genauen und richtigen Vortrage der Mozartschen Clavierconcerte in Absicht richtiger Applicatur (= Fingersatz)« zitiert wird, verdient besondere Beachtung. Macht man sich deutlich, daß noch um 1760 Skalen und Läufe auf dem Klavier durch wechselnden Anschlag mit dem 2./3. bzw. 3./4. Finger ausgeführt wurden, so versteht man die Ablehnung klavierspielender Laien gegenüber Mozarts Klavierkompositionen, die als technisch allzu schwierig empfunden wurden. Erst Klavierpädagogen wie Müller führten die Methode ein, nach dem 3. bzw. 4. Finger den Daumen unterzusetzen bzw. bei Abwärtsbewegungen den 3. bzw. 4. Finger über den Daumen zu setzen. Sie wurde von Kalkbrenner, Hummel, Field und anderen verbessert. Hier durch Lehrwerke, eigenen Unterricht und vor allem musterhafte Aufführungen einzuwirken, ist ein kaum zu überschätzendes Verdienst solcher musikgeschichtlichen Randfiguren wie A. E. Müller. Als erster führte er in den Vorweihnachtstagen des Jahres 1801 in Leipzig Haydns »Jahreszeiten« auf, die bis dahin nur in Wien zu hören waren. Wir dürfen annehmen, daß Müllers vermittelnde Impulse für Goethes Kenntnis der zeitgenössischen Musik das dokumentarisch Belegbare weit übersteigen und seine Rolle in Goethes musikalischer Erfahrungswelt einige Beachtung verdient.

32. Franz Carl Adalbert Eberwein (1786-1868)
Kreidezeichnung von Johann Joseph Schmeller, um 1830
Nationale Forschungs- und Gedenkstätten
der klassischen deutschen Literatur in Weimar

Hatte schon der Weimarer Stadtmusikus Eberwein den mitunter niedergeschlagenen Legationsrat Goethe durch sein Musizieren erfreut, so wurden zwei seiner Söhne ungleich wichtiger für den späteren Minister. Der ältere, Max, leitete seit 1797 die Hofkapelle in Rudolstadt und lieferte u. a. brauchbare Kompositionen für Goethes Singspiele »Claudine von Villa Bella« und »Das Jahrmarktsfest zu Plundersweilern«. Sein jüngster Bruder Karl wurde auf Goethes Wunsch von Zelter als Schüler angenommen und 1809 nach abgeschlossener

Ausbildung mit einem Zeugnis nach Weimar entlassen, in dem Zelter über Eberweins Fähigkeiten schrieb: »Es gehört eine offene, weite Quelle von Genie dazu für einen Künstler, sich ganz selbst zu beschäftigen und sich selbst seine Wege zu weisen: so ergiebig ist sein (= Eberweins) Talent nicht. Aber er scheint mir der Mann zu werden, der macht, was man eben braucht, und solche Leute muß es auch geben.« Goethe vertraute dem jungen Musiker zunächst die Leitung seiner »Hauskapelle« an. In den Zimmern von Christiane probte dieser gemischte Chor geistliche und weltliche Vokalmusik, wobei Goethe gelegentlich im zweiten Baß mitsang. Immerhin reichten die Gesangsleistungen hin, daß sich die Sänger gelegentlich vor geladenen Gästen im Theater hören lassen konnten. Für Goethe sicherte dies praktische Musizieren eine umfassende Kenntnis historischer und zeitgenössischer Chormusik, und da überdies die musikalisch Gewandteren auch eigene Kompositionen vorstellen und einüben durften – so etwa der Hofkammersänger Moltke –, erfuhr er auch, wie sich Tendenzen der zeitgenössischen Musikentwicklung »an der Basis« auswirkten.

Weniger zufrieden war Goethe mit Eberweins Leistungen bei der Komposition der Bühnenmusik zu »Faust«. Seit 1815 gab es in Weimar Pläne für eine Aufführung, denen Goethe mit einem Neuarrangement des Textes entgegenkam. Nach vergeblichen Versuchen, Eberwein die Probleme der Vertonung zu erläutern, klagte Goethe bei Zelter: »Des jungen Mannes Talent kennst Du; es ist ein geerbtes, äußeres und mit nichts gefüttert. Deswegen klebt's mit Lust an der Erde und begreift nicht, warum es sich nicht vom Boden heben kann . . . Was ich mit Faust vorhatte, wollte er nicht begreifen . . .« Als dann endlich 1829 der »Faust« in Klingemanns Bearbeitung zu Goethes Geburtstag auch in Weimar Premiere hatte, ertönte dabei Eberweins Bühnenmusik, die Goethe schließlich doch wohl zufriedenstellte. Er war dem Musiker sogar mit neuerlichen Textänderungen entgegengekommen, die u. a. einen opernhaften Schlußchor nach dem »Ist gerettet!« ermöglichten.

Wie Goethe selbst mittelmäßige Talente zu ermutigen versuchte, zeigt seine Rezension der »Proserpina«-Vertonung, die Eberwein 1815 vorstellen konnte: »Die Musik ist hier ganz eigentlich als der See anzusehen, worauf jener künstlerisch ausgeschmückte Nachen (= der Text) getragen wird.« Dieses schöne Bild findet sich später an prominentem Ort wieder: in der Theorie des Musikdramas von Richard Wagner.

Goethe begegnete der wohl bedeutendsten italienischen Koloratur-
sopranistin dieser Zeit 1818 in Karlsbad. Hier, im mondänen sommer-
lichen Sammelpunkt des europäischen Hochadels, wurde sie mit besonderer Begeisterung gefeiert, und auch Goethe widmete ihr einige
freundliche Verszeilen. Er hatte Gelegenheit, ihren Proben beizuwoh-
nen und besuchte auch ihr großes Konzert am 1. August »auf dem
Posthofe«, obwohl die Eintrittspreise ungewöhnlich hoch waren.
Schließlich konnte er sie auf mehreren Gesellschaften singen hören
und sich so gegenüber den Ansichten der Musikkritiker ein eigenes
Urteil über die Gesangskunst der Italienerin bilden. Schon 1816 nämlich hatte er dem Verleger Cotta einen Aufsatz zum Abdruck im
»Morgenblatt für gebildete Stände« zugeleitet, der den Gesangsstil
und die Stimme der Sängerin kritisch würdigte.

Als Zelter 1821 seinen Schüler erstmals in Goethes Haus vorstellte,
trug er auch eine persönliche Dankesschuld ab: Abraham Mendelssohn, der Vater von Felix, hatte sich bemüht, die erste Begegnung
Zelters mit Goethe zu vermitteln. Die Selbstsicherheit und Unge-
zwungenheit des hochbegabten Kindes faszinierten Goethe, der sich
seinerseits bemühte, den Gästen den Aufenthalt möglichst angenehm
zu gestalten. Auch bei den späteren Besuchen 1822, 1825 und 1830
dauerte die herzliche Zuneigung Goethes an, zumal ihn Zelter ständig
von den künstlerischen Fortschritten und Konzerterfolgen des jungen
Musikers unterrichtet hatte. Beinahe freundschaftliche Umgangsfor-
men entwickelten sich auch zwischen Mendelssohn und den übrigen
Familienmitgliedern im Hause Goethes: Das Stammbuch der Schwiegertochter Ottilie bereicherte er mit einer Originalkomposition und
vertonte für die von Ottilie redigierte Privatzeitschrift »Chaos« das
Gedicht »Lieblingsplätzchen« von Friederike Brun. Walther, dem

ältesten Goethe-Enkel, erteilte er 1836/37 in Leipzig Kompositionsunterricht.

Es beeindruckte Goethe tief, in den Kompositionen Mendelssohn Bartholdys das eigene Werk gespiegelt zu finden. Tatsächlich gibt es eine überraschende Entsprechung zwischen Mendelssohns Neigung zur musikalischen Gestaltung literarisch vermittelter Sujets und Goethes Fähigkeit, musikalische Vorgänge in Bilder und Handlungen umzudenken. Daß Goethe die fortschreitende Differenzierung und Steigerung der Satztechnik und Instrumentierung in der romantischen Musik, wie sie sich auch in den späteren Werken Mendelssohns ausprägte, nicht billigte, hat offenbar die persönliche Beziehung beider Künstler nicht belastet.

35. Jan Václav Tomášek (1774-1850)
Lithographie von Anton Gareis d. Ä., um 1830
Bildarchiv der Österreichischen Nationalbibliothek, Wien

Die Priavtmatinée am 6. August 1822 bei dem Gerichtsadvokaten
Franck in Eger war sorgsam vorbereitet: außer dem Hausherrn, der
ein vorzügliches Klavier besaß, waren nur noch zwei Herren, nämlich
Goethe und der Polizeirat Gruner, zugegen, als der »Tonsetzer des
Grafen Buquoy« Johann Wenzel Tomaschek achtzehn seiner Liedkompositionen nach Gedichten Goethes dem geheimen Rat aus Weimar vortrug. Seit 1806 stand Tomášek als Musiklehrer im Dienst der
Prager Grafenfamilie Buquoy, bei der Goethes Werke in hohem Ansehen standen, und war hier ermutigt worden, sich an der Vertonung
Goethescher Lyrik zu versuchen und dem Dichter selbst Proben seiner
Lieder vorzulegen. Einige der 41 Lieder, die in neun Heften ab 1815 als
op. 53-61 erschienen, hatte sich Goethe in Weimar vorsingen lassen
und seinerseits ein Treffen mit dem Komponisten angeregt, das nun
schließlich zustande gekommen war.

Tomášek war in vieler Hinsicht eine Figur des Übergangs. Als
tschechisch-böhmischer Musiker vermittelte er zwischen der Wiener

Klassik und einer sich allmählich herausbildenden nationalen Schule. Seine frühen Kompositionen für Klavier orientierten sich an Klang- und Formidealen der Romantik.

Die Goethe-Lieder Tomášeks zielen ebenfalls auf eine Mitte zwischen dem strophischen und dem durchkomponierten Liedertyp: durch leichte Veränderungen paßt sich die Komposition in Melodie oder Begleitung von Strophe zu Strophe den inhaltlichen und deklamatorischen Abläufen des Textes an.

Goethe zeigte sich von den Vertonungen Tomášeks angetan; wenn er dem Komponisten »mehr Gemütlichkeit« wünschte, so traf er sehr genau seine – womöglich einzige – Schwäche in der Liedkomposition: einen gewissen Mangel an sinnlicher Fülle und Farbigkeit.

36. Goethe 1823
Lithographie von Henri Grévédon nach O. A. Kiprinski
Goethe-Museum Düsseldorf

Zwischen dem 13. und dem 18. Juli 1823 zeichnete der russische Maler Orest Adamowitsch Kiprinski in Marienbad Goethe. Die verschollene Originalzeichnung ist durch die Lithographie von Grévédon überliefert. Das Bild entstand in der Zeit leidenschaftlicher Zuneigung zu Ulrike v. Levetzow, als Goethe noch hoffte, die Hand des um so viele Jahre jüngeren Mädchens zu erhalten. In dem krisenhaften Zustand, der der Ablehnung seiner Werbung folgte, half ihm das Klavierspiel der polnischen Pianistin Maria Szymanowska.

37. Maria Szymanowska (1789-1831)
Gemälde von A. Kokular, 1825
Muzeum Literatury im Adama Mickiewicza, Warschau

Als Schülerin John Fields (1782-1837), eines der einflußreichsten Klavierlehrer der Goethe-Zeit, genoß Maria Szymanowska geb. Wolowska eine gründliche Klavierausbildung. Field hatte sich in St. Petersburg niedergelassen, und von hier aus breitete sich auch der Ruhm seiner Schülerin aus. 1822 wurde sie nach einer Konzertreise durch Rußland zur Hofpianistin ernannt. Das folgende Jahr führte sie nach Westeuropa. Geschickt nutzte sie die sommerliche Badesaison, während der sich das vornehme Europa in den böhmischen Bädern versammelte, zu Konzerten u. a. in Marienbad. Im Juli und August hatte auch Goethe Gelegenheit, sie am Klavier zu hören und sich ihres persönlichen Umgangs zu erfreuen. Die Eintragung seines Gedichts »Aussöhnung« vom 18. August 1823 in das Stammbuch der Pianistin ist das schönste Zeugnis der tiefen Bewegung, die ihr Spiel in Goethe ausgelöst hatte. Gegen Ende Oktober konzertierte Maria Szymanowska in Weimar und auch in Goethes Haus.

38. Johann Wolfgang Goethe
»Aussöhnung«
Eigenhändige Gedichtniederschrift, 1823
Bibliothèque Nationale, Paris

Die Leidenschaft bringt Leiden! – Wer beschwichtigt
Beklommnes Herz, das allzuviel verloren?
Wo sind die Stunden, überschnell verflüchtigt?
Vergebens war das Schönste dir erkoren!
Trüb ist der Geist, verworren das Beginnen;
Die hehre Welt, wie schwindet sie den Sinnen!

Da schwebt hervor Musik mit Engelsschwingen,
Verflicht zu Millionen Tön um Töne,
Des Menschen Wesen durch und durch zu dringen,
Zu überfüllen ihn mit ewger Schöne:
Das Auge netzt sich, fühlt im höhern Sehnen
Den Götterwert der Töne wie der Tränen.

Und so das Herz erleichtert merkt behende,
Daß es noch lebt und schlägt und möchte schlagen,
Zum reinsten Dank der überreichen Spende
Sich selbst erwidernd willig darzutragen.
Da fühlte sich – o daß es ewig bliebe! –
Das Doppelglück der Töne wie der Liebe.

39. Pauline Anna Milder-Hauptmann (1785-1838)
Kupferstich in Punktiermanier von G. Leybold, 1820
Bildarchiv Preußischer Kulturbesitz

In die bewegten Tage der Augustmitte 1823, als Goethe brieflich um Ulrike von Levetzow angehalten hatte, fiel seine erste Begegnung mit Pauline Anna Milder-Hauptmann. Die gefeierte Sopranistin, bis 1815 an der Wiener Hofoper engagiert und seit 1816 Primadonna der Königlichen Oper in Berlin, versäumte nicht, dem berühmten Kurgast in Marienbad ihre Aufwartung zu machen. Sie verfehlte Goethe zunächst, wie dieser sie beim Gegenbesuch am nächsten Tag nicht antraf. Am 15. August schließlich hörte Goethe im Hause seines Badearztes Dr. Heidler ein Privatkonzert der Sängerin, das ihn zutiefst ergriff. Hier wie bei dem Konzert der polnischen Pianistin Maria Szymanowska konnte er die Tränen nicht zurückhalten. Die fast krankhafte innere Erregtheit ließ ihn »die ungeheure Gewalt der Musik« körperlich empfinden. Anna Milder-Hauptmann wählte »kleine Lieder, die sie groß zu machen verstand«, wie Goethe in sein Tagebuch notierte.

In öffentlichen Konzerten glänzte sie in hochdramatischen Rollen, so auch bei ihren Weimarer Gastspielen 1826 und 1830. Die Schülerin Antonio Salieris debütierte 1803 im Theater an der Wien. In der ersten und dritten Fassung des ›Fidelio‹ sang sie 1804 und 1815 die Partie der Leonore, die Beethoven für sie geschrieben hatte. Zelter fand begeisterte Worte für ihre Gestaltung der Sopranpartie in Bachs »Matthäus-

passion«, bei deren Wiederaufführung in Berlin sie 1829 mitwirkte.
1836 nahm sie von der Bühne Abschied.

40. Carl Maria von Weber (1786-1826)
Aquarellporträt von unbekannter Hand, um 1823
Goethe-Museum Düsseldorf

Die persönlichen Begegnungen Goethes mit v. Weber lassen kaum
erkennen, wie aufmerksam Goethe insbesondere dessen Opernschaf-
fen verfolgte. Bei den beiden Weimarer Hofkonzerten v. Webers am
25. Januar und 2. Februar 1812 dürfte Goethes Interesse vor allem
wohl der erstaunlichen Improvisationsgabe des jungen Pianisten ge-
golten haben, dessen Mutter, wie sich Goethe erinnerte, als Sängerin
1794 in Weimar engagiert war, die Bühne aber unter auch für Goethe
unerfreulichen Begleitumständen wieder verlassen hatte. Als v. Weber
dann am 6. Juli 1825 Goethe besuchte, waren »Der Freischütz« und
»Euryanthe« in Weimar mit eben dem Erfolg gegeben worden, den
sie auch andernorts, besonders aber in Berlin gehabt hatten. Von

seinem Berliner Freund und Gewährsmann Zelter war Goethe eingehend unterrichtet worden. Er war zwar der Weimarer Premiere des
»Freischütz« ferngeblieben, bei der Wiederaufnahme der Oper am
28. August 1824 hatte man also mit einem geschickten Griff der Regie
einen Bezug zwischen dem Operntext und dem 75. Geburtstag
Goethes herzustellen gewußt, der nicht ohne Wirkung auf den anwesenden Jubilar blieb. Die Ouvertüre zu »Oberon« schließlich spielte
Felix Mendelssohn Bartholdy am 26. Mai 1830 dem greisen Dichter am
Klavier vor.

41. Franz Schubert (1797-1828)
Aquarell von Wilhelm August Rieder, 1825
Bildarchiv der Österreichischen Nationalbibliothek, Wien

Die kompositorische Begegnung Schuberts mit Goethes Lyrik ist
erfreulich präzise zu datieren: Am 19. Oktober 1814 entsteht die
Vertonung von Gretchens Lied »Meine Ruh' ist hin«. Über dreißig
weitere Gedichte Goethes komponiert Schubert im folgenden Jahr;

über siebzig Gedichte Goethes hat er – teilweise mehrfach wie etwa die Mignon-Lieder – im Laufe seines Lebens vertont. Goethe hat wahrscheinlich nur weniges davon gehört; nur hinsichtlich der Komposition des »Erlkönig« liegen karge Berichte über Goethes Urteil vor: Es neigte erst spät, 1830, zu günstigerer Aufnahme.

Man hat wiederholt auf mißliche Umstände hingewiesen, um Goethe von dem Vorwurf zu entlasten, er habe gerade die eminenteste Begabung unter den zahlreichen Vertonern seiner Lyrik nicht erkannt, wohl gar abgelehnt. Gewiß – 1825 war Goethe krank; Postsendungen wie die mit drei Kompositionen Schuberts blieben unbearbeitet, Antworten verzögerten sich. Der Brand des Weimarer Theaters hatte den Betagten erschüttert, sein fünfzigjähriges Amtsjubiläum, zeitlich eng auf das Regierungsjubiläum des Großherzogs folgend, erforderte Vorbereitungen, die Arbeit an »Wilhelm Meisters Wanderjahren« band alle Kräfte. Solche Hinweise mögen hinreichen, will man erklären, warum Schuberts Sendung mit ihrem ehererbietigen Begleitbrief unbeantwortet blieb. Sie verschleiern indessen nur, daß Goethe wohl aus grundsätzlichen Ansichten über Gedichtvertonungen heraus auch zu jedem günstigeren Zeitpunkt sich kaum anders verhalten hätte. Daß nicht allein die fehlende Protektion Schuberts eine Rolle spielte, der ja nicht – wie etwa Felix Mendelssohn Bartholdy – durch einen engen Freund Goethes eingeführt wurde, wird an Goethes Urteil über spätere Instrumentalkompositionen Mendelssohns deutlich, die Goethe trotz der Zelterschen Protektion des jungen Komponisten kritisch aufnahm.

Schließlich trifft auch der Hinweis auf Goethes einseitiges Festhalten am Strophenlied gegenüber dem »durchkomponierten« Lied nur ein verhältnismäßig äußerliches Phänomen. Goethe forderte vielmehr eine symbolische Grundform für die lyrische Strophe, die sich jeder naturalistischen Tonmalerei enthielt und statt dessen den Grundcharakter des Textes andeutend festhielt. Diese Forderung traf freilich auf eine Zeit, in der die Meister dieser »klassischen« Liedkomposition – J. A. P. Schulz, J. F. Reichardt, C. F. Zelter – längst den Höhepunkt ihres Schaffens überschritten hatten und eine neue Generation von Liedkomponisten vorandrängte, unter ihnen Schubert. Ihre Lieder zielten darauf, Stimmungen und wechselnde Gefühle festzuhalten; besondere Bedeutung kam hierbei dem begleitenden Klavier zu. Es ist bezeichnend, daß Goethe diese Verschiebung der symbolischen Relation von Text und Musik zugunsten einer stärkeren Annäherung der gefühlshaften Ausdruckswerte von Sprache und Klang zunächst sorgsam prüfte. 1820 ließ er sich die bloßen Klavierbegleitungen von Liedern Mozarts, Beethovens und C. M. v. Webers vorspielen, um die historische Reihe kennenzulernen, in der sich das romantisierende »Stimmungslied« entwickelte. Im anschließenden Gespräch mit dem Flötisten des Weimarer Hoforchesters Christian Lobe äußerte er das Bedenken, eine Musik, die nur die Gefühle und Stimmungen nachvollziehe, stehe in der Gefahr einer psychologischen Tonmalerei und praktiziere einen nicht weniger äußerlichen Naturalismus wie frühere »Malereien in Klängen«. Gewiß trifft diese Einsicht nicht Schuberts Liedkunst, die Produkte weniger begabter Zeitgenossen und musikalischer Epigonen aber sind kaum treffender zu charakterisieren.

42. Henriette Sontag (1806-1854)
Stahlstich von Weger und Singer nach F. X. Winterhalter, um 1830
Bildarchiv der Österreichischen Nationalbibliothek, Wien

Wie Maria Malibran oder Wilhelmine Schröder-Devrient stammte
auch Henriette Sontag aus einer Schauspielerfamilie und stand früh in
Kinderrollen auf der Bühne. Ihre musikalische Ausbildung erhielt sie
am Prager Konservatorium, ihr erstes Engagement 1822 in Wien. Bei
den Uraufführungen der »Missa solemnis« und der 9. Symphonie von
Beethoven sang sie die Sopranpartien, ebenso auch die Euryanthe in
C. M. v. Webers Oper. Am 3. August 1825 trat sie erstmals in Rossinis
»Italienerin in Algier« in Berlin auf und löste hier das beinahe sprich-
wörtliche »Sontagsfieber« aus. Die preußische Königin, so erfuhr
Goethe von Zelter, lasse sich von ihr Klavierunterricht geben. Auf
dem Rückweg von Paris, wo sie sich selbst gegen Angelica Catalani
behauptet hatte, gastierte sie 1826 in Weimar und sang in Goethes
Haus. Ganz Deutschland teilte den Stolz, daß sie als erste deutsche
Sängerin zu internationaler Bedeutung aufgestiegen war und nahm es
ihr entsprechend übel, als sie sich 1828 in Paris engagieren ließ. Durch

die Heirat mit dem französischen Conte Rossi und die Nobilitierung durch den preußischen König erreichte sie eine gesellschaftliche Stellung, die ihr den Abschied von der Bühne 1830 erleichterte. Später zwangen sie freilich finanzielle Rückschläge zur Wiederaufnahme ihrer Operntätigkeit.

Goethe war ihr entschiedener Bewunderer. Schätzte er an ihren italienischen Kolleginnen Stimmkraft und Brillanz, so konnte er bei ihr zusätzlich die darstellerische Intensität der Rollengestaltung, die Liebenswürdigkeit ihres Wesens und ihre Schönheit kaum genug rühmen. Persönlich überwachte er 1828 die Aufstellung ihrer von Wichmann in Berlin gestalteten Büste. Henriette Sontag pflegte das deutsche Lied, wenngleich sie in öffentlichen Konzerten große Arien bevorzugte. Ihr Liedvortrag in Goethes Haus, bei dem Hummel sie am Flügel begleitete, gehört zu Goethes beglückendsten musikalischen Erlebnissen.

43. Paganini und Hummel
Kupferstich von A. Böhme, Weimar 1829
Goethe-Museum Düsseldorf

Ehe Goethe das Weimarer Konzert des Geigenvirtuosen am 30. Oktober 1829 besuchte, hatte ihm die Korrespondenz mit dem Berliner Freund Zelter vom Frühsommer des Jahres das Beispiel für die völlige »Bekehrung« eines Paganini-Gegners gegeben. Der ungünstige Ruf der Geldgier, Spielleidenschaft und des erotischen Freibeutertums, der Paganini vorausging, hatte Zelter gegen den Künstler eingenommen; seine eigenwillige Spieltechnik schien überdies ungünstig auf jüngere Orchestermusiker einzuwirken. Die Begeisterungsstürme schließlich, die alle Anzeichen einer Massenhysterie aufwiesen, waren dem nüchternen Zelter ein Greuel. Als Paganini freilich Zelter zu einem Höflichkeitsbesuch aufsuchte und dieser sein Spiel mehrmals aus nächster Nähe beobachten konnte, wich seine Ablehnung uneingeschränkter Bewunderung, die auch den Komponisten Paganini einschloß.

Auch Goethe war, obgleich solchermaßen vorgewarnt, nach Paganinis Konzert ratlos. Hummel, ein Mann von untersetzt behäbiger Statur, hatte den dürren Italiener begleitet. Die Karikatur beider, wenig später in Weimar verbreitet, vermochte die geradezu hypnotische Wirkung von Paganinis Kunst kaum zu brechen, sondern war

eher ein Zeugnis der Hilflosigkeit gegenüber dem »Meteorischen«, das auch Goethe verspürt hatte. Die Bildlichkeit seines Briefberichts an Zelter – er nannte im Rückgriff auf die alttestamentarische Gotteserfahrung Paganinis Spiel eine »Flammen- und Wolkensäule« – schwankt zwischen Schauder und Verwirrung. Erst die spätere Erklärung, anatomische Besonderheiten im Paganinis Körperbau hätten das Außergewöhnliche seines Spiels ermöglicht, wirkte erlösend und beruhigend auf Goethe.

44. »Naturtöne des Waldhorns«
Eigenhändige, undatierte Notenniederschrift
von Johann Wolfgang Goethe
Nationale Forschungs- und Gedenkstätten
der klassischen deutschen Literatur in Weimar

Das kleine Notizblatt aus Goethes Nachlaß überrascht zunächst durch die auffällige Geläufigkeit der Notenschrift. Es ist wahrscheinlich das letzte Zeugnis von Goethes eigenhändigen musikalischen Aufzeichnungen, nachdem der 1813 von ihm komponierte vierstimmige Saz auf Worte des 70. Psalms (»In te, domine, speravi, et non confundar in aeternum«) verschollen ist und auch ein Notat Goethes über den

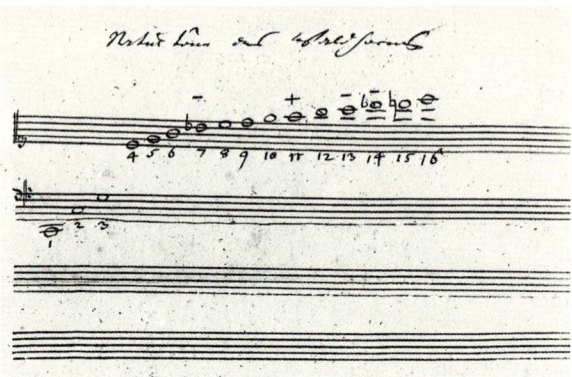

Stimmumfang der menschlichen Stimmgattungen als verloren gelten
muß. Die wenigen Noten zeigen freilich eine ganz ungewöhnliche
musiktheoretische Detailkenntnis Goethes. Ausgehend vom Grundton C notiert Goethe zunächst im F-Schlüssel (den er um eine Linie zu
hoch ansetzt), dann im C-Schlüssel die »Naturtöne des Waldhorns«.
Die sechzehn Partialklänge entfalten das Tonprisma, und Goethe gibt
durch ein über die Noten gesetztes Minuszeichen beim 7., 13., und 14.
Ton die zu tiefe, beim 11. Ton durch ein entsprechendes Pluszeichen
die zu hohe Intonation an. Diese Stufen fallen deshalb aus unserem
Tonsystem heraus; sie sind »ekmelisch«.

Die Aufzeichnung dürfte mit Goethes Versuch zusammenhängen,
die Beziehung der Klänge zueinander in Analogie zum Regenbogen-
prisma zu deuten. Wie dort das Licht in Schwingungen verschiedener
Geschwindigkeit und Wellenlänge zerlegt erscheint, ergibt das Ober-
tonprisma die Klänge als einzelne Teilfrequenzen. Hierbei allerdings
entstehen nebeneinander Dur- und Mollklänge. Die beiden Tongeschlechter haben Goethe beschäftigt, wobei ihn vor allem interessierte,
ob das Moll aus dem Dur abzuleiten sei oder ein eigenes Tongeschlecht
darstelle. Die Beantwortung dieser Frage entschied zugleich darüber,
daß nicht mathematisch-physikalische Verhältnisse das musikalische
Phänomen erklären könnten, sondern das menschliche Ohr zur entscheidenden Instanz für die Unterscheidung von Dur und Moll würde.

Man sieht leicht, daß hier ein Problem vorliegt, dem Goethe sich in
seiner »Farbenlehre« bereits gewidmet hatte und das er nun in einer
»Tonlehre« analog zu behandeln dachte.

45. Goethes Flügel im Juno-Zimmer
Foto, 1982
Nationale Forschungs- und Gedenkstätten
der klassischen deutschen Literatur in Weimar

Mittelpunkt musikalischer Geselligkeit in Goethes Haus war der Streichersche Flügel, den Goethe 1821 durch den Musikalienhändler Peters in Leipzig erwarb. Die schlichten Formen des Instruments passen sich vorzüglich dem vorhandenen Mobiliar an und ordnen sich den Kunstgegenständen unter, die Goethe hier aufstellen ließ. Seit 1823 steht hier der raumbeherrschende Gipsabguß der sog. Juno Ludovisi, den Goethe zur Erinnerung an seinen Romaufenthalt von dem Berliner Staatsrat Schulz zum Geschenk erhielt und der dem »Juno-Zimmer« seinen Namen gab. Das Zusammentreffen dieses Bildwerks mit dem Musikinstrument war bei der sorgsamen Ausstattung des Hauses kein Zufall; als Teile eines symbolischen Beziehungsgefüges von Raumfunktion und Raumdekoration begegnen sich das schöne Bild der Gottheit und die Musik, »die schönste Offenbarung Gottes«.

Bei der Auswahl des Instruments hatte sich Goethe der Kennerschaft des Leipziger Musikschriftstellers Friedrich Rochlitz versichert; hocherfreut und dankbar meldete er ihm das Eintreffen und die erste Erprobung des Instruments durch K. E. Hartknoch, einen Schüler Johann Nepumuk Hummels. Der Weimarer Hofkapellmeister, einer der glänzendsten Klaviervirtuosen seiner Zeit, konzertierte gelegentlich selbst in Goethes Haus, wobei er für Goethe »den Besitz des vorzüglichen Instruments ins Unschätzbare zu erheben verstand«. Als sich im Herbst 1821 der zwölfjährige Felix Mendelssohn mit seinem Lehrer Zelter in Weimar einfand und Goethe auf dem neuerworbenen Flügel vorspielte, beglückwünschte Goethe sich selbst und die Zuhörer, die doch das unglaubliche Talent des Knaben »ohne eine solche vermittelnde Mechanik niemals hätten gewahr werden können.«

46. Goethes Enkel beim Musizieren im Juno-Zimmer
Federzeichnung von Bernhard v. Arnswald, 1838
Nationale Forschungs- und Gedenkstätten
der klassischen deutschen Literatur in Weimar

Goethes Enkel Walther (1818-1885) und Wolfgang (1820-1883) zeigten frühzeitig musische Neigungen, die der Großvater nach Kräften pflegte. Prägend für beide blieben die zahlreichen Theaterbesuche und der nicht abreißende Strom von Besuchern im Goethe-Haus am Weimarer Frauenplan, für dessen Bewirtung und Unterhaltung zunehmend Goethes Schwiegertochter Ottilie verantwortlich war. Wolfgang gab 1842 das noch während seiner Studienjahre entstandene Versdrama »Gerlinde« heraus, dem 1851 ein Bändchen »Gedichte« folgte. Walther wurde nach privatem Musikunterricht in Weimar zur weiteren musikalischen Ausbildung zu Felix Mendelssohn Bartholdy nach Leipzig und später zu Carl Loewe nach Stettin geschickt. Neben Gelegenheitskompositionen hat nur eines seiner größeren Werke, die Oper »Anselmo Lancia«, durch die Aufführung in Weimar 1839 eine gewisse Bekanntheit erreicht. Die beiden Opern »Stradella« und »Enzio« blieben wie das übrige kompositorische Werk Walther v. Goethes ungedruckt und weitgehend unbekannt.

Das großväterliche Erbe erwies sich als ungeheure Last für die Enkel, denen Tatkraft und Durchsetzungswille fehlten. Als nach den ersten künstlerischen Gehversuchen die erhoffte Anerkennung ausblieb, übersiedelte der jüngere Enkel in diplomatischen Diensten nach

Rom, der ältere lebte – meist kränkelnd und zurückgezogen – in Weimar, den Nachlaß Goethes ordnend, den er 1885 der Großherzogin Sophie von Sachsen-Weimar anvertraute.

47. Tabellen in Goethes Schlafzimmer
Foto, 1982
Nationale Forschungs- und Gedenkstätten
der klassischen deutschen Literatur in Weimar

An deutlich sichtbarer Stelle – ursprünglich wohl über der Waschgelegenheit – hat Goethe an der Wand seines Schlafzimmers zwei Übersichtstabellen befestigen lassen. In der Art von Schullandkarten mit Aufrollstäben versehen, hängt links eine Tabelle mit den am Aufbau der Erde beteiligten Gesteinsarten, nach der Entstehungszeit geordnet. Rechts ist Goethes Übersicht zu einer allgemeinen »Tonlehre« aufgehängt. Diese schematisierende Darstellung entstand in Gesprächen mit C. F. Zelter während Goethes Badeaufenthalt in Teplitz 1810. Sie lehnt sich eng an die Systematik von Goethes »Farbenlehre« an.

Hier wie dort wollte Goethe die Naturphänomene Licht bzw. Farbe und Schall bzw. Klang aus ihrer Beziehung zum Menschen definieren. Eine »anthropozentrische« Physik, die sich von der rein mathematisch-experimentellen Physik seiner Zeit scharf abgrenzte, war das Ziel seiner Bemühungen. Während der Dichter die Vermischung der Wahrnehmungsbereiche – die Synästhesie – vielfach als expressives Steigerungsmittel nutzt (»Die Sonne tönt nach alter Weise . . .«), legt der Naturwissenschaftler Wert auf saubere Trennung der Phänomene. Die Paragraphen 747-750 seiner »Farbenlehre«, die das Verhältnis zur »Tonlehre« behandeln, heben die Unvergleichbarkeit von Farbe und Ton hervor, betonen aber zugleich, daß beide Phänomenbereiche in sich die Gesetze der Polarität erkennen lassen: So findet Goethe den polaren Zusammenhang von Sich-Trennen- und Sich-Vereinigen-Wollen in der Beziehung von Dur und Moll wieder.

Interessant ist, daß Goethe das Gehör im Vergleich mit dem Auge einen »stummen Sinn« nennt, da das Ohr nicht wie das Auge selbsttätig Eindrücke produziert, sondern nur durch »Gegenwirkung und Forderung« am Hörvorgang beteiligt ist. Auch Goethes Annahme, der musikalische Rhythmus stehe in Beziehung zu den unbewußten rhythmischen Bewegungen im Körper, etwa dem Herzschlag, ist für seine Zeit erstaunlich originell.

menden Unterscheidungszeichen wären, sollte ich glauben, für den Tondichter hinreichend, ihm anzuzeigen, daß ich von ihm bloß ein Lied erwarte. Mignon kann wohl ihrem Wesen nach ein Lied, aber keine Arie singen.

Zu Tomaschek über Mignons Lied ›Kennst du das Land‹, 6. August 1822

*

Vokalmusik heißt sie, weil man beim Singen nur die Vokale hört! *Zu Riemer, 23. Juli 1807*

. . . die Mädchen wegen des unverständlichen Singens gescholten. *Tagebuch, 26. Juli 1813*

. . . wahrscheinlich wollte er [Goethe] sich überzeugen, ob ich Fortschritte im Vortrag, der bei ihm die Hauptsache war, gemacht habe. Ich sang ihm zuerst ›Jägers Abendlied‹, von Reichardt komponiert. Er saß dabei im Lehnstuhl und bedeckte sich mit der Hand die Augen. Gegen Ende des Liedes sprang er auf und rief: »Das Lied singst du schlecht!« Dann ging er vor sich hinsummend eine Weile im Zimmer auf und ab und fuhr dann fort, indem er vor mich hintrat und mich mit seinen wunderschönen Augen anblitzte: »Der erste Vers sowie der dritte müssen markig, mit einer Art Wildheit vorgetragen werden, der zweite und vierte weicher; denn da tritt eine andere Empfindung ein. Siehst du so! (indem er scharf markierte): Da ramm! da ramm! da ramm! da ramm!« Dabei bezeichnete er, zugleich mit beiden Armen auf und ab fahrend, das Tempo und sang dies »Da ramm!« in einem tiefen Tone. Ich wußte nun, was er wollte, und auf sein Verlangen wiederholte ich das Lied. Er war zufrieden und sagte: »So ist es besser! Nach und nach wird es dir schon klar werden, wie man solche Strophenlieder vorzutragen hat.«

Bericht des Sängers Eduard Genast, Januar 1815

145

VORLIEBE FÜR DAS
HEITER-GESELLIGE LIED

Meine kleine Anstalt [die sonntägliche Hausmusik] geht
recht gut; nur schreiten die jungen Leute, wie Sie wohl
wissen, gar gern aus dem Wege, und jeder dünkt sich
behaglicher, wenn er solo irgendein lamentables Grablied
oder ein jammervolles Bedauern verlorner Liebe singt. Ich
lasse ihnen dergleichen wohl zu, gegen das Ende jeder
Session, und verwünsche dabei die Matthissons, Salis,
Tiedgen und die sämtliche Klerisei, die uns schwerfällige
Deutsche sogar in Liedern über die Welt hinaus weist, aus
der wir ohnehin geschwind hinauskommen. Dabei tritt
noch der Fall ein, daß die Musiker selbst oft hypochon-
drisch sind und daß selbst die frohe Musik zur Schwermut
hinziehen kann. Ich lobe mir, was von Ihnen, lieber
Freund, entspringt. Auch gestern wieder bei dem ›Niemals
erscheinen die Götter allein‹, beim ›Lieben Freunde, es gab
bessre Zeiten‹ war es gleich, als ob jedermann den Staub
und die Asche des Jahrhunderts vom Haupte schüttelte.

An Zelter, 22. Januar 1808

Daß die scherzhaften Sachen ihren Effekt nicht verfehlen,
können Sie gleichfalls denken, da ich zu diesen Dingen
mehr Neigung habe und am Ende sich's jeder gefallen läßt,
froh zu sein oder zu werden. *An Zelter, 21. Dezember 1809*

Leider bin ich von meinem Singchore getrennt und kann
also das »Ergo bibamus« nur mit den Augen und mit dem
Schlunde feiern. Schreiben Sie mir doch zu allernächst, was
eigentlich für Lieder an Ihrer Tafel am öftesten wiederholt
werden, damit ich den Geschmack Ihrer Gäste kennenlerne
und erfahre, welche Art Poesie ihnen am meisten ohret.
Wenn man das weiß, so kann man den Freunden allerlei
Späße machen. *An Zelter, 17. April 1810*

Denn was nicht gesellig gesungen werden kann, ist wirklich kein Gesang, wie ein Monolog kein Drama.

An Zelter, 17. Mai 1815

Musik war mir spärlich, aber doch lieblich zugemessen. Ein Kinderlied zum Nepomuksfeste in Karlsbad gedichtet und einige andere von ähnlicher Naivität gab mir Freund Zelter in angemessener Weise und hohem Sinne zurück. Musikdirektor Eberwein wandte sein Talent dem ›Divan‹ mit Glück zu, und so wurde mir durch den allerliebsten Vortrag seiner Frau manche ergötzliche gesellige Stunde.

Annalen 1820

Herrlicher Sommerabend, im Garten bei Goethe. Die Stadtmusici spielten trefflich auf . . . Als ›Einsam bin ich, nicht alleine‹ aus ›Preziosa‹ von Weber gespielt wurde, war Goethe höchst unzufrieden: Solche weichliche, sentimentale Melodien deprimieren mich; ich bedarf kräftiger, frischer Töne, mich zusammenzuraffen, zu sammeln. Napoleon, der ein Tyrann war, soll sanfte Musik geliebt haben; ich vermutlich, weil ich kein Tyrann bin, liebe die rauschenden, lebhaften, heitern. Der Mensch sehnt sich ewig nach dem, was er nicht ist.

Bericht des Kanzlers Friedrich v. Müller vom 24. Juni 1826

Kriegslieder schreiben und im Zimmer sitzen! – Das wäre meine Art gewesen! – Aus dem Biwak heraus, wo man nachts die Pferde der feindlichen Vorposten wiehern hört: da hätte ich es mir gefallen lassen! Aber das war nicht mein Leben und nicht meine Sache, sondern die von Theodor Körner. Ihn kleiden seine Kriegslieder auch ganz vollkommen. Bei mir aber, der ich keine kriegerische Natur bin und keinen kriegerischen Sinn habe, würden Kriegslieder eine Maske gewesen sein, die mir sehr schlecht zu Gesicht gestanden hätte.

Zu Eckermann am 14. März 1830

Von dem Zweige deiner Liedertafel zu sprechen, mit dem du nicht unzufrieden bist, möchte ich sagen: daß diese guten jungen Leute, der fortschreitenden Zeit gemäß, natürlicherweise auch vorwärts wollen; aber wohin? das ist die Frage. Wir andern, wie alle unsre Lieder zeugen, verlangten eine gesellig-abgegrenzte Heiterkeit und setzten uns in die unschuldige Opposition mit den Philistern. Diese sind zwar weder überwunden noch vertilgt, aber sie kommen nicht mehr in Betracht. Nun suchen sich die neuen Muntern auf einer höhern Stufe ihre Gegner, und es sollte mich wundern, wenn deine Schüler nicht auf die Sprünge von Béranger[39] kämen. Das ist freilich ein Feld, wo noch was zu tun ist und wo sie uns überbieten können, vorausgesetzt daß sie soviel Talent haben als der Genannte; dieses aber sowie manches andere sei den Dämonen empfohlen, die ihre Pfoten in all dem Spiel haben.

An Zelter, 6. November 1830

... UND FÜR DAS RELIGIÖSE
LIED

Wir hatten ihm [dem Oheim] das Entzücken nicht verbergen können, das wir fühlten, als bei meiner Schwester Trauung ein Chor Menschenstimmen sich, ohne alle Begleitung irgendeines Instruments, hören ließ. Wir legten es ihm nahe genug, uns das Vergnügen noch einmal zu verschaffen; er schien nicht darauf zu merken. Wie überrascht waren wir daher, als er eines Abends zu uns sagte: »Die Tanzmusik hat sich entfernt; die jungen flüchtigen Freunde haben uns verlassen; das Ehepaar selbst sieht schon ernsthafter aus als vor einigen Tagen, und in einer solchen Epoche voneinander zu scheiden, da wir uns vielleicht nie, wenigstens anders wiedersehen, regt uns zu einer feierlichen Stimmung, die ich nicht edler nähren kann als durch eine Musik, deren Wiederholung Sie schon früher zu wünschen schienen.«

Er ließ durch das indes verstärkte und im stillen noch mehr geübte Chor[5] uns vier- und achtstimmige Gesänge vortragen, die uns, ich darf wohl sagen, wirklich einen Vorschmack[10] der Seligkeit gaben. Ich hatte bisher nur den frommen Gesang gekannt, in welchem gute Seelen oft mit heiserer Kehle, wie die Waldvögelein, Gott zu loben glauben, weil sie sich selbst eine angenehme Empfindung machen; dann die eitle Musik der Konzerte, in denen man allenfalls zur Bewunderung eines Talents, selten aber auch nur zu einem vorübergehenden Vergnügen hingerissen wird. Nun vernahm ich eine Musik aus dem tiefsten Sinne der trefflichsten menschlichen Naturen entsprungen, die durch bestimmte und geübte Organe in harmonischer Einheit wieder zum tiefsten besten Sinne des Menschen sprach und ihn wirklich in diesem Augenblicke seine Gottähnlichkeit lebhaft empfinden ließ. Alles waren lateinische geistliche Gesänge, die sich, wie Juwelen, in dem goldnen Ringe einer gesitteten weltlichen Gesellschaft ausnahmen und mich, ohne Anforderung einer sogenannten Erbauung, auf das geistigste erhoben und glücklich machten.

Bekenntnisse einer schönen Seele.

In: Wilhelm Meisters Lehrjahre

Mit der Oper, wie sie bei uns zusammengesetzt ist, mag ich mich nicht abgeben, besonders weil ich diesen musikalischen Dingen nicht auf den Grund sehe. Ich möchte daher das Säkulum sich selbst überlassen und mich ins Heilige zurückziehn. Da möchte ich nun alle Woche einmal bei mir mehrstimmige geistliche Gesänge aufführen lassen, im Sinne Ihrer Anstalt, obgleich nur als den fernsten Abglanz derselben. Helfen Sie mir dazu und senden mir vierstimmige, nicht zu schwere Gesänge, schon in Stimmen ausgeschrieben.

An Zelter, 27. Juli 1807

Zu dem »In te Domine speravi«[40] hätte ich auch ein langes Märchen zu erzählen, wie ich mir bei sonderbaren innern und äußern Bedrängnissen diese Worte in meiner böhmischen Einsamkeit rhythmisch-klanglos, aber doch vierpersönlich, um nicht vierstimmig zu sagen, komponiert und keinen angelegentlichern Wunsch gehabt, als diese schönen Worte durch Dich musikalisch kommentiert zu hören. Ich kam in Versuchung, vier Linien untereinander zu ziehen, um die Art, wie ich es genommen, anschaulich zu machen. Jetzt, da ich Deine Komposition höre, bin ich darüber völlig belehrt und finde darin eine angenehme Erfahrung. Der Dilettant nämlich wird durchaus nur durch das Faßliche und eine unmittelbare Wirkung gerührt, und dies charakterisiert auch seine Produktionen, wenn er in irgendeiner Kunst sich versuchend auftritt. Meine Komposition, die sich ziemlich abgerundet und fixiert hat, ähnelt einer von Jomelli, und es ist immer wunderbar und lustig genug, daß man sich zufällig auf solchen Wegen ertappt und sich einmal seines eignen Nachtwandlens bewußt wird.

An Zelter, 23. Februar 1814

Der herrliche Kirchengesang: Veni Creator Spiritus ist ganz eigentlich ein Appell ans Genie; deswegen er auch geist- und kraftreiche Menschen gewaltig anspricht.

Maximen und Reflexionen

V. DAS MUSIKALISCHE
THEATER

. . . eine der edelsten Vergnügungen
Über Wahrheit und Wahrscheinlichkeit der
Kunstwerke, 1797

ÜBER DAS MUSIKALISCHE THEATER
IM ALLGEMEINEN

Ich bin immer für die Opera buffa der Italiener und wünschte wohl, einmal mit Ihnen ein Werkchen dieser Art zustande zu bringen ... Leben, Bewegung mit Empfindung gewürzt, alle Arten Leidenschaften finden da ihren Schauplatz. Besonders erfreut mich die Delikatesse und Grazie, womit der Komponist gleichsam als ein himmlisches Wesen über der irdischen Natur des Dichters schwebt. *An Phil. Christ. Kayser, 28. Juni 1784*

Auf einem deutschen Theater ward ein ovales, gewissermaßen amphitheatralisches Gebäude vorgestellt, in dessen Logen viele Zuschauer gemalt sind, als wenn sie an dem, was unten vorgeht, teilnähmen. Manche wirkliche Zuschauer im Parterre und in den Logen waren damit unzufrieden und wollten übelnehmen, daß man ihnen so etwas Unwahres und Unwahrscheinliches aufzubinden gedächte. Bei dieser Gelegenheit fiel ein Gespräch vor, dessen ohngefährer Inhalt hier aufgezeichnet wird.

DER ANWALT DES KÜNSTLERS. Lassen Sie uns sehen, ob wir uns nicht einander auf irgendeinem Wege nähern können?

DER ZUSCHAUER. Ich begreife nicht, wie Sie eine solche Vorstellung entschuldigen wollen.

ANWALT. Nicht wahr, wenn Sie ins Theater gehen, so erwarten Sie nicht, daß alles, was Sie drinnen sehen werden, wahr und wirklich sein soll?

ZUSCHAUER. Nein! ich verlange aber, daß mir wenigstens alles wahr und wirklich scheinen solle.

ANWALT. Verzeihen Sie, wenn ich in Ihre eigne Seele leugne und behaupte: Sie verlangen das keinesweges.

ZUSCHAUER. Das wäre doch sonderbar! Wenn ich es nicht verlangte, warum gäbe sich denn der Dekorateur die Mühe, alle Linien aufs genaueste nach den Regeln der Perspektive zu ziehen, alle Gegenstände nach der vollkommensten Haltung zu malen? Warum studierte man aufs Kostüm? Warum ließe man sich es so viel kosten, ihm treu zu bleiben, um dadurch mich in jene Zeiten zu versetzen? Warum rühmt man den Schauspieler am meisten, der die Empfindungen am wahrsten ausdrückt, der in Rede, Stellung und Gebärden der Wahrheit am nächsten kommt, der mich täuscht, daß ich nicht eine Nachahmung, sondern die Sache selbst zu sehen glaube?

ANWALT. Sie drücken Ihre Empfindungen recht gut aus, nur ist es schwerer, als Sie vielleicht denken, recht deutlich einzusehen, was man empfindet. Was werden Sie sagen, wenn ich Ihnen einwende, daß Ihnen alle theatralische Darstellungen keinesweges wahr scheinen, daß sie vielmehr nur einen Schein des Wahren haben?

. . .

ZUSCHAUER. Gut denn! Nur erklären Sie sich deutlicher, und, wenn ich bitten darf, in Beispielen.

ANWALT. Die werde ich leicht zu meinem Vorteil aufbringen können. Zum Beispiel also, wenn sie in der Oper sind, empfinden Sie nicht ein lebhaftes vollständiges Vergnügen?

ZUSCHAUER. Wenn alles wohl zusammenstimmt, eines der vollkommensten, deren ich mir bewußt bin.

ANWALT. Wenn aber die guten Leute da droben singend sich begegnen und bekomplimentieren, Billets absingen, die sie erhalten, ihre Liebe, ihren Haß, alle ihre Leidenschaften singend darlegen, sich singend herumschlagen und singend verscheiden, können Sie sagen, daß die ganze Vorstellung, oder auch nur ein Teil derselben, wahr scheine? ja, ich darf sagen, auch nur einen Schein des Wahren habe?

ZUSCHAUER. Fürwahr, wenn ich es überlege, so getraue ich mich das nicht zu sagen. Es kommt mir von allem dem freilich nichts wahr vor.

ANWALT. Und doch sind Sie dabei völlig vergnügt und zufrieden.

ZUSCHAUER. Ohne Widerrede. Ich erinnre mich zwar noch wohl, wie man sonst die Oper, eben wegen ihrer groben Unwahrscheinlichkeit, lächerlich machen wollte, und wie ich von jeher dem ohngeachtet das größte Vergnügen dabei empfand und immer mehr empfinde, je reicher und vollkommner sie geworden ist.

ANWALT. Und fühlen Sie sich nicht auch in der Oper vollkommen getäuscht?

ZUSCHAUER. Getäuscht, das Wort möchte ich nicht brauchen – und doch ja – und doch nein!

. . .

ANWALT. Sie möchten also die Empfindung, in welche Sie durch eine Oper versetzt werden, nicht gerne Täuschung nennen?

ZUSCHAUER. Nicht gern, und doch ist es eine Art derselben, etwas, das ganz nahe mit ihr verwandt ist.

ANWALT. Nicht wahr, Sie vergessen beinah sich selbst?

ZUSCHAUER. Nicht beinahe, sondern völlig, wenn das Ganze oder der Teil gut ist.

ANWALT. Sie sind entzückt?

ZUSCHAUER. Es ist mir mehr als einmal geschehen.

ANWALT. Können Sie wohl sagen, unter welchen Umständen?

ZUSCHAUER. Es sind so viele Fälle, daß es mir schwer sein würde, sie aufzuzählen.

ANWALT. Und doch haben Sie es schon gesagt; gewiß am meisten, wenn alles zusammenstimmte.

ZUSCHAUER. Ohne Widerrede.

ANWALT. Stimmte eine solche vollkommne Aufführung mit sich selbst oder mit einem andern Naturprodukt zusammen?

ZUSCHAUER. Wohl ohne Frage mit sich selbst.

ANWALT. Und die Übereinstimmung war doch wohl ein Werk der Kunst?

ZUSCHAUER. Gewiß.

ANWALT. Wir sprachen vorher der Oper eine Art Wahrheit ab; wir behaupteten, daß sie keinesweges das, was sie nachahmt, wahrscheinlich darstelle; können wir ihr aber eine innere Wahrheit, die aus der Konsequenz eines Kunstwerks entspringt, ableugnen?

ZUSCHAUER. Wenn die Oper gut ist, macht sie freilich eine kleine Welt für sich aus, in der alles nach gewissen Gesetzen vorgeht, die nach ihren eignen Gesetzen beurteilt, nach ihren eignen Eigenschaften gefühlt sein will.

ANWALT. Sollte nun nicht daraus folgen, daß das Kunstwahre und das Naturwahre völlig verschieden sei, und daß der Künstler keinesweges streben sollte noch dürfe, daß sein Werk eigentlich als ein Naturwerk erscheine?

ZUSCHAUER. Aber es scheint uns doch so oft als ein Naturwerk.

ANWALT. Ich darf es nicht leugnen. Darf ich dagegen aber auch aufrichtig sein?

ZUSCHAUER. Warum das nicht! Es ist ja doch unter uns diesmal nicht auf Komplimente angesehen.

ANWALT. So getraue ich mir zu sagen: nur dem ganz ungebildeten Zuschauer kann ein Kunstwerk als ein Naturwerk erscheinen, und ein solcher ist dem Künstler auch lieb und wert, ob er gleich nur auf der untersten Stufe steht. Leider aber nur so lange, als der Künstler sich zu ihm herabläßt, wird jener zufrieden sein, niemals wird er sich mit dem echten Künstler erheben, wenn dieser den Flug, zu dem ihn das Genie treibt, beginnen, sein Werk im ganzen Umfang vollenden muß.

. . .

ZUSCHAUER. Nun so sagen Sie mir: warum erscheint auch mir ein vollkommnes Kunstwerk als ein Naturwerk?

ANWALT. Weil es mit Ihrer bessern Natur übereinstimmt, weil es übernatürlich, aber nicht außernatürlich ist. Ein vollkommenes Kunstwerk ist ein Werk des menschlichen Geistes und in diesem Sinne auch ein Werk der Natur. Aber indem die zerstreuten Gegenstände in eins gefaßt und selbst die gemeinsten in ihrer Bedeutung und Würde aufgenom-

men werden, so ist es über die Natur. Es will durch einen Geist, der harmonisch entsprungen und gebildet ist, aufgefaßt sein, und dieser findet das Vortreffliche, das in sich Vollendete, auch seiner Natur gemäß. Davon hat der gemeine Liebhaber keinen Begriff, er behandelt ein Kunstwerk wie einen Gegenstand, den er auf dem Markte antrifft, aber der wahre Liebhaber sieht nicht nur die Wahrheit des Nachgeahmten, sondern auch die Vorzüge des Ausgewählten, das Geistreiche der Zusammenstellung, das Überirdische der kleinen Kunstwelt, er fühlt, daß er sich zum Künstler erheben müsse, um das Werk zu genießen, er fühlt, daß er sich aus seinem zerstreuten Leben sammeln, mit dem Kunstwerke wohnen, es wiederholt anschauen und sich selbst dadurch eine höhere Existenz geben müsse.
. . .

Über Wahrheit und Wahrscheinlichkeit der Kunstwerke. Ein Gespräch. 1797

Von der ideellen Seite steht das Theater sehr hoch, so daß ihm fast nichts, was der Mensch durch Genie, Geist, Talent, Technik und Übung hervorbringt, gleichgestellt werden kann. Wenn Poesie mit allen ihren Grundgesetzen, wodurch die Einbildungskraft Regel und Richtung erhält, verehrenswert ist; wenn Rhetorik mit allen ihren historischen und dialektischen Erfordernissen höchst schätzenswert und unentbehrlich bleibt; dann aber auch persönlicher mündlicher Vortrag, der sich ohne eine gemäßigte Mimik nicht denken läßt: so sehen wir schon, wie das Theater sich dieser höchsten Erfordernisse der Menschheit ohne Umstände bemächtigt. Füge man nun noch die bildenden Künste hinzu, was Architektur, Plastik, Malerei zur völligen Ausbildung des Bühnenwesens beitrage, rechne man das hohe Ingredienz der Musik, so wird man einsehen, was für eine Masse von menschlichen Herrlichkeiten auf diesen einen Punkt sich richten lassen.

Paralipomenon zu den Annalen von 1815

Da ist Poesie, da ist Malerei, da ist Gesang und Musik, da ist Schauspielkunst und was nicht noch alles! Wenn alle diese Künste und Reize von Jugend und Schönheit an einem einzigen Abend, und zwar auf bedeutender Stufe zusammenwirken, so gibt es ein Fest, das mit keinem andern zu vergleichen. *Zu Eckermann, 22. März 1825*

ÜBER OPERNTEXTE

Der Dichter eines musikalischen Stückes, wie er es dem Komponisten hingibt, muß es ansehn wie einen Sohn oder Zögling, den er eines neuen Herren Diensten widmet. Es fragt sich nicht mehr, was Vater oder Lehrer aus dem Knaben machen wollen, sondern wozu ihn sein Gebieter bilden will; glücklich, wenn er das Handwerk besser versteht als die ersten Erzieher.

An Phil. Christ. Kayser, 5. Mai 1786

Gewöhnlich schilt man auf die italienischen Texte, und das zwar in solchen Phrasen, wie einer dem andern nachsagen kann, ohne was dabei zu denken; sie sind freilich leicht und heiter, aber sie machen nicht mehr Forderungen an den Komponisten und an den Sänger, als inwieweit beide sich hinzugeben Lust haben. Ohne hierüber weitläufig zu sein, erinnere ich an den Text der ›Heimlichen Heirat‹; man kennt den Verfasser nicht, aber es war einer der geschicktesten, die in diesem Fache gearbeitet haben, wer er auch mag gewesen sein. In diesem Sinne zu handeln, in gleicher Freiheit nach bestimmten Zwecken zu wirken, war meine Absicht, und ich wüßte selbst nicht zu sagen, inwiefern ich mich meinem Ziel genähert habe.

Italienische Reise, November 1787

Um so etwas [ein Libretto] zu machen, muß man alles poetische Gewissen, alle poetische Scham nach dem edlen Beispiel der Italiener ablegen.

An Joh. Friedrich Reichardt, 8. November 1790

Gestern haben wir eine neue Oper [Die bestrafte Eifersucht] gehört, Cimarosa zeigt sich in dieser Komposition als einen vollendeten Meister, der Text ist nach italienischer Manier, und ich habe dabei die Bemerkung gemacht: wie es möglich wird, daß das Alberne, ja das Absurde sich mit der höchsten ästhetischen Herrlichkeit der Musik so glücklich verbindet. Es geschieht dieses allein durch den *Humor*, denn dieser, selbst ohne poetisch zu sein, ist eine Art von Poesie und erhebt uns seiner Natur nach über den Gegenstand. Dafür hat der Deutsche so selten Sinn, weil ihn seine Philisterhaftigkeit jede Albernheit nur ästimieren läßt, die einen Schein von Empfindung oder Menschenverstand vor sich trägt. *An Schiller, 31. Januar 1798*

. . . humoristische Kühnheiten, mit Geist und Sinn auf das Theater gebracht, sind von der größten Wirkung. Sie unterscheiden sich von der Intrige dadurch, daß sie momentan sind, und daß ihr Zweck, wenn sie ja einen haben sollten, nicht in der Ferne liegen darf. Beaumarchais hat ihren ganzen Wert gefaßt, und die Wirkungen seines ›Figaros‹ entspringen vorzüglich daher. Wenn nun solche gutmütige Schalks- und Halbschelmenstreiche zu edlen Zwecken, mit persönlicher Gefahr ausgeübt werden, so sind die daraus entspringenden Situationen, ästhetisch und moralisch betrachtet, für das Theater von dem größten Wert; wie denn zum Beispiel die Oper ›Der Wasserträger‹ [von Cherubini] vielleicht das glücklichste Sujet behandelt, das wir je auf dem Theater gesehen haben. *Dichtung und Wahrheit*

... daß ein verfehlter Text der Musik und Darstellung insgeheim den Untergang vorbereite. *Tag- und Jahreshefte 1811*

Der Text einer Oper gehört unter die Dichtungsarten, welche sehr schwer zu beurteilen sind, weil man sie nicht als selbständiges Kunstwerk ansehen darf. Man hat sie in bezug auf Musik, den Komponisten, die Bühne, das Publikum zu betrachten, ja sogar auf kurz vorher gegebene und andere bekannte Opern Rücksicht [zu] nehmen.

An Fürst Lobkowitz, 7. Oktober 1812

In Gefolg meiner ersten Rede wollte ich nur sagen, daß die Kunst, wie sie sich im höchsten Künstler darstellt, eine so gewaltsam-lebendige Form erschafft, daß sie jeden Stoff veredelt und verwandelt.

Ja, es ist daher dem vortrefflichen Künstler ein würdiges Substrat gewissermaßen im Wege, weil es ihm die Hände bindet und ihm die Freiheit verkümmert, in der er sich als Bildner und als Individuum zu ergehen Lust hat. Man hat den Musikern wiederholt vorgeworfen, daß sie schlechte Texte lieben, man erzählt zum Scherz, daß einer sich offeriert, den Torzettel zu komponieren[37], und wäre der Gesang nicht von dem Texte unabhängig, wie hätte denn die Karfreitagsmusik in der Sixtinischen Kapelle mit »vitulos«[41] endigen können? und was dergleichen mehr ist. Mancher Komödienzettel gäb' eine bessere Oper als das Büchelchen selbst, wenn man es recht darauf anlegte.

An Zelter, 15. Januar 1813

»Carl Maria von Weber«, sagte Goethe, »mußte die ›Euryanthe‹ nicht komponieren; er mußte gleich sehen, daß dies ein schlechter Stoff sei, woraus sich nichts machen lasse. Diese Einsicht dürfen wir bei jedem Komponisten, als zu seiner Kunst gehörig, voraussetzen.«

Zu Eckermann, 20. April 1825

Das Theater kam zur Sprache, die letzte Oper, ›Moses‹ von Rossini, ward viel beredet. Man tadelte das Sujet, man lobte und tadelte die Musik; Goethe äußerte sich folgendermaßen:

»Ich begreife euch nicht, ihr guten Kinder«, sagte er, »wie ihr Sujet und Musik trennen und jedes für sich genießen könnt. Ihr sagt, das Sujet tauge nicht, aber ihr hättet es ignoriert und euch an der trefflichen Musik erfreuet. Ich bewundere wirklich die Einrichtung eurer Natur und wie eure Ohren imstande sind, anmutigen Tönen zu lauschen, während der gewaltigste Sinn, das Auge, von den absurdesten Gegenständen geplagt wird.

Und daß euer ›Moses‹ doch wirklich gar zu absurd ist, werdet ihr nicht leugnen. Sowie der Vorhang aufgeht, stehen die Leute da und beten! – Dies ist sehr unpassend. Wenn du beten willst, steht geschrieben, so gehe in dein Kämmerlein und schleuß die Tür hinter dir zu. Aber auf dem Theater soll man nicht beten.

Ich hätte euch einen ganz anderen ›Moses‹ machen wollen und das Stück ganz anders anfangen lassen. Ich hätte euch zuerst gezeigt, wie die Kinder Israel, bei schwerem Frondienst, von der Tyrannei der ägyptischen Vögte zu leiden haben, damit es nachher desto anschaulicher würde, welche Verdienste sich Moses um sein Volk erworben, das er aus so schändlichem Druck zu befreien gewußt.«

Goethe fuhr fort, mit großer Heiterkeit die ganze Oper Schritt vor Schritt durch alle Szenen und Akte aufzubauen, immer geistreich und voller Leben, im historischen Sinne des Sujets und zum freudigen Erstaunen der ganzen Gesellschaft, die den unaufhaltsamen Fluß seiner Gedanken und den heiteren Reichtum seiner Erfindungen zu bewundern hatte. Es ging alles zu rasch vorüber, um es aufzufassen, doch ist mir der Tanz der Ägypter im Gedächtnis geblieben, den Goethe nach der überstandenen Finsternis, als Freude über das wiedergegebene Licht, eintreten ließ . . .

Der ›Moses‹ von Rossini kam abermals zur Sprache, und

wir erinnerten uns gerne Goethes heiterer Erfindung von vorgestern.

»Was ich in Scherz und guter Laune über den Moses geäußert haben mag«, sagte Goethe, »weiß ich nicht mehr; denn so etwas geschieht ganz unbewußt. Aber so viel ist gewiß, daß ich eine Oper nur dann mit Freuden genießen kann, wenn das Sujet ebenso vollkommen ist wie die Musik, so daß beide miteinander gleichen Schritt gehen. Fragt ihr mich, welche Oper ich gut finde, so nenne ich euch den ›Wasserträger‹ [Cherubini]; denn hier ist das Sujet so vollkommen, daß man es ohne Musik als ein bloßes Stück geben könnte und man es mit Freuden sehen würde. Diese Wichtigkeit einer guten Unterlage begreifen entweder die Komponisten nicht, oder es fehlt ihnen durchaus an sachverständigen Poeten, die ihnen mit Bearbeitung guter Gegenstände zur Seite träten. Wäre der ›Freischütz‹ kein so gutes Sujet, so hätte die Musik zu tun gehabt, der Oper den Zulauf der Menge zu verschaffen, wie es nun der Fall ist, und man sollte daher dem Herrn Kind auch einige Ehre erzeigen.« *Zu Eckermann am 7. und 9. Oktober 1828*

Deine Relation von Spohrs Oper [Faust, Text von Bernard] gibt einen neuen Beweis: daß, wenn schon die Poesie in völlige Nullität sich auflöst, der Musikus doch dabei seine Rechnung finden, eine Darstellung befriedigen, ja teilweise sogar entzücken kann. *An Zelter, 16. Dezember 1829*

Der ›Vampyr‹ ist hier wieder gegeben worden; das Sujet ist detestabel, aber nach dem, was man mir erzählt, das Stück als Oper sehr gut gehalten. Da haben wir's: bedeutende Situationen in einer künstlichen Folge, und der Musikus kann sich Beifall erwerben! *An Zelter, 24. April 1831*

Der Text von Jouy zur Spontinischen Oper [Die Athenerinnen] ist wirklich bewundernswürdig. Ich hab' ihn [erst] einmal durchgelesen. Große Einsicht in das theatralisch Wirksame, glückliche erneute Benutzung solcher Situationen, denen man niemals ausweicht, mitten im Strome einer teils feierlichen, teils leidenschaftlichen Bewegung recht hübsche Ruhepunkte, wo sich gemütlicher Gesang ergehen kann, brausende, gut gruppierte und bewegte Finales.

An Zelter, 14. Februar 1832

ÜBER EIGENE LIBRETTI

Eine Tollheit hab ich erfunden, eine komische Oper ›Die Empfindsamen‹, so toll und grob als möglich.

An Charlotte von Stein, 12. September 1777

Die Operette [›Scherz, List und Rache‹] ist auch bald fertig; daran mache ich eine Arie oder ein Stück Dialog, wenn ich sonst gar zu nichts tauge.

An Charlotte von Stein, 14. August 1784

Die reine Opernform, welche vielleicht die günstigste aller dramatischen bleibt, war mir so eigen und geläufig geworden, daß ich manchen Gegenstand darin behandelte.

Tag- und Jahreshefte 1789

*

Über ›Jery und Bätely‹:

Den Charakter des Ganzen werden Sie nicht verkennen, leicht, gefällig, offen ist das Element, worin so viele andre Leidenschaften von der innigsten Rührung bis zum ausfahrendsten Zorn usw. abwechseln.

An Phil. Christ. Kayser, 20. Januar 1780

*

Über den Entwurf ›Die ungleichen Hausgenossen‹:

Ich habe schon wieder eine neue [Oper] zu sieben Personen angefangen, also tun Sie bald dazu, eh ich fortfahre. In dieser werde ich auch für die Rührung sorgen, welche die Darstellung der Zärtlichkeit so leicht erregt und wonach das gemeine Publikum so sehr sich sehnt. Es ist auch natürlich, jeder Laffe und Läffin sind einmal zärtlich gewesen, und an diesen Saiten ist leicht klimpern, um höhere Leidenschaften und Geist, Laune, Geschmack mitzuempfinden, muß man ihrer auch fähig sein, sie auch besitzen.

An Phil. Christ. Kayser, 23. Dezember 1785

*

Über ›Scherz, List und Rache‹:

Mein höchster Begriff vom Drama ist rastlose Handlung, ich dachte mir das Sujet, fing an und sah zu spät, daß es zum musikalischen Drama zu überdrängt war, ich sann auf Mittel und ließ es über ein halb Jahr liegen. Endlich endigt ich's, und so ist's nun.

Es ist ein Bravourstück, haben wir keine Akteure dafür, so mögen sie sich daran und dazu bilden.

Es ist wahr, der Sänger will physisch mehr Ruhe haben, zu laufen, zu springen, zu gestikulieren, sich zu balgen und zu singen, so etwas geht wohl in einem Final, aber durchaus fühl ich wohl ist's zu toll. Das nächste ist in allem Sinne sedater.

An Phil. Christ. Kayser, 23. Januar 1786

Meine arme angefangne Operette dauert mich, wie man ein Kind bedauern kann, das von einem Negerweib in der Sklaverei geboren werden soll. Unter diesem ehrnen Himmel! den ich sonst nicht schelte, denn es muß ja keine Operetten geben. Hätte ich nur vor zwanzig Jahren ge-

wußt, was ich weiß. Ich hätte mir wenigstens das Italienische so zugeeignet, daß ich fürs lyrische Theater hätte
arbeiten können, und ich hätte es gezwungen. Der gute
Kayser dauert mich nur, daß er seine Musik an diese barba-
rische Sprache verschwendet.

An Charlotte von Stein, 26. Januar 1786

Lassen Sie uns jetzt vor allen Dingen die erste Oper endigen, Sie sollen alsdenn einige Stücke und eine Übersicht
von der zweiten erhalten und auch nach Belieben sogleich
daran anfangen. Sodann bin ich bereit, auch zu einer ernsthaften Oper zu helfen, über deren Manier wir uns zum
voraus vergleichen müssen. Wir werden am besten tun,
dem Fußpfad des Metastas[42] zu folgen, ein erhabenes, rührendes Sujet zu wählen, nicht über sechs Personen zu steigen, weder allzu große Pracht noch Dekorationen zu verlangen, für Chöre zu sorgen und so weiter. Das alles wird
sich finden, wenn wir der Sache näher kommen und uns
durch die Opera buffa erst mit- und aneinander gebildet
haben.

An Phil. Christ. Kayser, 28. Februar 1786

Wer die kleine Oper ›Scherz, List und Rache‹ mit Nachdenken lesen mag, wird finden, daß dazu mehr Aufwand als
billig gemacht worden. Sie beschäftigte mich lange Zeit; ein
dunkler Begriff des Intermezzos verführte mich und zugleich die Lust, mit Sparsamkeit und Kargheit in einem
engen Kreise viel zu wirken. Dadurch häuften sich aber die
Musikstücke dergestalt, daß drei Personen sie nicht zu
leisten vermögen. Sodann hat der freche Betrug, wodurch
ein geiziger Pedant mystifiziert wird, für einen rechtlichen
Deutschen keinen Reiz, wenn Italiener und Franzosen sich
daran wohl ergötzen möchten; bei uns aber kann die Kunst
den Mangel des Gemüts nicht leicht entschuldigen.

Tag- und Jahreshefte 1786

Zum Libretto ›Der Großkophta‹:

Nun auch ein Wort von der neuen Oper. Ich habe nichts
weniger vor, als die famose Halsbandgeschichte des Kardinal Rohan zur Opera buffa zu machen, zu welchem Zweck
sie eigentlich geschehen zu sein scheint. Es sind fünf Personen.

Der Abbé stellt den Kardinal vor. Monsieur de Courville
die Madame la Motte. Ihre Nichte die Oliva. Der Ritter
einen jungen Menschen, der sein Glück machen will, und
der Conte di Rostro impudente den unverschämtesten aller
Scharlatane. Dabei kommt in verschiednen Szenen ein
Chor und manchmal einzelne, ein wenig mehr charakteri-
sierte Personen des Chors vor, um zur rechten Zeit den
Gesang vollstimmiger, aus einem Duett ein Quartett pp
machen zu können. Sie sollen am Mechanischen sehen, daß
ich in Italien etwas gelernt habe und daß ich nun besser
verstehe, die Poesie der Musik zu subordinieren.

An Phil. Christ. Kayser, 14. August 1787

*

Zu ›Claudine von Villa Bella‹:

Was ›Claudinen‹ betrifft, so fehlen dir einige Data, das
Stück ganz richtig zu beurteilen. Habe ich eine *fette Oper*
gemacht, so ist mein Zweck erreicht. Du bist eben ein
prosaischer Deutscher und meinst, ein Kunstwerk müsse
sich verschlingen lassen wie eine Auster. Weil du die Verse
nicht zu lesen verstehst, denkst du, es solle niemand in
Versen schreiben.

Wäre diese ›Claudine‹ komponiert und vorgestellt, wie
sie geschrieben ist, so solltest du anders reden. Was Musikus, Akteur, Dekorateur dazu tun müssen und was es
überhaupt heißt: ein solches Ganze von seiner Seite *anzu-*

legen, daß die übrigen mitarbeiten und mitwirken können, kann der *Leser* nicht hinzutun und glaubt doch immer, er müsse es können, weil es geschrieben oder gedruckt ist.

An seinen Diener Philipp Seidel,
Rom, 14. August 1787

*

. . . und wie denn, sobald ein bedeutender Stoff mir vor die Seele trat, ich denselben unwillkürlich zu gestalten aufgefordert wurde, so entwarf ich eine orientalische Oper und fing an sie zu bearbeiten. Sie wäre auch fertig geworden, da sie wirklich eine Zeitlang in mir lebte, hätte ich einen Musiker zur Seite und großes Publikum vor mir gehabt, um genötigt zu sein, den Fähigkeiten und Fertigkeiten des einen sowie dem Geschmack und den Forderungen des andern entgegen zu arbeiten. *Annalen 1816*

Nun will ich Sie gleich noch vor etwas warnen. Es werden die Komponisten kommen und eine Oper haben wollen; aber da sein Sie gleichfalls nur standhaft und lehnen Sie ab, denn das ist auch eine Sache, die zu nichts führt und womit man seine Zeit verdirbt. *Zu Eckermann, 9. Dezember 1824*

TEXT UND MUSIK IM MUSIKALISCHEN
THEATER

Doch kann eine Operette, wenn sie gut ist, niemals im Lesen genug tun; es muß die Musik erst dazu kommen, um den ganzen Begriff auszudrücken, den der Dichter sich vorstellte. *Italienische Reise, Rom, 10. Januar 1788*

Ihr müßt immer denken, daß diese Stücke gespielt und gesungen werden müssen, zum Lesen, auch zum bloßen

Aufführen hätte man sie viel besser machen können und müssen. *An Charlotte von Stein, 26. Januar 1788*

*

Zur Vertonung von ›Jery und Bätely‹:

Ich schicke Ihnen hier, lieber Kayser, eine Operette, die ich unterwegs für Sie gemacht habe. Es sind die allereinfachsten Umrisse, die Sie nunmehr mit Licht, Schatten und Farben herausheben müssen, wenn sie frappieren und gefallen sollen ... Nur eins muß ich noch vorläufig sagen: Ich bitte Sie, darauf achtzugeben, daß eigentlich dreierlei Arten von Gesängen drinne vorkommen.

Erstlich Lieder, von denen man supponiert, daß der Singende sie irgendwo auswendig gelernt und sie nun in ein und der andern Situation anbringt. Diese können und müssen eigne, bestimmte und runde Melodien haben, die auffallen und jedermann leicht behält.

Zweitens Arien, wo die Person die Empfindung des Augenblicks ausdrückt und, ganz in ihr verloren, aus dem Grunde des Herzens singt. Diese müssen einfach, wahr, rein vorgetragen werden, von der sanftesten bis zur heftigsten Empfindung. Melodie und Akkompagnement müssen sehr gewissenhaft behandelt werden.

Drittens kommt der rhythmische Dialog, dieser gibt der ganzen Sache die Bewegung, durch diesen kann der Komponist die Sache bald beschleunigen, bald wieder anhalten, ihn bald als Deklamation in zerrissnen Takten traktieren, bald ihn in einer rollenden Melodie sich geschwind fortbewegen lassen. Dieser muß eigentlich der Stellung, Handlung und Bewegung des Akteurs angemessen sein, und der Komponist muß diesen immerfort vor Augen haben, damit er ihm die Pantomime und Aktion nicht erschwere. Dieser Dialog, werden Sie finden, hat in meinem Stück fast einerlei

Silbenmaß, und wenn Sie so glücklich sind, ein Haupt-thema zu finden, das sich gut dazu schickt, so werden Sie wohl tun, solches immer wieder hervorkommen zu lassen und nur durch veränderte Modulation, durch Major und Minor, durch angehaltenes oder schneller fortgetriebenes Tempo die einzelnen Stellen zu nuancieren. Da gegen das Ende meines Stücks der Gesang anhaltend fortgehen soll, so werden Sie mich wohl verstehen, was ich sage, denn man muß sich alsdenn in acht nehmen, daß es nicht gar zu bunt wird. Der Dialog muß wie ein glatter goldner Ring sein, auf dem Arien und Lieder wie Edelgesteine aufsitzen.

An Phil. Christ. Kayser, 29. Dezember 1779

Das Akkompagnement rate ich Ihnen sehr mäßig zu hal-ten, nur in der Mäßigkeit ist der Reichtum, wer seine Sache versteht, tut mit zwei Violinen, Viole und Baß mehr als andre mit der ganzen Instrumentenkammer. Bedienen Sie sich der blasenden Instrumente als eines Gewürzes und einzeln; bei der Stelle die Flöte, bei einer das Fagott, dort Oboe, das bestimmt den Ausdruck, und man weiß, was man genießt, anstatt daß die meisten neuren Komponisten, wie die Köche bei den Speisen, einen Hautgout von allerlei anbringen, darüber Fisch wie Fleisch und das Gesottne wie das Gebratne schmeckt. *An Phil. Christ. Kayser, 20. Januar 1780*

*

Zur Vertonung von ›Erwin und Elmire‹:

Du wirst bald sehen, daß alles aufs Bedürfnis der lyrischen Bühne gerechnet ist, das ich erst hier zu studieren Gelegen-heit hatte: alle Personen in einer gewissen Folge, in einem gewissen Maß zu beschäftigen, daß jeder Sänger Ruh-punkte genug habe usw. Es sind hundert Dinge zu beob-achten, welchen der Italiener allen Sinn des Gedichts aufopfert, ich wünsche, daß es mir gelungen sein möge, jene musikalisch-theatralischen Erfordernisse durch ein Stückchen zu befriedigen, das nicht ganz unsinnig ist. Ich hatte noch die Rücksicht, daß sich beide Operetten[43] doch auch müssen lesen lassen, daß sie ihrem Nachbar ›Egmont‹ keine Schande machten. Ein italienisch Opernbüchelchen liest kein Mensch als am Abend der Vorstellung, und es in einen Band mit einem Trauerspiel zu bringen, würde hierzulande für ebenso unmöglich gehalten werden, als daß man Deutsch singen könne.

Bei ›Erwin‹ muß ich noch bemerken, daß du das trochäische Silbenmaß, besonders im zweiten Akt, öfter finden wirst; es ist nicht Zufall oder Gewohnheit, sondern aus italienischen Beispielen genommen. Dieses Silbenmaß ist zur Musik vorzüglich glücklich, und der Komponist kann es durch mehrere Takt- und Bewegungsarten dergestalt variieren, daß es der Zuhörer nie wieder erkennt. Wie überhaupt die Italiener auf glatte, einfache Silbenmaße und Rhythmen ausschließlich halten.

Italienische Reise, Rom, 10. Januar 1788

Aus der Schlußszene:

ERWIN *(zu ihren Füßen)*: Ich bin's.
ELMIRE *(an seinem Hals)*: Du bist's.
Die Musik wage es, die Gefühle dieser Pausen auszudrücken.

*

Zur Vertonung von ›Scherz, List und Rache‹:

Als ich das Stück schrieb, hatte ich nicht allein den engen Weimarischen Horizont im Auge, sondern den ganzen Deutschen, der doch noch beschränkt genug ist.

Die drei Rollen, wie sie stehen, verlangen gute, nicht außerordentliche Schauspieler, ebenso wollte ich, daß Sie den Gesang bearbeiten für gute, nicht außerordentliche Sänger . . .

Folgen Sie übrigens Ihrem Herzen und Gemüte. Gehen Sie der Poesie nach wie ein Waldwasser den Felsräumen, Ritzen, Vorsprüngen und Abfällen und machen die Kaskade erst lebendig.

Denken Sie sich alles als Pantomime, als Handlung, eben als wenn Sie ohne Worte mehr tun müßten, als Worte tun können.

Die Alten sagten: saltare comoediam[44]. Hier soll eigentlich saltatio[44] sein. Eine anhaltend gefällige, melodische Bewegung von Schalkheit zu Leidenschaft, von Leidenschaft zu Schalkheit. *An Phil. Christ. Kayser, 20. Juni 1785*

Wenn Sie bei dem Gleichnisse bleiben wollen: Die Zeichnung ist bestimmt, aber das ganze Helldunkel, insofern es nicht auch schon in der Zeichnung liegt, die Farbengebung bleibt dem Komponisten. Es ist wahr, er kann in die Breite nicht ausweichen, aber die Höhe bleibt ihm bis in den dritten Himmel, wie hoch haben Sie sich über den Gemeinplatz der Melodien und Melancholien, des Wasserfalls und der Nachtigall erhoben . . .

Ihre Erinnerungen wegen des Rhythmus kamen zur rechten Zeit. Ich will Ihnen auch darüber meine Geschichte erzählen.

Ich kenne die Gesetze wohl, und Sie werden sie meist bei gefälligen Arien, bei Duetts, wo die Personen übereinstimmen oder wenig voneinander in Gesinnungen und Handlungen abweichen, beobachtet finden. Ich weiß auch, daß die Italiener niemals vom eingeleiteten fließenden Rhythmus abweichen und daß vielleicht eben darum ihre Melodien so schöne Bewegungen haben. Allein ich bin als Dichter die ewigen Jamben, Trochäen und Daktylen mit ihren wenigen Maßen und Verschränkungen so müde geworden, daß ich mit Willen und Vorsatz davon abgewichen bin. Vorzüglich hat mich Gluckens Komposition dazu verleitet. Wenn ich unter seine Melodien statt eines französischen Textes einen deutschen unterlegte, so müßte ich den Rhythmus brechen, den der Franzose glaubte sehr fließend gemacht zu haben, Gluck aber hatte wegen der Zweifelhaftigkeit der französischen Quantität wirklich Längen und Kürzen nach Belieben verlegt und vorsätzlich ein andres Silbenmaß eingeleitet als das war, dem er nach dem Schlender hätte folgen sollen. Ferner waren mir seine Kompositionen der Klopstockischen Gedichte, die er in einen musikalischen Rhythmus gezaubert hatte, merkwürdig. Ich fing also an, den fließenden Gang der Arie, wo Leidenschaft eintrat, zu unterbrechen, oder vielmehr ich dachte ihn zu heben, zu verstärken, welches auch gewiß geschieht, wenn ich nur zu lesen, zu deklamieren brauche. Ebenso in Duetten, wo die Gesinnungen abweichen, wo Streit ist, wo nur vorübergehende Handlungen sind, den Parallelismus zu vernachlässigen oder vielmehr ihn mit Fleiß zu zerstören, und wie es geht, wenn man einmal auf einem Wege oder Abwege ist, man hält nicht immer Maß.

Noch mehr hat mich auf meinem Gange bestärkt, daß der Musikus selbst dadurch auf Schönheiten geleitet wird, wie der Bach die lieblichste Krümme durch einen entgegenstehenden Fels gewinnt. Und haben Sie nicht selbst Rezitativstellen auf eine unerwartet glückliche Weise in rhythmischen Gang gebracht? *An Phil. Christ. Kayser, 23. Januar 1786*

Goethes späteres Urteil über das Stück:

Unglücklicherweise litt es, nach frühern Mäßigkeitsprinzipien, an einer Stimmenmagerkeit; es stieg nicht weiter als bis zum Terzett, und man hätte zuletzt die Theriaksbüchsen des Doktors gern beleben mögen, um einen Chor zu gewinnen. Alles unser Bemühen daher, uns im Einfachen und Beschränkten abzuschließen, ging verloren, als Mozart auftrat. ›Die Entführung aus dem Serail‹ schlug alles nieder, und es ist auf dem Theater von unserm so sorgsam gearbeiteten Stück niemals die Rede gewesen. *Italienische Reise III*

*

Über die Umarbeitung von ›Claudine von Villa Bella‹ vom ›Schauspiel mit Gesang‹ zur komischen Oper:

Da ich nun die Bedürfnisse des lyrischen Theaters genauer kenne, habe ich gesucht, durch manche Aufopferungen dem Komponisten und Akteur entgegen zu arbeiten. Das Zeug, worauf gestickt werden soll, muß weite Fäden haben, und zu einer komischen Oper muß es absolut wie Marli[45] gewoben sein. Doch hab' ich bei dieser, wie bei ›Erwin‹, auch fürs Lesen gesorgt. Genug, ich habe getan, was ich konnte. *Italienische Reise, Rom, 6. Februar 1788*

*

Was Sie mir Freundliches über »Reinald« [Goethes Kantate ›Rinaldo‹] sagen, ist mir nicht allein sehr angenehm, sondern es soll auch, hoffe ich, fruchtbar werden, indem Sie mich zum Bewußtsein erheben dessen, was ich aus Natur und Trieb besonders für Theatermusik getan habe und tun möchte. Wenn Sie sagen: »*Alles ist frei und leicht angedeutet, die Worte sind nicht vorgreifend, und der Musikus hat es wirklich mit der Sache selber zu tun«,* so geben Sie mir das größte Lob, das ich zu erlangen wünschte; denn ich halte davor, der Dichter soll seine Umrisse auf ein weitläuftig gewobenes Zeug aufreißen, damit der Musikus vollkommenen Raum habe, seine Stickerei mit großer Freiheit und mit starken oder feinen Fäden, wie es ihm gut dünkt, auszuführen. Der Operntext soll ein Karton sein, kein fertiges Bild.

An Zelter, 19. Mai 1812

Über die Vertonung seines Melodrams ›Proserpina‹ durch den Weimarer Komponisten Karl Eberwein:

Nunmehr aber ist es Zeit, der *Musik* zu gedenken, welche hier ganz eigentlich als der See anzusehen ist, worauf jener künstlerisch ausgeschmückte Nachen getragen wird, als die günstige Luft, welche die Segel gelind, aber genugsam erfüllt und der steuernden Schifferin bei allen Bewegungen nach jeder Richtung willig gehorcht.

Die Symphonie eröffnet eben diesen weiten musikalischen Raum, und die nahen und fernen Begrenzungen desselben sind lieblich ahnungsvoll ausgeschmückt. Die melodramatische Behandlung hat das große Verdienst, mit weiser Sparsamkeit ausgeführt zu sein, indem sie der Schauspielerin gerade so viel Zeit gewährt, um die Gebärden der mannigfaltigen Übergänge bedeutend auszudrücken, die Rede jedoch im schicklichen Moment ohne Aufenthalt wieder zu ergreifen, wodurch der eigentlich mimisch-tanzartige Teil mit dem poetisch-rhetorischen verschmolzen und einer durch den andern gesteigert wird.

Eine geforderte und um desto willkommenere Wirkung tut das Chor[5] der Parzen, welches mit Gesang eintritt und das ganze rezitativartig gehaltne Melodram rhythmisch-melodisch abrundet: denn es ist nicht zu leugnen, daß die melodramatische Behandlung sich zuletzt in Gesang auflösen und dadurch erst volle Befriedigung gewähren muß.

Aus Goethes Rezension der Weimarer Aufführung im Mai 1815

VI. ÜBER BEDEUTENDE MUSIK

> Musik . . . die ganze Fülle der schönsten
> Offenbarung Gottes
> *An Zelter, 24. August 1823*

GEORG FRIEDRICH HÄNDEL[46]
›DER MESSIAS‹

Goethe hatte Händels Oratorium schon 1780, 1781 und 1811 gehört. 1824 las er in dem damals von Friedrich Rochlitz herausgegebenen Buch ›Für Freunde der Tonkunst‹ eine Deutung des ›Messias‹, zu der er bemerkte:

. . . sie erregte in mir die unwiderstehliche Sehnsucht, von dem Werke, das mich früher an die ernsteste Tonkunst herangeführt, so viel abermals zu vernehmen, daß die alten halb verklungenen Gefühle sich wieder entwickelten und die jugendlichen Genüsse in Geist und Seele sich nochmals erneuerten.

Dazu gelange ich denn jetzt unter der Anleitung eines wackern Musikdirektors, durch Teilnahme von Tonkünstlern und Liebhabern. Ich folge nunmehr dem Gange des unschätzbaren Werkes nach vorliegender Anleitung, man schreitet vor, man wiederholt; und so hoffe ich in einiger Zeit ganz wieder von Händelscher Geistesgewalt durchdrungen zu sein. *Aus Goethes Rezension 1824*

Auf wunderbare Weise bin ich wieder an Händel herangezogen worden; Rochlitzens Entwicklung des ›Messias‹, in seinem ersten Bande: ›Für Freunde der Tonkunst‹, Seite 227, hat mich an die Händel-Mozartische Partitur getrieben, wo ich freilich nur die rhythmischen Motive herauslesen kann; nächstens denk' ich mich durch Eberweins Vortrag auch den harmonischen zu nähern. Dieses wäre freilich eine Sache für unser Zusammensein gewesen.

An Zelter, 8. März 1824

Ew. Wohlgeboren haben durch Ihre wahrhaft liebenswürdige Sendung ganz eigentlich meinem Hause Segen gebracht. Ihre herzlich eindringende Darstellung des ›Mes-

sias‹ erregte den unwiderstehlichen Wunsch, die alten verklungenen Gefühle in mir zu erneuern und nun, unter
Anleitung des wackern Eberweins, durch freundliche Teilnahme von Künstlern und Liebhabern, vernehme [ich]
soviel von dem köstlichen Werk, daß ich aufs neue darüber
entzückt sein und Ihnen für diesen Genuß aufs verbindlich-
ste danken muß. *An Friedrich Rochlitz, 2. April 1824*

Abends hatte ich bei Goethe einen musikalischen Kunst-
genuß bedeutender Art, indem ich den ›Messias‹ von Händel teilweise vortragen hörte, wozu einige treffliche Sänger
sich unter Eberweins Leitung vereinigt hatten. Auch Gräfin Caroline von Egloffstein, Fräulein von Froriep sowie
Frau von Pogwisch und Frau von Goethe hatten sich den
Sängerinnen angeschlossen und wirkten dadurch zur Erfüllung eines lange gehegten Wunsches von Goethe auf das
freundlichste mit.

Goethe, in einiger Ferne sitzend, im Zuhören vertieft,
verlebte einen glücklichen Abend, voll Bewunderung des
großartigen Werkes. *Bericht Eckermanns vom 14. April 1824*

Mein ›Messias‹, zwar nicht im Strickbeutel[47], aber doch in
der Nuß, bringt mir auch Gewinn; der Begriff wenigstens
wird lebendig, und da ist für unsereinen schon viel geschehen. Dem Gedanken, daß es eine Sammlung sei, ein Zusam-
menstellen aus einem reichen Vorrat von Einzelheiten, bin
ich nicht abgeneigt: denn es ist im Grunde ganz einerlei, ob
sich die Einheit am Anfang oder am Ende bildet, der Geist
ist es immer, der sie hervorbringt, und im christlich-
altneutestamentlichen Sinne lag sie ohnehin.

An Zelter, 28. April 1824

JOHANN SEBASTIAN BACH

An Bach, dessen Werk bald nach seinem Tode in Vergessenheit geraten war, hat sich Goethe auf eine sehr eigenständige und ihm originale Weise herangearbeitet. Wichtige Vermittler waren dabei der Organist Johann Heinrich Friedrich Schütz in Bad Berka bei Weimar sowie Carl Friedrich Zelter und Felix Mendelssohn Bartholdy.

Bei dieser Gelegenheit muß ich erzählen, daß ich, um die Gedichte zum Aufzug zu schreiben, drei Wochen anhaltend in Berka zubrachte, da mir denn der Inspektor [Schütz] täglich drei bis vier Stunden vorspielte und zwar, auf mein Ersuchen, nach historischer Reihe: von Sebastian Bach bis zu Beethoven, durch Philipp Emanuel, Händel, Mozart, Haydn durch, auch Dussek und dergleichen mehr. Zugleich studierte [ich] Marpergers[48] ›vollkommenen Kapellmeister‹ und mußte lächeln, indem ich mich belehrte. Wie war doch jene Zeit so ernst und tüchtig, und wie fühlte nicht ein solcher Mann die Fesseln der Philisterei, in denen er gefangen war.

Nun habe ich das ›Wohltemperierte Klavier‹ sowie die Bachischen Choräle gekauft und dem Inspektor zum Weihnachten verehrt, womit er mich denn bei seinen hiesigen Besuchen erquicken und, wenn ich wieder zu ihm ziehe, auferbauen wird.

In das Choralwesen möchte ich mich an deiner Hand freilich gern versenken, in diesen Abgrund, worin man sich allein nicht zu helfen weiß; die alten Intonationen und musikalischen Grundbewegungen immerfort auf neue Lieder angewendet und durch jüngere Organisten einer neueren Zeit angeähnelt, die alten Texte verdrängt, weniger bedeutende untergeschoben u.s.w. – Wie anders klingt das proskribierte Lied: ›Wie schön leuchtet der Morgenstern!‹ als das kastigierte, das man jetzt auf dieselbe Melodie singt;

und doch würde das echte älteste, wahrscheinlich lateinische, noch passender und gehöriger sein. Du siehst, daß ich
wieder an der Grenze deines Reiches herumschnopere, daraus kann aber nichts werden bei meiner Fischumgebung.
Dies ist aber nicht der einzige Punkt, worüber man muß
verzweifeln lernen. *An Zelter, 4. Januar 1819*

Denn aus Geringem wächst das Tüchtige,
Dem Hälmchen gleich, das sich zur Sonne kehrt.
Es sondert sich wie Spreu das Nichtige;
Das Korn des Geists allein hat Erntewert.
Widmung Goethes in einem Exemplar des ›Wohltemperierten Klaviers‹

Laß mich hören, laß mich fühlen,
Was der Klang zum Herzen spricht;
In des Lebens nun so kühlen
Tagen spende Wärme, Licht.

Immer ist der Sinn empfänglich,
Wenn sich Neues, Großes beut,
Das ureigen, unvergänglich,
Keines Krittlers Tadel scheut.

Das aus Tiefen sich lebendig
Zu dem Geisterchor gesellt
Und uns zwanglos und selbständig
Auferbauet eine Welt.

Tritt der Jünger vor den Meister,
Sei's zu löblichem Gewinn,
Denn die Nähe reiner Geister
Geistigt aufgeschlossnen Sinn.
Widmung Goethes in einem Band ›Bachischer Choräle‹

Nach Tische spielte Schütz einige Fugen von Sebastian Bach, an denen Goethe großes Gefallen fand und sie mit illuminierten mathematischen Aufgaben verglich, deren Themata so einfach wären und doch so großartige poetische Resultate hervorbrächten.

Tagebuch des Weimarer Sängers Eduard Genast, 6. Juni 1814

Wohl erinnerte ich mich bei dieser Gelegenheit an den guten Organisten von Berka; denn dort war mir zuerst, bei vollkommener Gemütsruhe und ohne äußere Zerstreuung, ein Begriff von eurem Großmeister geworden. Ich sprach mir's aus: als wenn die ewige Harmonie sich mit sich selbst unterhielte, wie sich's etwa in Gottes Busen, kurz vor der Weltschöpfung, möchte zugetragen haben, so bewegte sich's auch in meinem Innern, und es war mir, als wenn ich weder Ohren, am wenigsten Augen und weiter keine übrigen Sinne besäße noch brauchte.

Sobald die Musik den ersten kräftigen Schritt tut, um nach außen zu wirken, so regt sie den uns angeborenen Rhythmus gewaltig auf, Schritt und Tanz, Gesang und Jauchzen; nach und nach verläuft sie sich ins Transoxanische (vulgo Janitscharmusik) oder ins Jodeln, ins Liebelocken der Vögel.

Nun tritt aber eine höhere Kultur ein, die reine Kantilene schmeichelt und entzückt; nach und nach entwickelt sich der harmonische Chor, und so strebt das entfaltete Ganze wieder nach seinem göttlichen Ursprung zurück.

An Zelter, 21. Juni 1827

*

Am 11. März 1829 wurde in Berlin unter der Leitung von Felix Mendelssohn Bartholdy nach fast einem Jahrhundert Bachs ›Matthäus-Passion‹ wieder aufgeführt. Das war ein Höhepunkt in der Bachrenaissance des 19. Jahrhunderts, an der auch Zelter Anteil hatte.

Deine letzten Briefe, mein Teuerster, in Ernst und Spaß, haben mir zu guter Stunde wohlgetan. Der neueste, die Nachricht der glücklichen Aufführung des großen älteren Musikstücks [Bachs Matthäus-Passion] enthaltend, macht mich denken. Es ist mir, als wenn ich von ferne das Meer brausen hörte. Dabei wünsch ich Glück zu so vollendetem Gelingen des fast Undarstellbaren. In dem Innern des Kenners und Mitgenossen solcher Kunst mag es bei dem Anhören von dergleichen Werken vorgehen, was mit mir in diesen Tagen geschah, da ich die Verlassenschaft des Mantegna[49] wieder vor Augen stellte. Es ist schon die ganze Kunst, das Mögliche und Unmögliche derselben, vollkommen lebendig und doch noch nicht entwickelt; wäre sie es aber, so würde sie das nicht sein, was sie hier ist, nicht so ehrwürdig, nicht so reich an Grund und Hoffnung. Was du an Felix [Mendelssohn] erlebst, gönn ich dir von Herzen; mir ist es unter meinen vielen Schülern kaum mit wenigen so wohl geworden.   *An Zelter, 28. März 1829*

*

Berichte Dritter über die Wirkung von Stücken, die Randerscheinungen in Bachs Werk sind, auf Goethe:

Goethe arbeitete eben an seinem ›Epimenides‹ und ließ zum Behuf seines gegenständlichen und anschaulichen Dichtens, das zur Anfertigung eines opernartigen Dramas des musikalischen Elements bedurfte, von dem dortigen ausgezeichneten Pianisten und Organisten, dem Badeinspektor Schütz, sich mehrere Musikstücke, meist Bachsche Sonaten vortragen, die er mit ganz besonderem Ausdruck und ungemeiner Fertigkeit wiederzugeben verstand. Unter denselben war auch eine, die wir nur mit dem Namen ›Das Trompeterstückchen‹ bezeichneten und deren eigentliche Benennung ich nicht näher anzugeben weiß. Genug, es war eine wunderbare, die Imagination ansprechende einfache Melodie, eine Fanfare, die aber durch Variationen so ins Weite, ja Endlose getrieben wurde, daß man den Trompeter nicht nur bald nah, bald fern zu hören, sondern ihn auch ins Feld reitend, bald auf einer Anhöhe haltend, bald nach allen vier Weltgegenden sich wendend und dann wieder umkehrend zu sehen glaubte und sich wirklich Sinn und Gemüt nicht ersättigen konnte.[50]

Mitgeteilt von Friedr. Wilh. Riemer, Bad Berka, Juni 1814

Über die Ouvertüre von Seb. Bach aus D-dur mit den Trompeten, die ich ihm auf dem Klavier spielte, so gut ich konnte und wußte, hatte er eine große Freude; im Anfange gehe es so pompös und vornehm zu, man sehe ordentlich die Reihe geputzter Leute, die von einer großen Treppe herunterstiegen.

Felix Mendelssohn Bartholdy an Zelter, 22. Juni 1830

WOLFGANG AMADEUS MOZART

Über ›Die Entführung aus dem Serail‹:

Neulich ward die ›Entführung aus dem Serail‹, komponiert von Mozart, gegeben. Jedermann erklärte sich für die Musik. Das erstemal spielten sie es mittelmäßig, der Text selbst ist sehr schlecht, und auch die Musik wollte mir nicht ein. Das zweitemal wurde es schlecht gespielt, und ich ging gar heraus. Doch das Stück erhielt sich, und jedermann lobte die Musik. Als sie es zum fünftenmal gaben, ging ich wieder hinein. Sie agierten und sangen besser als jemals, ich abstrahierte vom Text und begreife nun die Differenz meines Urteils und des Eindrucks aufs Publikum und weiß, woran ich bin.

An Phil. Christ. Kayser, 22. Dezember 1785

*Bald darauf, in Italien, arbeitete Goethe zusammen mit Ph. Chr.
Kayser intensiv an der Realisierung seiner Operettenpläne, zu denen
auch die Vertonung seines Librettos ›Scherz, List und Rache‹
gehörte. Sein späteres Urteil über die gemeinsamen Bemühungen:*

Alles unser Bemühen daher, uns im Einfachen und Beschränkten abzuschließen, ging verloren, als Mozart auftrat. Die ›Entführung aus dem Serail‹ schlug alles nieder,
und es ist auf dem Theater von unserm so sorgsam gearbeiteten Stück niemals die Rede gewesen.

Italienische Reise, November 1787

*

Über ›Don Giovanni‹:

Ich hatte immer ein gewisses Vertrauen zur Oper, daß aus
ihr wie aus den Chören des alten Bacchusfestes das Trauerspiel in einer edlern Gestalt sich loswickeln sollte. In der
Oper erläßt man wirklich jene servile Naturnachahmung
und, obgleich nur unter dem Namen von Indulgenz,
könnte sich auf diesem Wege das Ideale auf das Theater
stehlen. Die Oper stimmt durch die Macht der Musik und
durch eine freiere harmonische Reizung der Sinnlichkeit
das Gemüt zu einer schönern Empfängnis, hier ist wirklich
auch im Pathos selbst ein freieres Spiel, weil die Musik es
begleitet, und das Wunderbare, welches hier einmal geduld-
det wird, müßte notwendig gegen den Stoff gleichgültiger
machen.   *Schiller an Goethe, 29. Dezember 1797*

Darauf antwortete Goethe:

Ihre Hoffnung, die Sie von der Oper hatten, würden Sie
neulich in ›Don Juan‹ auf einen hohen Grad erfüllt gesehen
haben, dafür steht aber auch dieses Stück ganz isoliert und

durch Mozarts Tod ist alle Aussicht auf etwas Ähnliches vereitelt. *Goethe an Schiller, 30. Dezember 1797*

Einst zitierte Schopenhauer mir das Urteil Goethes über den ›Don Juan‹ mit großem Wohlgefallen, wonach es im ›Don Juan‹ nur auf der Oberfläche lustig zugehe, in der Tiefe aber der Ernst walte, und die Musik eben diesen doppelten Charakter vortrefflich ausdrücke. *1814*

Doch, sagte ich [Eckermann], gebe ich die Hoffnung nicht auf, zum Faust eine passende Musik kommen zu sehen.

»Es ist ganz unmöglich«, sagte Goethe. »Das Abstoßende, Widerwärtige, Furchtbare, was sie stellenweise enthalten müßte, ist der Zeit zuwider. Die Musik müßte im Charakter des ›Don Juan‹ sein; Mozart hätte den Faust komponieren müssen. Meyerbeer wäre vielleicht dazu fähig, allein der wird sich auf so etwas nicht einlassen; er ist zu sehr mit italienischen Theatern verflochten.«

Gespräch mit Eckermann, 12. Februar 1829

»Ebenso ungehörig«, fuhr Goethe fort, »gebrauchen die Franzosen, wenn sie von Erzeugnissen der Natur reden, den Ausdruck Komposition. Ich kann aber wohl die einzelnen Teile einer stückweise gemachten Maschine zusammensetzen und bei einem solchen Gegenstande von Komposition reden, aber nicht, wenn ich die einzelnen lebendig sich bildenden und von einer gemeinsamen Seele durchdrungenen Teile eines organischen Ganzen im Sinne habe.«

Es will mir sogar scheinen, versetzte ich, als ob der Ausdruck Komposition auch bei echten Erzeugnissen der Kunst und Poesie ungehörig und herabwürdigend wäre.

»Es ist ein ganz niederträchtiges Wort«, erwiderte Goethe, »das wir den Franzosen zu danken haben und das wir so bald wie möglich wieder loszuwerden suchen sollten. Wie kann man sagen, Mozart habe seinen Don Juan komponiert! – Komposition! – Als ob es ein Stück Kuchen oder Biskuit wäre, das man aus Eiern, Mehl und Zucker zusammenrührt! – Eine geistige Schöpfung ist es, das Einzelne wie das Ganze aus einem Geiste und Guß und von dem Hauche eines Lebens durchdrungen, wobei der Produzierende keineswegs versuchte und stückelte und nach Willkür verfuhr, sondern wobei der dämonische Geist seines Genies ihn in der Gewalt hatte, so daß er ausführen mußte, was jener gebot.«   *Gespräch mit Eckermann, 27. Juni 1831*

*

Über ›Die Zauberflöte‹:

»Wenn Sie zu der Fortsetzung der ›Zauberflöte‹ keinen recht geschickten und beliebten Komponisten haben, so setzen Sie sich, fürcht ich, in Gefahr, ein undankbares Publikum zu finden, denn bei der Repräsentation selbst rettet kein Text die Oper, wenn die Musik nicht gelungen ist, vielmehr läßt man die Poeten die verfehlte Wirkung mit entgelten.« Trotz dieser Warnung Schillers beharrte Goethe auf seinem Plan einer Fortsetzung von Mozarts ›Zauberflöte‹, die er nach jahrelanger Beschäftigung mit dem Stoff bis in den Anfang des 2. Aktes hinein ausführte. Den Komponisten Paul Wranitzki, Musikdirektor der beiden Wiener Hoftheater, hoffte Goethe zur Vertonung seiner ›Zauberflöte zweiter Teil‹ zu gewinnen – vergebens.

Aus beiliegendem Aufsatz werden Sie sehen, was von dem Texte der Oper, wonach Sie sich erkundigen, erwartet werden kann. Ich wünsche bald Nachricht von Ihnen zu hören, ob der Theaterdirektion meine Bedingungen angenehm sind? Da ich denn bald Anstalt machen würde, meine Arbeit zu vollenden. Es sollte mir sehr angenehm sein, dadurch mit einem so geschickten Manne in Konnexion zu kommen. Ich habe gesucht, für den Komponisten das weiteste Feld zu eröffnen und von der höchsten Empfindung bis zum leichtesten Scherz mich durch alle Dichtungsarten durchzuwinden.

Der große Beifall, den die ›Zauberflöte‹ erhielt, und die Schwierigkeit, ein Stück zu schreiben, das mit ihr wetteifern könnte, hat mich auf den Gedanken gebracht, aus ihr selbst die Motive zu einer neuen Arbeit zu nehmen, um sowohl dem Publiko auf dem Wege seiner Liebhaberei zu begegnen als auch den Schauspielern und Theaterdirektionen die Aufführung eines neuen und komplizierten Stücks zu erleichtern. Ich glaubte meine Absicht am besten erreichen zu können, indem ich einen zweiten Teil der ›Zauberflöte‹ schriebe, die Personen sind alle bekannt, die Schauspieler auf diese Charaktere geübt, und man kann ohne Übertreibung, da man das erste Stück schon vor sich hat, die Situationen und Verhältnisse steigern und einem solchen Stücke viel Leben und Interesse geben. Inwiefern ich meine Absicht erreicht habe, muß die Wirkung zeigen.

Damit dieses Stück sogleich durch ganz Deutschland ausgebreitet werden könnte, habe ich es so eingerichtet, daß die Dekorationen und Kleider der ersten ›Zauberflöte‹ beinahe hinreichen, um auch den zweiten Teil zu geben. Wollte eine Direktion mehr darauf verwenden und ganz neue dazu anschaffen, so würde der Effekt noch größer sein, ob ich gleich wünsche, daß, selbst durch die Dekorationen, die Erinnerung an die erste ›Zauberflöte‹ immer angefesselt bliebe. *An Paul Wranitzki, 24. Januar 1796*

Es war nicht uninteressant, mich einige Tage mit der ›Zauberflöte‹ abzugeben und die Arbeit, die ich vor drei Jahren angefangen hatte, wieder aufzunehmen und durchzukneten. Da ich nur handelnd denken kann, so habe ich dabei wieder recht artige Erfahrungen gemacht, die sich sowohl auf mein Subjekt als aufs Drama überhaupt, auf die Oper besonders und am besondersten auf das Stück beziehen. Es kann nicht schaden, es endlich auch in Zeiten mittlerer Stimmung durchzuführen.

An Schiller, 12. Mai 1790

Wir sprachen sodann über den Text der ›Zauberflöte‹, wovon Goethe die Fortsetzung gemacht, aber noch keinen Komponisten gefunden hat, um den Gegenstand gehörig zu behandeln. Er gibt zu, daß der bekannte erste Teil voller Unwahrscheinlichkeiten und Späße sei, die nicht jeder zurechtzulegen und zu würdigen wisse; aber man müsse doch auf alle Fälle dem Autor zugestehen, daß er im hohen Grade die Kunst verstanden habe, durch Kontraste zu wirken und große theatralische Effekte herbeizuführen.

Gespräch mit Eckermann, 13. April 1823

Es steckt ein ganzes Altertum darin [in ›Faust‹ II], sagte ich. »Ja«, sagte Goethe, »die Philologen werden daran zu tun finden.« – Für den antiken Teil, sagte ich, fürchte ich nicht, denn es ist da das große Detail, die gründlichste Entfaltung des Einzelnen, wo jedes geradezu das sagt, was es sagen soll. Allein der moderne, romantische Teil ist sehr schwer, denn eine halbe Weltgeschichte steckt dahinter, die Behandlung ist bei so großem Stoff nur andeutend und macht sehr große Ansprüche an den Leser. »Aber doch«, sagte Goethe, »ist alles sinnlich und wird, auf dem Theater gedacht, jedem gut in die Augen fallen. Und mehr habe ich nicht gewollt. Wenn es nur so ist, daß die Menge der Zuschauer Freude an der Erscheinung hat; dem Eingeweihten wird zugleich der höhere Sinn nicht entgehen, wie es ja auch bei der ›Zauberflöte‹ und andern Dingen der Fall ist.«

Gespräch mit Eckermann, 29. Januar 1827

*

Das, was den Künstler groß und eigentümlich macht, kann er nur aus sich selbst schaffen. Welchen Lehrern danken denn Raffael, Michelangelo, Haydn, Mozart und alle ausgezeichneten Meister ihre unsterblichen Schöpfungen? *Zu Christian Lobe, November 1821*

».. . man braucht nicht bloß Gedichte und Schauspiele zu machen, um produktiv zu sein, es gibt auch eine Produktivität der Taten, und die in manchen Fällen noch um ein Bedeutendes höher steht. – Selbst der Arzt muß produktiv sein, wenn er wahrhaft heilen will; ist er es nicht, so wird ihm nur hin und wieder wie durch Zufall etwas gelingen, im ganzen aber wird er nur Pfuscherei machen.«

Sie scheinen, versetzte ich, in diesem Fall Produktivität zu nennen, was man sonst Genie nannte.

»Beides sind auch sehr nahe liegende Dinge«, erwiderte Goethe. »Denn was ist Genie anders als jene produktive Kraft, wodurch Taten entstehen, die vor Gott und der Natur sich zeigen können und die eben deswegen Folge haben und von Dauer sind. Alle Werke Mozarts sind dieser Art; es liegt in ihnen eine zeugende Kraft, die von Geschlecht zu Geschlecht fortwirket und sobald nicht erschöpft und verzehrt sein dürfte . . . Jeder außerordentliche Mensch hat eine gewisse Sendung, die er zu vollführen berufen ist. Hat er sie vollbracht, so ist er auf Erden in dieser Gestalt nicht weiter vonnöten, und die Vorsehung verwendet ihn wieder zu etwas anderem. Da aber hienieden alles auf natürlichem Wege geschieht, so stellen ihm die Dämonen ein Bein nach dem andern, bis er zuletzt unterliegt. So ging es Napoleon und vielen anderen. Mozart starb in seinem sechsunddreißigsten Jahre, Raffael in fast gleichem Alter, Byron nur um weniges älter. Alle aber hatten ihre Mission auf das vollkommenste erfüllt, und es war wohl Zeit, daß sie gingen, damit auch anderen Leuten in dieser auf eine lange Dauer berechneten Welt noch etwas zu tun übrig bliebe.«   *Gespräch mit Eckermann, 11. März 1828*

Meine Sachen können nicht popular werden; wer daran denkt und dafür strebt, ist in einem Irrtum. Sie sind nicht für die Masse geschrieben, sondern nur für einzelne Menschen, die etwas Ähnliches wollen und suchen und die in ähnlichen Richtungen begriffen sind.

... Und, recht besehen, ist es nicht mit allen außerordentlichen Dingen so? Ist denn Mozart popular? Und ist es denn Raffael? – Und verhält sich nicht die Welt gegen so große Quellen überschwenglichen geistigen Lebens überall nur wie Naschende, die froh sind, hin und wieder ein Weniges zu erhaschen, das ihnen eine Weile eine höhere Nahrung gewähre?   *Gespräch mit Eckermann, 11. Oktober 1828*

»Wenn man alt ist«, sagte er, »denkt man über die weltlichen Dinge anders, als da man jung war. So kann ich mich des Gedankens nicht erwehren, daß die Dämonen, um die Menschheit zu necken und zum besten zu haben, mitunter einzelne Figuren hinstellen, die so anlockend sind, daß jeder nach ihnen strebt, und so groß, daß niemand sie erreicht. So stellten sie den Raffael hin, bei dem Denken und Tun gleich vollkommen war; einzelne treffliche Nachkommen haben sich ihm genähert, aber erreicht hat ihn niemand. So stellten sie den Mozart hin als etwas Unerreichbares in der Musik. Und so in der Poesie Shakespeare. Ich weiß, was Sie mir gegen diesen sagen können, aber ich meine nur das Naturell, das große Angeborene der Natur.«
        Gespräch mit Eckermann, 6. Dezember 1829

Merkwürdig ist, sagte ich, daß sich von allen Talenten das musikalische am frühesten zeigt, so daß Mozart in seinem fünften, Beethoven in seinem achten und Hummel in seinem neunten Jahre schon die nächste Umgebung durch Spiel und Kompositionen in Erstaunen setzten.

»Das musikalische Talent«, sagte Goethe, »kann sich wohl am frühesten zeigen, indem die Musik ganz etwas Angeborenes, Inneres ist, das von außen keiner großen Nahrung und keiner aus dem Leben gezogenen Erfahrung bedarf. Aber freilich, eine Erscheinung wie Mozart bleibt immer ein Wunder, das nicht weiter zu erklären ist. Doch wie wollte die Gottheit überall Wunder zu tun Gelegenheit finden, wenn sie es nicht zuweilen in außerordentlichen Individuen versuchte, die wir anstaunen und nicht begreifen, woher sie kommen.«

Gespräch mit Eckermann, 14. Februar 1831

»Wenn man die Leute reden hört«, sagte Goethe, »so sollte man fast glauben, sie seien der Meinung, Gott habe sich seit jener alten Zeit ganz in die Stille zurückgezogen, und der Mensch wäre jetzt ganz auf eigene Füße gestellt und müsse sehen, wie er ohne Gott und sein tägliches unsichtbares Anhauchen zurechtkomme. In religiösen und moralischen Dingen gibt man noch allenfalls eine göttliche Einwirkung zu, allein in Dingen der Wissenschaft und Künste glaubt man, es sei lauter Irdisches und nichts weiter als ein Produkt rein menschlicher Kräfte.

Versuche es aber doch nur einer und bringe mit menschlichem Wollen und menschlichen Kräften etwas hervor, das den Schöpfungen, die den Namen Mozart, Raffael oder Shakespeare tragen, sich an die Seite setzen lasse. Ich weiß recht wohl, daß diese drei Edlen keineswegs die einzigen sind und daß in allen Gebieten der Kunst eine Unzahl trefflicher Geister gewirkt hat, die vollkommen so Gutes hervorgebracht als jene Genannten. Allein, waren sie so groß als jene, so überragten sie die gewöhnliche Menschennatur in eben dem Verhältnis und waren ebenso gottbegabt als jene.

Und überall, was ist es und was soll es? – Gott hat sich nach den bekannten imaginierten sechs Schöpfungstagen keineswegs zur Ruhe begeben, vielmehr ist er noch fortwährend wirksam wie am ersten. Diese plumpe Welt aus einfachen Elementen zusammenzusetzen und sie jahraus jahrein in den Strahlen der Sonne rollen zu lassen, hätte ihm sicher wenig Spaß gemacht, wenn er nicht den Plan gehabt hätte, sich auf dieser materiellen Unterlage eine Pflanzschule für eine Welt von Geistern zu gründen. So ist er nun fortwährend in höheren Naturen wirksam, um die geringeren heranzuziehen.«

Goethe schwieg. Ich aber bewahrte seine großen und guten Worte in meinem Herzen.

Gespräch mit Eckermann, 11. März 1832

LUDWIG VAN BEETHOVEN

Die Beziehungen zwischen Goethe und Beethoven haben bis heute Schriftsteller und Wissenschaftler zu geistvollen Darstellungen herausgefordert. Sie sind für das Welt- und Musikverständnis der beiden höchst aufschlußreich und interessant. Von Goethes Seite liegen nur wenige authentische, dafür um so charakteristischere Aussagen über Beethoven vor. So im Brief des Kunsthistorikers Sulpiz Boisserée, der 1811 Goethes Gast war; zur gleichen Zeit war auch ein Freund Beethovens zu Besuch bei Goethe, der Baron Oliva aus Wien.

Nach Tisch wurde auf dem Flügel gespielt, ein Baron Oliva von Wien, Kapellmeister, wenn ich recht gehört, trug einiges vor, es war das kleine, höfliche Männchen von tags zuvor. In dem Musiksaal hingen Runges Arabesken oder symbolisch allegorische Darstellungen von Morgen, Mittag, Abend und Nacht. Goethe merkte, daß ich sie aufmerksam betrachtete, griff mich in den Arm und sagte: »Was, kennen Sie das noch nicht? Da sehen Sie einmal, was das für Zeug ist! Zum Rasendwerden, schön und toll zugleich.« Ich antwortete: »Ja, ganz wie die Beethovensche Musik, die der da spielt, wie unsere ganze Zeit.« »Freilich«, sagte er, »das will alles umfassen und verliert sich darüber immer ins Elementarische, doch noch mit unendlichen Schönheiten im einzelnen. Da sehen Sie nur, was für Teufelszeug, und hier wieder, was da der Kerl für Anmut und Herrlichkeit hervorgebracht, aber der arme Teufel hat's auch nicht ausgehalten, er ist schon hin, es ist nicht anders möglich, wer so auf der Kippe steht, muß sterben oder verrückt werden, da ist keine Gnade.« Ich schreibe Dir dieses Gespräch nur, um Dir die Vertraulichkeit und den schönen Eifer des alten Herrn zu schildern. Du kannst denken, daß es viel mannigfaltiger war und sehr vieles dabei wechselseitig zur Rede kam ... Mich zogen unterdessen die Jahreszeiten von Runge an, die ich noch nicht gesehen. Er trat zu mir und wir kamen gleich in das angelegentlichste Gespräch über das neue phantastische Wesen, über die alles zersprengende, ins Unendliche sich verlierende Sehnsucht und Unruhe in der Musik, in diesen malerischen Versuchen, in der Philosophie und in allem.

Sulpiz Boisserée an seinen Bruder, 4. Mai 1811

*

Aus dem Briefwechsel zwischen Goethe und Beethoven:

Ew. Exzellenz! Nur einen Augenblick Zeit gewährt mir die dringende Angelegenheit, indem sich ein Freund von mir, ein großer Verehrer von Ihnen (wie auch ich), von hier so schnell entfernt, Ihnen für die lange Zeit, daß ich Sie kenne (denn seit meiner Kindheit kenne ich Sie), zu danken. Das ist so wenig für so viel. – Bettina Brentano hat mich versichert, daß Sie mich gütig, ja sogar freundschaftlich aufnehmen würden. Wie könnte ich aber an solche Aufnahme denken, indem ich nur imstande bin, Ihnen mit der größten Ehrerbietung, mit einem unaussprechlichen tiefen Gefühl für Ihre herrlichen Schöpfungen zu nahen. Sie werden nächstens die Musik zu ›Egmont‹ von Leipzig durch Breitkopf und Härtel erhalten, diesen herrlichen ›Egmont‹, den ich, indem ich ihn ebenso warm, als ich ihn gelesen, wieder durch Sie gedacht, gefühlt und in Musik gegeben habe. Ich wünsche sehr, Ihr Urteil darüber zu wissen; auch der Tadel wird für mich und meine Kunst ersprießlich sein und so gern wie das größte Lob aufgenommen werden. Euer Exzellenz großer Verehrer Ludwig van Beethoven. *Beethoven an Goethe, 12. April 1811*

Ihr freundliches Schreiben, mein wertgeschätztester Herr, habe ich durch Herrn von Oliva zu meinem großen Vergnügen erhalten. Für die darin ausgedrückten Gesinnungen bin ich von Herzen dankbar und kann versichern, daß ich sie aufrichtig erwidre: denn ich habe niemals etwas von Ihren Arbeiten durch geschickte Künstler und Liebhaber vortragen hören, ohne daß ich gewünscht hätte, Sie selbst einmal am Klavier zu bewundern und mich an Ihrem außerordentlichen Talent zu ergötzen. Die gute Bettine Brentano verdient wohl die Teilnahme, welche Sie ihr bewiesen haben. Sie spricht mit Entzücken und der lebhaftesten Neigung von Ihnen und rechnet die Stunden, die sie mit Ihnen zugebracht, unter die glücklichsten ihres Lebens.

Die mir zugedachte Musik zu ›Egmont‹ werde ich wohl finden, wenn ich nach Hause komme, und bin schon im voraus dankbar: denn ich habe derselben bereits von mehrern rühmlich erwähnen hören und gedenke sie auf unserm Theater zu Begleitung des gedachten Stückes diesen Winter geben zu können, wodurch ich sowohl mir selbst als Ihren zahlreichen Verehrern in unserer Gegend einen großen Genuß zu bereiten hoffe. Am meisten aber wünsche ich Herrn von Oliva recht verstanden zu haben, der uns Hoffnung machte, daß Sie auf einer vorhabenden Reise Weimar wohl besuchen könnten. Möchte es doch zu einer Zeit geschehen, wo sowohl der Hof als das sämtliche musikliebende Publikum versammelt ist. Gewiß würden Sie eine Ihrer Verdienste und Gesinnungen würdige Aufnahme finden. Niemand aber kann dabei mehr interessiert sein als ich, der ich mit dem Wunsche recht wohl zu leben, mich Ihrem geneigten Andenken empfehle und für so vieles Gute, was mir durch Sie schon geworden, den aufrichtigsten Dank abstatte. *Goethe an Beethoven, Karlsbad, 25. Juni 1811*

*

Über seine Begegnung mit Beethoven in Teplitz/Böhmen 1812:

Zusammengefaßter, energischer, inniger habe ich noch keinen Künstler gesehen. Ich begreife recht gut, wie er gegen die Welt wunderlich stehn muß.

An Christiane von Goethe, 19. Juli 1812

Beethoven habe ich in Teplitz kennen gelernt. Sein Talent hat mich in Erstaunen gesetzt; allein er ist leider eine ganz ungebändigte Persönlichkeit, die zwar gar nicht unrecht hat, wenn sie die Welt detestabel findet, aber sie freilich dadurch weder für sich noch für andere genußreicher macht. Sehr zu entschuldigen ist er hingegen und sehr zu bedauern, da ihn sein Gehör verläßt, das vielleicht dem musikalischen Teil seines Wesens weniger als dem geselligen schadet. Er, der ohnehin lakonischer Natur ist, wird es nun doppelt durch diesen Mangel.

An Zelter, Karlsbad, 2. September 1812

. . . sprach er [Goethe] sich anerkennend und eingehend über die Kompositionen des Fürsten Radziwill aus, die ihm ja auch, und zwar vorzüglich die Chöre, von unserm gemeinschaftlichen Freunde Zelter als vorzüglich gelungen gerühmt worden seien. Nur damit erklärte er sich nicht einverstanden, daß der Komponist auch die Selbstgespräche Fausts, welche sich wohl ohne musikalische Beihilfe zur Geltung bringen würden, mit Musik ausgestattet habe, wodurch das Drama den zwitterhaften Charakter des Melodramas erhalte, welches weder Schauspiel noch Oper, nicht Fisch, nicht Fleisch sei . . .

Als von einer der anwesenden Damen bemerkt wurde, daß die Musik Beethovens zu Egmonts Monolog im Kerker und zur Erscheinung Klärchens als Traumbild von unbeschreiblich rührender Wirkung sei, sagte Goethe: »Nun, da möchte ich doch auf den bedeutenden Unterschied der Situation der beiden Szenen aufmerksam machen. Faust kehrt von dem Spaziergange zurück; in ernste Betrachtungen versenkt, verweist er den knurrenden Pudel, der ihn stört, zur Ruh und begibt sich dann daran, mit Sinnen und Nachdenken sich das Verständnis über die schwerste Stelle des Evangeliums zu erschließen. Dies alles scheint mir zur musikalischen Begleitung nicht geeignet. Da ist es doch etwas anderes, wenn Egmont den langentbehrten Schlaf herbeiwünscht.« Mit einem Ausdrucke tiefempfundenster Wehmut, die uns alle zu Tränen rührte, rezitierte Goethe die Worte: »Süßer Schlaf! Du kommst wie ein reines Glück, ungebeten, unerfleht, am willigsten. Du lösest die Knoten der strengen Gedanken, verwischest alle Bilder der Freude und des Schmerzes; ungehindert fließt der Kreis innerer Harmonien, und eingehüllt in gefälligen Wahnsinn versinken wir und hören auf zu sein. – Hier hab' ich ausdrücklich angegeben, daß Musik seinen Schlummer begleiten soll, sanft, während der Erscheinung des Traumbildes, das verschwindet, als die Trommeln der Wache ertönen, welche Egmont zum Blutgerüst begleiten soll. Hierbei ist allerdings die musikalische Begleitung angezeigt, und Beethoven ist mit bewundernswertem Genie in meine Intentionen eingegangen.«

Bericht von Friedrich Förster, 1821

*

Ihre Frömmigkeit in bezug auf Musik weiß ich zu ehren und gebe gerne zu, daß die Kompositionen von Liedern und sonst, genau besehen, oft nur ein qui pro quo geben; selten ist der Dichter durchdrungen, und man lernt dabei nur etwa den Kunstcharakter und die Stimmung des Komponisten kennen. Doch hab ich auch da manches Schätzenswerte gefunden, in dem man sich vielmal abgespiegelt sieht, zusammengezogen, erweitert, selten ganz rein. Beethoven hat darin Wunder getan . . .

An Marianne v. Willemer, 12. Juli 1821

*

An den Beethoven wollte er gar nicht heran; ich sagte ihm aber, ich könne ihm nicht helfen und spielte ihm nun das erste Stück der c-moll-Symphonie vor. Das berührte ihn ganz seltsam. Er sagte erst: »Das bewegt aber gar nichts, das macht nur staunen; das ist grandios!« Und dann brummte er so weiter und fing nach langer Zeit wieder an: »Das ist sehr groß, ganz toll! Man möchte sich fürchten, das Haus fiele ein. Und wenn das nun alle die Menschen zusammen spielen!« – Und bei Tische, mitten in einem anderen Gespräch, fing er wieder damit an.

Felix Mendelssohn Bartholdy, Mai 1830

VII. MUSIKTHEORETISCHES

. . . Hier treffen wir nun völlig zusammen, indem Sie aussprechen, der Grund des sogenannten Moll liegt innerhalb der Tonmonade selbst. Dies ist mir aus der Seele gesprochen . . . Dehnt sich die Tonmonade aus, so entspringt das Dur, zieht sie sich zusammen, so entsteht das Moll . . .

Meine Überzeugung ist diese: wie der Durton aus der Ausdehnung der Monade entsteht, so übt er eine gleiche Wirkung auf die menschliche Natur, er treibt sie ins Objekt, zur Tätigkeit, in die Weite, nach der Peripherie. Ebenso verhält es sich mit dem Mollton; da dieser aus der Zusammenziehung der Monade entspringt, so zieht er auch zusammen, konzentriert, treibt ins Subjekt und weiß dort die letzten Schlupfwinkel aufzufinden, in welchen sich die allerliebste Wehmut zu verstecken beliebt.

An Christian Heinrich Schlosser, 5. Mai 1815

»ALLE NEUERE MUSIK
WIRD AUF ZWEIERLEI WEISE
BEHANDELT«

Ein großer Teil des vorliegenden Gesprächs [des Dialogs ›Rameaus Neffe‹ von Diderot] handelt von Musik, und es ist nötig, hier einiges Allgemeine über diese Kunst zu sagen, damit jeder Lesende in den Stand gesetzt werde, die oft wunderlich genug geäußerten Meinungen einigermaßen zu beurteilen.

Alle neuere Musik wird auf zweierlei Weise behandelt, entweder daß man sie als eine selbständige Kunst betrachtet, sie in sich selbst ausbildet, ausübt und durch den verfeinerten äußeren Sinn genießt, wie es der Italiener zu tun pflegt, oder daß man sie in bezug auf Verstand, Empfindung, Leidenschaft setzt und sie dergestalt bearbeitet, daß sie mehrere menschliche Geistes- und Seelenkräfte in Anspruch nehmen könne, wie es die Weise der Franzosen, der Deutschen und aller Nordländer ist und bleiben wird.

Nur durch diese Betrachtung als durch einen doppelten ariadneischen Faden kann man sich aus der Geschichte der neuern Musik und aus dem Gewirr parteiischer Kämpfer heraushelfen, wenn man die beiden Arten da, wo sie getrennt erscheinen, wohl bemerkt und ferner untersucht, wie sie sich an gewissen Orten, zu gewissen Zeiten, in den Werken gewisser Individuen zu vereinigen gestrebt und sich auch wohl für einen Augenblick zusammengefunden, dann aber wieder auseinandergegangen, nicht ohne sich ihre Eigenschaften einander mehr oder weniger mitgeteilt zu haben, da sie sich denn in wunderbaren, ihren Hauptästen mehr oder weniger annähernden Ramifikationen über die Erde verbreiteten.

Seit einer sorgfältigen Ausbildung der Musik in mehreren Ländern mußte sich diese Trennung zeigen und sie besteht bis auf den heutigen Tag. Der Italiener wird sich der lieblichsten Harmonie, der gefälligsten Melodie befleißigen, er wird sich an dem Zusammenklang, an der Bewegung als solchen ergötzen, er wird des Sängers Kehle zu Rate ziehn und das, was dieser an gehaltenen oder schnell aufeinanderfolgenden Tönen und deren mannigfaltigstem Vortrag leisten kann, auf die glücklichste Weise hervorheben und so das gebildete Ohr seiner Landsleute entzücken. Er wird aber auch dem Vorwurf nicht entgehen, seinem Text, da er zum Gesang doch einmal Text haben muß, keineswegs genug getan zu haben.

Die andere Partei hingegen hat mehr oder weniger den Sinn, die Empfindung, die Leidenschaft, welche der Dichter ausdrückt, vor Augen; mit ihm zu wetteifern hält sie für Pflicht. Seltsame Harmonien, unterbrochene Melodien, gewaltsame Abweichungen und Übergänge sucht man auf, um den Schrei des Entzückens, der Angst und der Verzweiflung auszudrücken. Solche Komponisten werden bei Empfindenden, bei Verständigen ihr Glück machen, aber dem Vorwurf des beleidigten Ohrs, insofern es für sich genießen will, ohne an seinem Genuß Kopf und Herz teilnehmen zu lassen, schwerlich entgehen.

Vielleicht läßt sich kein Komponist nennen, dem in seinen Werken durchaus die Vereinigung beider Eigenschaften gelungen wäre, doch ist es keine Frage, daß sie sich in den besten Arbeiten der besten Meister finde und notwendig finden müsse.

Übrigens was diesen Zwiespalt betrifft, so ist er wohl nie gewaltsamer erschienen als in dem Streit der Gluckisten und Piccinisten[52], da denn auch der Bedeutende vor dem Gefälligen die Palme erhielt. Ja, haben wir nicht noch in unsern Tagen den lieblichen Païsiello durch einen ausdrucksvollern Komponisten verdrängt gesehen, eine Begebenheit, die sich in Paris immerfort wiederholen wird.

Wie der Italiener mit dem Gesang, so verfuhr der Deutsche mit der Instrumentalmusik. Er betrachtete sie auch eine Zeitlang als eine besondere, für sich bestehende Kunst, vervollkommnete ihr Technisches und übte sie, fast ohne weitern Bezug auf Gemütskräfte, lebhaft aus, da sie denn bei einer dem Deutschen wohl gemäßen, tiefern Behandlung der Harmonie zu einem hohen, für alle Völker musterhaften Grade gelangt ist.

Aus den Anmerkungen, die Goethe seiner Übersetzung des Dialogs
›Rameaus Neffe‹ von Diderot hinzufügte (1805)

DIE MOLLDEBATTE

Goethe an Zelter, 20. April 1808:

Woher kommt wohl die so allgemeine Tendenz nach den Molltönen, die man sogar bis in die Polonäse spürt?

Zelter an Goethe, 2. Mai 1808:

Sie fragen, woher die allgemeine Tendenz nach den Molltönen komme, die man sogar bis in die Polonäse spüre.

Ich habe die nämliche Erfahrung gemacht, doch die musikalischen Geschichtschreiber liefern darüber nichts Befriedigendes. Die Molltonart unterscheidet sich von der Durtonart durch die kleine Terz, welche an die Stelle der großen Terz gesetzt wird. Unsere heutige diatonische (natürliche) Tonleiter entspringt aus der Teilung der Saite. Teilt man diese in die Hälfte, so entsteht die Oktave; teilt man sie in drei Teile, so entsteht die reine Quinte; teilt man sie in 5 Teile, so entsteht die große Terz. Man mag aber die Saite in so viele Teile teilen, als man will, so entsteht niemals eine kleine Terz, obgleich man dieser dadurch immer näherkommen kann. Demnach ist diese kleine Terz kein unmittelbares donum der Natur, sondern ein Werk neuerer

Kunst, und man muß sie wie eine erniedrigte große Terz betrachten, wie sie denn auch von den strengsten Komponisten in allen Zeiten ist wie ein konsonierendes Intervall behandelt worden, das heißt: sie darf überall, wie die große Terz, frei und unpräpariert eintreten, was in einem reinen Stile keine Dissonanz darf.

Goethe an Zelter, 22. Juni 1808:

Für alles Übrige, was Sie auf meine Fragen mir zum Trost und Belehrung sagen, danke ich zum allerschönsten; nur habe ich bei Ihren theoretischen Äußerungen, welche, wie ich recht gut weiß, mit den Überzeugungen der physikalischen und musikalischen Welt übereinstimmen, nach meiner Art etwas zu erinnern. Wie sehr wünschte ich über diese Sache, welche mit andern, die ich ruminiere, so genau zusammenhängt, mit Ihnen zu sprechen, weil sich mir alsdann gewiß einige Hauptknoten lösen würden. Ich lege ein Blatt bei, worauf Ihre Äußerung wiederholt steht, dahinter meine Zweifel, Einwendungen und Fragen, insofern ich mich in einer so komplizierten Sache zusammenfassen konnte. Da ich die Punkte numeriert und eine Abschrift davon behalten habe, so könnten Sie mir nur auch Nummer für Nummer freundlich antworten, und ich würde Ihre Aufschlüsse mit meinem Konzept zusammenhalten können . . .

1. Die Molltonart unterscheidet sich von der Durtonart durch die kleine Terz,

Unterscheidet sie sich nicht aber auch durch die Verkleinerung oder Verengerung der übrigen Intervalle?

2. welche an die Stelle der großen Terz gesetzt wird.

Dieser Ausdruck kann nur gelten, wenn man von der Durtonart ausgeht. Ein Theorist nordischer Nationen, der von den Molltönen ausginge, könnte ebensogut sagen, die große Terz werde an die Stelle der kleinen gesetzt.

3. Unsre heutige diatonische (natürliche) Tonleiter

Daß die diatonische Tonleiter allein natürlich sei, dagegen geht eigentlich meine Opposition.

4. entspringt aus der Teilung der Saite. Teilt man diese in die Hälfte usw.

Daß die Teilung der Saite in bestimmbare Teile Klänge hervorbringt, die für das Ohr harmonisch sind, ist ein sehr hübsches Experiment, das denn auch eine gewisse Tonleiter begründen möchte; aber was auf diese Weise nicht gelingt, sollte es nicht auf eine andre Weise möglich sein?

5. Man mag aber die Saite in so viel Teile teilen, als man will, so entsteht niemals eine kleine Terz, obgleich man dieser dadurch immer näher kommen kann.

Es ist von einem Experiment zu viel gefordert, wenn es alles leisten soll. Konnte man doch die Elektrizität erst nur durch Reiben darstellen, deren höchste Erscheinung jetzt durch bloße Berührung hervorgebracht wird. Man müßte auf ein Experiment ausgehen, wodurch man die Molltöne gleichfalls als ursprünglich darstellen könnte.

6. Demnach ist diese kleine Terz kein unmittelbares donum der Natur, sondern ein Werk neuerer Kunst,

Ich leugne die Folgerung, da ich die Vordersätze nicht zugebe.

7. und man muß sie als eine erniedrigte große Terz betrachten,

Dieses ist eine Ausflucht, deren sich die Theoristen gewöhnlich zu bedienen pflegen, wenn sie etwas die Natur Beschränkendes festgesetzt haben: denn alsdann müssen sie auf eine sehr paradoxe Weise, was sie einmal behauptet, wieder aufheben und vernichten. Wenn eine große Terz ein Intervall ist, das uns die Natur gibt, wie kann man sie erniedrigen, ohne sie zu zerstören? Wie viel und wie wenig kann man sie erniedrigen, daß es keine große Terz und doch eine Terz sei? und wo hört sie denn überhaupt auf, noch eine Terz zu sein? Mein supponierter nordischer Theorist würde mit eben dem Rechte sagen, die große Terz sei eine erhöhte kleine.

8. wie sie denn auch von den strengsten Komponisten wie ein konsonierendes Intervall behandelt worden,

Hier tritt ja deutlich der Fall ein, der in der Kunst und Technik so oft vorkommt, daß sich der praktische Sinn von einer theoretischen Beschränkung ohne viel Komplimente zu retten weiß.

9. das heißt: sie darf überall, wie die große Terz, frei und unpräpariert eintreten, was in einem reinen Stile keine Dissonanz darf.

Wenn sie als konsonierendes Intervall behandelt wird, so ist sie konsonierend: Denn dergleichen läßt sich durch Konvention nicht erst festsetzen. Wenn sie frei und unpräpariert eintreten darf, so ist sie keine Dissonanz: Sie ist von Natur harmonisch und ebenso alles, was wieder aus ihr entspringt.

Hier tritt eine oben schon berührte, bei der ganzen Naturforschung höchst merkwürdige Betrachtung ein. Der Mensch an sich selbst, insofern er sich seiner gesunden Sinne bedient, ist der größte und genaueste physikalische Apparat, den es geben kann. Und das ist eben das größte Unheil der neuern Physik, daß man die Experimente gleichsam vom Menschen abgesondert hat und bloß in dem, was künstliche Instrumente zeigen, die Natur erkennen, ja was sie leisten kann, dadurch beschränken und beweisen will. Ebenso ist es mit dem Berechnen. Es ist vieles wahr, was sich nicht berechnen läßt, so wie sehr vieles, was sich nicht bis zum entschiedenen Experiment bringen läßt. Dafür steht ja aber der Mensch so hoch, daß sich das sonst Undarstellbare in ihm darstellt. Was ist denn eine Saite und alle mechanische Teilung derselben gegen das Ohr des Musikers? Ja man kann sagen: was sind die elementaren Erscheinungen der Natur selbst gegen den Menschen, der sie alle erst bändigen und modifizieren muß, um sie sich einigermaßen assimilieren zu können? Doch in diese Betrachtungen will ich mich diesmal nicht verlieren; ich behalte mir vor, nächstens besonders darüber zu reden sowie noch über einige andre Punkte mir Auskunft zu erbitten.

Ein Gleichnis als Nachschrift.

Alle Künste, indem sie sich nur durch Ausüben und Denken, durch Praxis und Theorie heraufarbeiten konnten, kommen mir vor wie Städte, deren Grund und Boden, worauf sie erbaut sind, man nicht mehr entziffern kann. Felsen wurden weggesprengt, eben diese Steine zugehauen und Häuser daraus gebaut. Höhlen fand man sehr gelegen und bearbeitete sie zu Kellern. Wo der feste Grund ausging, grub und mauerte man ihn; ja vielleicht traf man gleich neben dem Urfelsen ein grundloses Sumpffleck, wo man Pfähle einrammen und Rost schlagen mußte. Wenn das nun alles fertig und bewohnbar ist, was läßt sich nun als Natur und was als Kunst ansprechen? Wo ist das Fundament und wo die Nachhülfe? Wo der Stoff? Wo die Form? Wie schwer ist es alsdann, Gründe anzugeben, wenn man behaupten will, daß in den frühsten Zeiten, wenn man gleich das Ganze übersehen hätte, die sämtlichen Anlagen natur-, kunst- und zweckgemäßer hätten gemacht werden können! Betrachtet man das Klavier, die Orgel, so glaubt man die Stadt meines Gleichnisses zu sehen. Wollte Gott, ich könnte auch einmal an Ihrer Seite meine Wohnung dort aufschlagen und zum wahren Lebensgenuß gelangen, wobei ich alle Fragen über Natur und Kunst, über Theorie und Praxis herzlich gern vergessen möchte.

Zelter an Goethe, 3. Juli 1808:

Die Reperkussion Ihrer Bemerkungen gegen die musikalische Theorie habe ich elektrisch gefühlt, da so manche dieser Einsprüche schon längst auch in mir sich regen. Doch kann ich nur sagen, was wir wissen. Zum Untersuchen fehlt es mir an mathematischer Geduld, und was ich aufs Klare zu bringen suche, ist etwa soviel, als ich für mein eigenes Haus brauche, da mir bei meinen Kompositionen ein gewisses Streben nach klassischer Tendenz natürlich ist.

Unsere Theorie ist ein System geworden, das man soll lernen und lehren können. Daß und inwiefern dabei der Natur Gewalt geschehen ist, kann nicht bezweifelt werden. Doch ist es ein sinnreiches Gewebe von Modifikationen, das man kaum ohne Bewundrung betrachten kann, daher denn die Musiker glauben, was sich mit diesem System nicht ausrichten lasse, sei nicht auszurichten. Soviel ist gewiß: rückt man einzelne Pfeiler dieser Theorie von ihrem fundo weg, so läuft man Gefahr, das Gebäude zu lädieren.

Goethe an Christian Heinrich Schlosser, 5. Mai 1815:

Hier treffen wir nun völlig zusammen, indem Sie aussprechen, *der Grund des sogenannten Moll liegt innerhalb der Tonmonade selbst.* Dies ist mir aus der Seele gesprochen. Zur nähern Entwicklung dieses Urgegensatzes bahnte vielleicht folgendes den nähern Weg. Dehnt sich die Tonmonade aus, so entspringt das Dur, zieht sie sich zusammen, so entsteht das Moll. Diese Entstehung habe ich in der Tabelle, wo die Töne als eine Reihe betrachtet sind, durch Steigen und Fallen ausgedrückt; beide Formeln lassen sich dadurch vereinigen, daß man den unvernehmlichen tiefsten Ton als innigstes Zentrum der Monade, den unvernehmbaren höchsten als Peripherie derselben ansieht.

Meine Überzeugung ist diese: wie der Durton aus der Ausdehnung der Monade entsteht, so übt er eine gleiche Wirkung auf die menschliche Natur, er treibt sie ins Objekt, zur Tätigkeit, in die Weite, nach der Peripherie. Ebenso verhält es sich mit dem Mollton; da dieser aus der Zusammenziehung der Monade entspringt, so zieht er auch zusammen, konzentriert, treibt ins Subjekt und weiß dort die letzten Schlupfwinkel aufzufinden, in welchen sich die allerliebste Wehmut zu verstecken beliebt.

Nach diesem Gegensatz werden kriegerische Märsche, ja alles Auf- und Ausfordernde sich im Durton bilden müssen. Der Mollton hingegen ist nicht allein dem Schmerz oder der Trauer gewidmet, sondern er bewirkt jede Art von Konzentration. Die Polonaisen sollen in diesem Tone geschrieben sein, nicht bloß weil diese Tänze ursprünglich nach sarmatischer Art darin verfaßt sind, sondern weil die Gesellschaft, die hier das Subjekt vorstellt, sich konzentrieren, sich gern ineinander verschlingen, bei- und durcheinander verweilen soll. Diese Ansicht allein läßt begreifen, wie solche Tänze, wenn sie einmal eingeführt sind, sich bis zu unendlicher Wiederholung einschmeicheln können. Lebhaftere Tänze wechseln sehr klüglich mit major und minor[53] ab. Hier bringt Diastole und Systole im Menschen das angenehme Gefühl des Atemholens hervor, dagegen ich nie was Schrecklicheres gekannt habe als einen kriegerischen Marsch aus dem Mollton. Hier wirken die beiden Pole innerlich gegeneinander und quetschen das Herz, anstatt es zu indifferenzieren. Das eminenteste Beispiel gibt uns der Marseiller-Marsch.

Nun erinnerst Du Dich wohl, daß ich mich der kleinen Terz immer leidenschaftlich angenommen und mich geärgert habe, daß ihr theoretischen Musikhansen sie nicht wolltet als ein donum naturae gelten lassen. Wahrhaftig, eine Darm- und Drahtsaite steht nicht so hoch, daß ihr die Natur allein ausschließlich ihre Harmonien anvertrauen sollte. Da ist der Mensch mehr wert, und dem Menschen hat die Natur die kleine Terz verliehen, um das unnennbare Sehnsüchtige mit dem innigsten Behagen ausdrücken zu können, der Mensch gehört mit zur Natur, und er ist es, der die zartesten Bezüge der sämtlichen elementaren Erscheinungen in sich aufzunehmen, zu regeln und zu modifizieren weiß.

Brauchen doch Chemiker schon den tierischen Organismus als eine Reagens, und wir wollen uns an mechanisch bestimmbare Tonverhältnisse klammern, dagegen die edelste Gabe aus der Natur hinaus in die Region einer willkürlichen Künstelei hinüberschieben!

Dies magst Du verzeihen. Ich bin hierüber neuerlich aufgeregt worden, und ich möchte Dir vor allem Kenntnis geben, wo ich hartnäckig verharre und warum.

Sei gelobet für Deinen Eifer zum Schutze der kleinen Terz. Ich muß mich wohl einmal ungeschickt, wo nicht unrichtig darüber ausgedrückt haben. Die kleine Terz ist sogar im harmonischen Dreiklange nach oben enthalten, wiewohl nicht als Terz des Grundtones, sondern der Mediante. Dagegen ist die kleine Terz als solche der Unterquinte des harmonischen Dreiklangs inwohnend und mitklingend, woraus sich sogar folgern ließe, daß die Natur selber die Molltonart als herrschend verlange und der Dreiklang mit

der großen Terz, als Dominantenharmonie, der wahre Leit-
akkord für die Molltonart sei. Daß der unterste Ton eines
Dreiklangs in der Mitte liege und über sich die große Terz,
unter sich aber die kleine Terz mitklingend bei sich führe,
hat schon Rameau bemerkt und seine Tonlehre darauf gebaut, die freilich nicht unangefochten geblieben ist, unterdessen wir alle der Natur folgen müssen, wir mögen wollen
oder nicht.

Goethe an Zelter, 24. April 1831:

Eine Stelle aus einem älteren Briefe, die mir beim Wieder-
lesen begegnete, war Veranlassung, die kleine Terz wieder
in Anregung zu bringen; Deine jetzige Erklärung hat mich
völlig beruhigt; denn was in der Natur ist, muß doch einmal
anerkannt in Begriff und Tat aufgenommen werden.

Die Sehnsucht, die nach außen, in die Ferne strebt, sich
aber melodisch in sich selbst beschränkt, erzeugt den Minor.   *Maximen und Reflexionen*

GOETHES ›TONLEHRE‹

*Goethes Plan, analog zu seiner ›Farbenlehre‹ eine ›Tonlehre‹ aus-
zuarbeiten, ist schon früh entstanden. 1791 schrieb er an Johann
Friedrich Reichardt, den Komponisten vieler seiner Lieder und
Libretti: »Lassen Sie uns die Akustik gemeinsam angreifen!
Diese großen Gegenstände müssen von mehreren, aber zu gleicher
Zeit bearbeitet werden, wenn die Wissenschaft vorrücken soll.« Mit
dem Physiker Florens Chladni, dem Entdecker der Klangfiguren,
hatte Goethe persönliche und briefliche Unterredungen; dessen physikalische Erkenntnisse sah er als Vorstufe zu einer tieferen Einsicht in physikalische, physiologische und psychologische Vorgänge*

beim Hören und Genießen von Musik. An Wilhelm von Humboldt schrieb er 1803, daß er »das Bedürfnis« habe, »einen höheren Standpunkt zu gewinnen, wo das Hören mit seinen Bedingungen als ein Zweig einer lebendigen Organisation erschiene«.

1810 war es dann soweit: Wie das Tagebuch und die Annalen festhalten, kam es zu Gesprächen mit Zelter und zur Niederschrift der ›Tonlehre‹. Es war allerdings nur ein tabellarischer Entwurf. Goethe ließ ihn liegen, ohne ihn ganz aus den Augen zu verlieren. 1815 schickte er die Tabelle an Christian Heinrich Schlosser mit der Bitte um kritische Stellungnahme, 1817 bat er seine Freunde von Willemer um Vermittlung eines Frankfurter Musikers, um mit ihm in dieser Frage zusammenzuarbeiten; 1826 sandte er, nun siebenundsiebzigjährig, die Tabelle an Zelter. Eine schöne Abschrift hängte er in seinem Schlafzimmer auf.

Weil man aber einmal des Mühens und Bemühens gewohnt, sich immer sehr gern und leicht neue Lasten auflegt, so entwickelte sich, bei nochmaliger schematischer Übersicht der Farbenlehre, der verwandte Gedanke: ob man nicht auch die Tonlehre unter ähnlicher Ansicht auffassen könnte, und so entsprang eine ausführliche Tabelle, wo in drei Kolumnen Subjekt, Objekt und Vermittelung aufgestellt worden.

Und wie keine unserer Gemütskräfte sich auf dem einmal eingeschlagenen Wege leicht irre machen läßt, es sei nun, daß man zum Wahren oder zum Falschen hinschreite, so wurde jene Vorstellungsart auf die ganze Physik angewandt: das Subjekt in genauer Erwägung seiner auffassenden und erkennenden Organe, das Objekt als ein allenfalls Erkennbares gegenüber, die Erscheinung, durch Versuche wiederholt und vermannigfaltigt, in der Mitte . . .

Annalen 1810

Ich sende nämlich mit der fahrenden Post, um einen Stab gewickelt, eine tabellarische Behandlung der Tonlehre, die ich vor einigen Jahren unternommen, nachher aber [habe] liegen lassen. Nach Empfang Ihres Briefs habe ich sie aufgesucht und zusammenschreiben lassen und sende sie, ohne sie weiter zu revidieren noch zu komplettieren. Bei einer Arbeit dieser Art, eigentlich zum didaktischen Zweck bestimmt, kommt es hauptsächlich darauf an, ob sie alle die Phänomene enthalte, die man in einem solchen wissenschaftlichen Zirkel kennt, und ob man sich den Inhalt gern in dieser Ordnung denken mag. Die Ähnlichkeit dieser Schematisierung mit dem Schema der Farbenlehre ist nicht zu verkennen; erst finden Sie das Allgemeine, sodann das Besondere in 3 Abteilungen. Hier steht das Subjektiv-Organische wieder voraus, das Objektiv-Physische, Mathematische ihm entgegen.

Aus beiden bildet sich durch Mechanik eine technische Mitte, und durch das Gegeneinanderarbeiten dieser drei Tätigkeiten entspringt die Möglichkeit einer Kunstbehandlung, welche Sie unten im roten Rahmen finden werden. pp.

Ganz vollständig kann die Tabelle nicht sein, haben Sie die Güte zu bemerken, was fehlt und wo es hin zu rangieren wäre. Nicht weniger haben Sie die Gefälligkeit, die Methode nach allen Seiten durchzudenken und zu prüfen, inwiefern sie mit Ihrer Denkweise übereinstimmt.

An Christian Heinr. Schlosser, 6. Februar 1815

Ihr originaler Musikus [Joh. Nepomuk Schelble in Frankfurt a. M.] gibt mir viel zu denken. Ich hatte schon längst im Sinne meiner Farbenlehre auch eine Tonlehre schematisiert, d. h. nach derselben Methode punktweis unter mehrere Rubriken verfaßt, was bei der Tonlehre zur Sprache kommen könnte. Da würde denn freilich sehr förderlich sein, mit jemanden zu konferieren, der dieses Geschäft auf originalem Wege verfolgt, Theorie und Praxis zusammen walten läßt, besonders auch durch Unterricht die Faßlichkeit und Brauchbarkeit seiner Überzeugungen bewahrheitet. Der wackre Mann und die liebe Schülerin würden mich sehr weit bringen, da hier nicht von Bekehrung, sondern von freundlicher Belehrung und herzlicher Überzeugung die Rede sein kann.

An Jakob und Marianne von Willemer, 11. Juli 1817

Die Tabelle der Tonlehre ist nach vieljährigen Studien und, wenn Du Dich erinnerst, nach Unterhaltungen mit Dir etwa im Jahr 1810 geschrieben. Ich wollte den Forderungen an einen physikalischen Vortrag keineswegs genugtun, Umfang und Inhalt aber mir selbst klar machen und andern andeuten; ich war auf dem Wege, in diesem Sinne die sämtlichen Kapitel der Physik zu schematisieren. Gegenwärtige Tabelle fand ich beim Aufräumen des Musikschrankes, ich hatte sie nicht ganz vergessen, wußte aber nicht, wo ich sie suchen sollte. Ob ich diese Tabelle Dir jemals mitgeteilt, weiß ich nicht. Ebenso vermiß' ich noch mehrere Aufsätze, die mir vielleicht ein Zufall erwünscht wieder in die Hände führt.   *An Zelter, 6.-9. September 1826*

TONLEHRE

entwickelt die Gesetze des Hörbaren. Dieses entspringt durch Erschütterung der Körper, für uns vorzüglich durch Erschütterung der Luft.

Das Hörbare ist im weiten Sinne unendlich. Davon werden aber beseitigt: *Geräusch, Schall* und *Sprache.*

Bleibt zu unserer nächsten Beschäftigung: *Das musikalisch Hörbare* (der Klang).

Dieses entspringt aus der materiellen Reinheit und dem Maße des erschütterten oder erschütternden Körpers.

Um zu diesem Maße zu gelangen, nehmen wir erst einen klingenden Körper als ein Ganzes an.

Der entschiedene Klang, den dieses Ganze von sich gibt, nennen wir einen Grundton.

Das Ganze verkleint, gibt einen höhern, vergrößert, einen tiefern Ton.

Wir können das Ganze auf eine stetige Weise nach und nach verkleinern. Hieraus entspringen keine Verhältnisse.

Wir können das Ganze einteilen. Dies gibt Verhältnisse.

Hauptverhältnisse stehen voneinander entfernt (Akkorde).

Zwischenverhältnisse füllen den Raum zwischen jenen aus bis zu einer Art von Stetigkeit (Skala).

Auf diesen Stufen schreitet der Ton zur Höhe und Tiefe fort, bis er sich selbst wiederfindet (Oktave).

Mehr ist für den Anfang nicht nötig. Das Übrige muß sich bei der Darstellung entwickeln, modifizieren und erläutern. – Die Lehre wird auf die ganze Erfahrung gegründet und in drei Abteilungen vorgetragen. – Das Musikalisch-Hörbare erscheint uns *organisch* (subjektiv), *mechanisch* (gemischt), *mathematisch* (objektiv). Alles dreies fällt zuletzt wieder zusammen, bequem durch die Kraft des Künstlers, schwerer durch wissenschaftliche Darstellung.

A. Organisch (subjektiv).

Indem sich aus und an dem Menschen selbst die Tonwelt offenbaret, (1.) hervortritt in der *Stimme*, (2.) zurückkehrt durchs *Ohr*, (3.) aufregend zur Begleitung den *ganzen Körper* und eine *sinnlich-sittliche Begeisterung* und eine *Ausbildung des innern und äußern Sinnes* bestimmend.

1. Gesangslehre.

Der Gesang ist völlig produktiv an sich. – Naturell des äußern und Genie des innern Sinnes werden durchaus gefordert.

a) Bruststimme. Die an Höhe und Tiefe verschiedenen Stimmen sind von unten hinauf: Baß, Tenor, Alt, Diskant. – Jede Stimme ist als ein Ganzes anzusehen. – Jede enthält eine Oktave und etwas drüber. – Sie greifen übereinander. – Machen zusammen zirka drei Oktaven. Sie sind unter die beiden Geschlechter verteilt. Daher die Bedeutsamkeit der *Pubertät*, der daher entspringenden *Mutation*, welche durch *Kastration* verhindert werden kann.

b) Register, d. h. Grenze der Bruststimme.

c) Kopfstimme. Übergang ins Mechanische. Verarbeitung beider in Eins. Detail der Organisation von Brust und Kehle.

Zugabe von den Stimmen der Tiere, besonders der Vögel.

2. Akustik.

Empfänglichkeit des Ohres. Scheinbare Passivität und Adiaphorie[54] desselben (Indifferenz). – Gegen das Auge betrachtet ist das Hören ein stummer Sinn. – Nur der Teil eines Sinnes. Dem Ohr müssen wir jedoch als einem hohen organischen Wesen *Gegenwirkung* und *Forderung* zuschreiben, wodurch der Sinn ganz allein fähig wird, das ihm von außen Gebrachte aufzunehmen und zu fassen. Doch ist bei dem Ohr die Leitung noch immer besonders zu betrachten, welche durchaus erregend und produktiv wirkt. Die Produktivität der Stimme wird dadurch geweckt, angeregt, erhöht und vermannigfaltigt. Der ganze Körper wird angeregt.

3. Rhythmik.

Der ganze Körper wird angeregt zum Schritt (Marsch), zum Sprung (Tanz und Gebärdung).

Alle organische Bewegungen manifestieren sich durch Diastolen und Systolen.

Ein anders ist den Fuß aufheben, ein anders ihn niedersetzen.

Hier erscheint Gewicht und Gegengewicht der Rhythmik.

Arsis, Aufschlag.

Thesis, Niederschlag.

Taktarten: Gleiche. Ungleiche. Diese Bewegungen können für sich betrachtet werden; doch verbinden sie sich notwendig und schnell mit der Modulation.

B. Mechanisch (gemischt).

Gesetzlicher Ton durch verschiedene Mittel hervorgebracht.

Instrumente.

Materie: Timbre derselben, Reinheit, Elastizität.

Form: Natürlich-Organisch. Künstlich. –
Metall, Holz, Glas.
Röhren, Längen, Flächen.

Erschütterungsart: Einhauchen, Streichen. In die Quere, in die Länge.

Anschlagen: Verhältnis zum Mathematischen. Die Instrumente entspringen durch die Einsicht in die Maß- und Zahlverhältnisse und vermehren diese Einsicht durch Vermannigfaltigung.

Entdeckung andrer Naturverhältnisse der Töne als durchs Monochord.

Verhältnis zur Menschenstimme.

Sie sind ein Surrogat derselben. Sie stehen unter derselben. – Werden aber ihr gleich gehoben durch gefühlte und geistreiche Behandlung.

C. Mathematisch (objektiv).

Indem an den einfachsten Körpern außer uns die ersten Elemente des Tons dargestellt und auf Zahl- und Maßverhältnisse reduziert werden.

Monochord.

Mitklingen der harmonischen Töne. – Verschiedene Vorstellungsarten, wie es zugehe. – Sympathetisches Mitschwingen. – Mechanisches Mitschwingen. – Organische Forderung und subjektives Erregen des Mitklingens.

Objektiver Beweis rückwärts durch Mitklingen in jenen Verhältnissen gestimmter Saiten.

Gründung der einfachsten Tonverhältnisse. – Diatonische Tonleiter. – Forderung in der Natur auf diesem Wege nicht zu befriedigen.

Gegebenes in der Erfahrung auf diesem Wege nicht zu gründen und darzustellen. –

Hindeutung auf den Mollton. Er entspringt nicht durch das erste Mitklingen. Er manifestiert sich in weniger faßlichen Zahl- und Maßverhältnissen und ist doch ganz der menschlichen Natur gemäß, ja gemäßer als jene erste faßliche Tonart.

Objektiver Beweis rückwärts durch Mitklingen in diesem aus der Erfahrung genommenen Ton gestimmter Saiten. (So gibt der Grundton C hinaufwärts die Harmonie von C-dur, herabwärts die Harmonie von F-moll.)

Dur- und Moll-Ton als die Polarität der Tonlehre. – Erstes Prinzip der beiden. Der Dur-Ton entspringt durch

Steigen, durch eine Beschleunigung nach oben, durch eine Erweiterung aller Intervalle hinaufwärts. – Der Moll-Ton entspringt durchs Fallen, Beschleunigung hinabwärts, Erweiterung der Intervalle nach unten.

(Die Moll-Skala hinaufwärts muß sich zu Dur machen.) – Ausführung jenes Gegensatzes als des Grundes der ganzen Musik.

(Ursprung und Notwendigkeit des Subsemitonium modi[55] beim Steigen und der kleinen Terz beim Fallen.)

Verbindung beider Modi durch die Dominante und Tonika. – (Der erste muß immer Dur sein. Frage, ob der zweite immer Moll sein sollte?)

Ursprung der Arsis und Thesis in der ganzen Bewegung auf diesem Wege, also auch der körperlichen Mitwirkung und der Rhythmik.

Kunstbehandlung.

a. Beschränkung der Oktave. Identisches Aneinanderreihen derselben. – Bestimmung der Tonverhältnisse. – Mit der Natur und gegen dieselbe.

b. Abrunden und Nebulistisieren[56] der Töne, um mehrere Tonarten nebeneinander zu haben und eine wie die andere zu behandeln.

c. Singschule. Übung nach Einsicht des Leichtern und Schwerern, des Fundamentalen und Abgeleiteten. – Eingreifen des Genies, Talents, und Gebrauch alles Vorhergesagten als Stoffs und Werkzeuges.

Verbindung mit der Sprache beim Gesang überhaupt, besonders beim Canto fermo, Recitativ und Quasi parlando.

Scheidung von der Sprache durch eine Art Register und Übergang zu derselben und also zu Vernunft (Verstand).

Schall (Geräusch). Übergang ins Formlose, Zufällige.

Der erste Teil einer Melodie aus dem Dur-Tone schließt in der Quinte in seinem reinen Verhältnis.

Der zweite Teil schließt wieder im Grundtone.

Beide Teile machen ein Ganzes.

Diesem Ganzen etwas entgegenzusetzen als Minor kann man wählen:

1. Das Mollverhältnis eines eignen Tons.
2. Die Quarte.
3. Die Sexte.

Wenn man nach einem Dur-Major oder Vordersatz einen Nachsatz aus der Quinte bringt, so ist er excitierend[57].

*

Versäume ja nicht, zu der übersendeten Tabelle schriftlich zu weissagen. Du siehst ihr den Ernst an, wie ich dieses ungeheure Reich wenigstens für die Kenntnis zu umgrenzen gesucht habe.

Jedes Kapitel, jeder Paragraph deutet auf etwas Prägnantes; die Methode des Aufstellens kann man gelten lassen, sie war von mir gewählt, weil ich sie der Form nach meiner Farbenlehre anzuähnlichen gedachte. Noch manches andere hatte ich vor, das aber bei dem veloziferischen Leben seitwärts zurückblieb.   *An Zelter, 11. Oktober 1826*

Ich freue mich meiner Tabelle als eines zwar nackten, aber wohlgegliederten Skeletts, welches der echte Künstler allein mit Fleisch und Haut überkleiden, ihm Eingeweide geben und ins Leben praktisch und denkend einführen mag. Ich sehe dadurch auf eine wundersame Weise in eine Region hinüber, in welcher ich nicht einmal genießen, geschweige genießend denken sollte.

An Zelter, 17. Mai 1829

Orthographie und Interpunktion der Goethe-Texte sind behutsam modernem Sprachgebrauch angepaßt worden. Anhand des Quellennachweises kann der Leser den früheren Sprachstand einsehen und sich ggf. über weitere Sachzusammenhänge informieren.

1 »Es ist sonderbar, wie jener Gesang weich macht, und umso mehr, je besser er gesungen wird.«

2 Malamocco und Pelestrina sind Orte südlich von Venedig auf den Inseln, die die Lagune abschließen.

3 wie die Sonne Englands.

4 ai Mendicanti: in der Kirche der Mendicanti.

5 das Chor (Singchor): Goethe gebraucht das Wort meist als Neutrum.

6 ›Die drei Sultaninnen‹: Lustspiel von Favart; ›Die Entführung aus dem Serail‹: Singspiel von Mozart, 1782. Später schrieb Goethe aus Rom über seine Bemühungen um eigene Singspiele: »Alles unser Bemühen . . ., uns im Einfachen und Beschränkten abzuschließen, ging verloren, als Mozart auftrat. Die ›Entführung aus dem Serail‹ schlug alles nieder . . .« (Bericht vom November 1787).

7 ›L'Impresario in angustie‹ (›Der Theaterdirektor in Ängsten‹): Oper von Domenico Cimarosa (1749-1801).

8 Angelika Kauffmann (1741-1807): Bildnis- und Historienmalerin des empfindsamen Klassizismus, damals in Rom lebend und zu Goethes Freundeskreis gehörend.

9 Anna Milder Hauptmann, siehe Text und Abbildung 39.

10 ›Vorschmack‹: im 18. Jahrhundert gebräuchlich für ›Vorgeschmack‹.

11 An diesen Tagen fanden unter Zelters Leitung die musikalischen Zusammenkünfte der Berliner Singakademie und der Liedertafel statt.

12 Der junge Weimarer Musiker Karl Eberwein war nach Berlin gegangen, um sich bei Zelter weiterzubilden. Siehe Text und Abbildung 32.

13 Maria Szymanowska, siehe Text und Abbildung 37.

14 Johann Nepomuk Hummel: Komponist und einer der größten Pianisten jener Zeit, siehe Text und Abbildung 21.

15 ›Die heimliche Heirat‹: Komische Oper von Domenico Cimarosa (1749-1801). Goethe schätzte sie sehr, Cimarosas Bühnenstücke hatten ihn schon in Italien entzückt.

16 Daß Goethe Schuberts unvergleichliche Vertonungen nicht als solche erkannt hat, ist ihm übel vermerkt worden. Als Beispiel mag Hermann Hesses Urteil aus dem Jahre 1915 stehen: »Ich erinnere mich noch wohl daran, wie ich in den Jünglingsjahren davon überzeugt war, Goethe habe von Musik keine Ahnung gehabt, weil ich es ihm übelnahm, daß er Beethoven nicht ganz und Schubert gar nicht erkannte. Seither habe ich längst gesehen, wie falsch es war, von dem konservativen Goethe andere Urteile zu erwarten, und wie nah und herzlich trotzdem sein Verhältnis zur Musik gewesen ist, ja wie sehr viel er davon verstanden hat.« (Hermann Hesse, Dank an Goethe, insel taschenbuch 129, S. 171.) Ganz abgesehen von der historischen Bedingtheit von Goethes Musikverständnis, vor allem, was das Lied angeht, hat Goethe von Schubert fast nichts gewußt. Selbst in Wien war Schubert damals nur einem kleinen Kreis von Freunden bekannt, in der musikalischen Öffentlichkeit außerhalb Wiens so gut wie nicht.

Zweimal hat Schubert Vertonungen Goethescher Gedichte nach Weimar geschickt; zuerst 1816 durch seinen Freund Joseph von Spaun, dann 1825 mit einem »unbegrenzte Verehrung« ausdrückenden eigenhändigen Widmungsschreiben. Beide Sendungen blieben ohne Antwort. Aber Schreiben Unbekannter gingen so zahlreich ein, daß Goethes Sekretäre dem Andrang öfter nicht nachkommen konnten.

Es kann als Glücksfall gelten, daß Goethe im hohen Alter den ›Erlkönig‹ hörte, gesungen von der bedeutenden Sängerin Schröder-Devrient; ihr Vortrag 1830 hat ihn wohl angerührt und sein früheres Befremden der Komposition gegenüber gemindert, wenn nicht gar aufgehoben.

17 Den Stoff der Oper ›Der Theaterdirektor in Ängsten‹ von Cimarosa hat Goethe zu den ›Theatralischen Abenteuern‹ verarbeitet.

18 Kocher hat Goethes Singspiel ›Jery und Bätely‹ vertont.

19 Transoxanien: ältere Bezeichnung für das Gebiet um Buchara, hier wohl in einem weiten Sinn ›Vorderer Orient‹; Janitscharmusik: Janitscharenmusik: türkische Militärmusik, charakterisiert durch

Metallschlaginstrumente wie Pauken, Becken, Trommeln, Schellenbaum. In nuce deutet Goethe hier seine Auffassung von der Entwicklung der Musik an; ihr archaischer Anfang: Fülle von Bewegung und Gesang, auch ein späteres Absinken in Formen wie Janitscharenmusik und Jodeln (das Goethe nicht recht mochte), dann aber Entfaltung einer hohen Musikkultur, die sich in die kosmische Harmonie einfügt.

20 Es handelt sich hier um die Rückseite einer Medaille, die Goethe für Zelter entworfen hat. Sie zeigt ein sehr bewegtes Wappen, umrundet von den Worten: »Getreu der Natur und Kunst«. Angela Facius hat 1831 diese Medaille in Bronze ausgeführt.

21 Die Ordnung in dieser Gemeinschaft, die sich um ein nützlichtätiges Leben bemüht, wird in künstlerisch-symbolischer Form durch Gesang belebt und gefördert.

22 Reff: Gestell für das Tragen von Lasten.

23 Enakskind: in der Bibel 5. Mose 9,2 sind die Enakiter »ein groß, hoch Volk«. Hier ist der Lastträger in den Bergen danach benannt, aber auch nach St. Christopherus.

24 beseitigt: beiseite gestellt.

25 Wärtel: altertümliche Form für Wärter.

26 entstellt: verstellt, versperrt.

27 anständig: Lieblingswort Goethes, ein Verhalten, das wohl ansteht, der besonderen Lage oder den Umständen gemäß ist; hier wohl: ein Enthusiasmus, der dem Wesen des Vaters und der Situation gemäß war.

28 Die alttestamentliche Sphäre aus dem ›Buch Daniel‹ klingt hier und im folgenden, vor allem in den Gesangsstrophen stark an.

29 Angelika Catalani, eine der bedeutendsten Sängerinnen jener Zeit

30 Galantes Modelied. Jahrzehnte ging es damals durch ganz Deutschland. Noch in E. T. A. Hoffmanns ›Kater Murr‹, 1819, heißt es: »Durchaus summte mir, statt herrlicher Gedanken, die mir aufgehen sollten, ein altes, erbärmliches Lied vor den Ohren, dessen weinerlicher Text begann: ›Ich liebte nur Ismenen, Ismenen liebte mich‹.«

31 gemütlich: hier im ursprünglichen Sinne zu verstehen als gemüthaft, vom Gemüt ausgehend, das Gemüt anregend. Die neuere Bedeutung, die das Wort im 19. Jahrhundert annahm, kannte man zu Goethes Zeit noch nicht.

32 Robert Burns (1759-1796), einer der größten schottischen Lieder-
    und Balladendichter.

33 Kompositionen Zelters für Schillers Musenalmanach 1797.

34 Zelters Vertonung von Goethes Ballade ›Johanna Sebus‹ galt und
    gilt innerhalb von Zelters Liedkompositionen als eine der gelun-
    gensten. Goethe war von ihr angetan. Eine angemessene Charak-
    teristik und Beurteilung von Zelters Liedern findet sich m. E. in
    dem Kapitel ›Carl Friedrich Zelter und das Lied‹ in Hans Joachim
    Mosers Buch ›Goethe und die Musik‹, Leipzig 1949.

35 Johann Peter Abraham Schulz (1747-1800): Liederkomponist, der
    nach dem erstarrten Odenstil der Barockzeit das neue schlichte
    Lied volkstümlichen Charakters schuf, z. B. ›Der Mond ist aufge-
    gangen‹; er gehörte wie Zelter zur Berliner Liederschule.

36 Johann Friedrich Reichardt, siehe Text und Abbildung 23.

37 Karl Heinrich Graun (1704-1750), komponierte Opern und Kir-
    chenmusik. – Georg Philipp Telemann soll gesagt haben, der
    Komponist müsse fähig sein, sogar einen Torzettel zu vertonen.

38 Goethe irrt sich, wenn er Beethovens Mignon-Lied als durchkom-
    poniert ansieht, es ist variiert strophisch.

39 Pierre Jean de Béranger (1780-1857): der populärste französische
    Liederdichter des 19. Jahrhunderts, formgewandt, spottlustig,
    griff politische Themen auf.

40 Goethes einziger Kompositionsversuch vom Sommer 1813 ist
    nicht erhalten. Später hat er Zelter um die Komposition des glei-
    chen Textes gebeten.

41 vitulos (Akkus. Plur.): Kälber.

42 Metastas: Mestastasio (1698-1782), von 1729 an Hofdichter am
    Wiener Kaiserhof, Verfasser vieler Operntexte.

43 ›Erwin und Elmire‹ und ›Claudine von Villa bella‹.

44 saltare comoediam: die Komödie tanzen; saltatio: Tanz.

45 Marli: gazeartiges Gewebe mit gitterartig voneinander abstehen-
    den Fäden.

46 Joh. Heinr. Frd. Schütz, siehe Text und Abbildung 28.

47 Zelter hatte eine schwache Aufführung des ›Messias‹ in Berlin
    gehört und Goethe darüber berichtet (4. April 1824):
    ... und nun stehe ich wie ein armer Sünder und sehe das
    lebendige Werk tot vor mir in einem Sarge, wo es die Glieder nicht
    regen kann. Gleich darauf habe ich zwar den tiefen Schmerz in

einer Flut von Champagner ersäuft, doch das hält nicht gegen – man möchte rasend werden, wenn man's nicht wäre. Solch ein Werk wollen sie im Strickbeutel davontragen!

48 Verfasser des Buches ›Der vollkommene Kapellmeister‹ ist der Komponist und Musikschriftsteller Johann Mattheson (1681-1764).

49 Verlassenschaft des Mantegna: Hinterlassenschaft des Mantegna, des bedeutenden Malers der italienischen Frührenaissance.

50 Es handelt sich hier wahrscheinlich um ein Jugendwerk J. S. Bachs, das ›Caprizzio über die Abreise des geliebten Bruders‹, dessen 5. Satz eine ›Aria di postiglione‹ und dessen 6. Satz eine ›Fuga all'imitazione della cornetta di postiglione‹ bilden.

51 Anton Heinrich Fürst Radziwill, siehe Text und Abbildung 30.

52 In Paris entbrannte in der zweiten Hälfte des 18. Jahrhunderts der Streit zwischen den Anhängern Glucks und Piccinis. Niccolò Piccini (1728-1800) vertrat die italienische Oper neapolitanischen Stils, die sich durch liedhafte Melodik und großen Formenreichtum auszeichnete. Dem setzte Gluck (1714-1787) einen neuen Opernstil entgegen, der sich durch Verzicht auf vordergründige Theatralik, durch psychologische Wahrhaftigkeit und echten einfachen Ausdruck der Tonsprache auszeichnete. Gluck siegte mit seiner Oper ›Iphigénie en Tauride‹ über Piccini.

53 major: Dur, minor: Moll.

54 Adiaphorie: Gleichgültigkeit.

55 Subsemitonium modi: In der Musiklehre des 15.-18. Jahrhunderts Bezeichnung für den Leitton, d. h. den Halbton unter dem Grundton einer Tonart.

56 Nebulistisieren: ein von Goethe gebildetes und nur an dieser Stelle gebrauchtes Wort, Zusammenhang mit ›nebulös‹. Der Begriff meint die Angleichung der Intervalle in der Stimmung, wobei die mathematisch exakten Trennwerte nicht rein erhalten bleiben, so daß die sog. temperierte, gleichschwebende Stimmung erzielt wird.

57 excitierend: anregend, erregend

NACHWORT

I

»Das Auge war vor allen anderen das Organ, womit ich die Welt faßte«, begründet Goethe sein Weltverhältnis in »Dichtung und Wahrheit«. Es war ihm der »gewaltigste«, der »edelste«, der »köstlichste Sinn«. »Zum Sehen geboren, zum Schauen bestellt«, weiß er sich im Türmerlied, das dann jubelnd bestätigt: »Ihr glücklichen Augen, was je ihr gesehn, es sei, wie es wolle, es war doch so schön!«

Auch sein unermüdliches Studium von Naturerscheinungen zeugt von dieser Lust am Schauen, auch seine Neigung zur bildenden Kunst, besonders zum eigenen Zeichnen und Malen. Ohne Zweifel: Goethe war ein Augenmensch, ein vollkommener.

Wie aber steht es um sein Verhältnis zur Musik? Die gängige Meinung selbst literarisch Bewanderter ist: es habe Goethe an musikalischer Begabung gefehlt, Musik sei nicht recht seine Sache gewesen, er habe für sie nur wenig Verständnis gezeigt. Man erinnert an sein distanziertes Verhalten zu Beethoven, der Goethes Freundschaft gesucht hat, oder daran, daß Goethe auf die Zusendung von Schuberts Vertonungen seiner Gedichte, darunter des »Erlkönig«, nicht einmal geantwortet hat. Auch habe er mit nur mittelmäßigen Musikern wie Zelter und Reichardt freundschaftlichen Umgang gehabt; deren Musikverständnis und Musikkönnen habe ihm wohl genügt.

Hat Goethes Hausgenosse Riemer, der Erzieher seines Sohnes, diesen skeptischen Meinungen gegenüber eher recht, wenn er meint, daß »Tonkunst und bildende Kunst die notwendigsten Organe von Goethes Wesen«[1] gewesen seien? Ein kühnes Wort gewiß für die, die Goethes Musikverständnis als unbedeutend abtun; ein hochgegriffenes selbst für jene, die dessen Tiefe und Innigkeit nicht anzweifeln.

Sehr unterschiedliche Urteile über Goethes Musikverständnis finden sich auch in der umfangreichen Literatur[2] zum Thema »Goethe und die Musik«. Dieses ist seit mehr als 100 Jahren umfassend und bis in Details hinein behandelt worden. Was fehlt, ist eine vollständige Zusammenstellung der authentischen Gedanken Goethes über Musik.

In der vorliegenden Sammlung hat also Goethe selbst das Wort in Sachen Musik. Überrascht mag der Leser sein über die Fülle seiner Musikgedanken in seinen Dichtungen, Abhandlungen, Briefen, Tagebüchern und Gesprächen, die hier, thematisch einander zugeordnet, zusammengestellt sind. In den Kapiteln selbst erfolgt die Anordnung chronologisch, wo immer dies möglich und sinnvoll erschien. Vollständigkeit im Sinne lexikalischer Erfassung auch geringfügigster Bemerkungen Goethes zum Thema ist nicht Intention der Sammlung. Berichte Dritter, Goethes Musikverständnis betreffend, sind nur dann aufgenommen, wenn ihre Glaubwürdigkeit gesichert schien.[3]

Den Gedanken Goethes über Musik sind ausführlich kommentierte Dokumente beigefügt: Porträts seiner musikalischen Freunde, Berater und Mitarbeiter, auch von Komponisten, die Goethe besonders schätzte; weiter Bilder und Faksimiles, die seine musikalische Umwelt illustrieren.

*

Die Frage nach Goethes Musikalität, eine so komplexe Frage, kann hier nur gestreift werden. Wenn darunter jene Begabung verstanden wird, die sich in praktischer Musikausübung und im Beherrschen musikantischer Fähigkeiten manifestiert, so hat Goethe davon wenig gezeigt. Versteht man aber unter Musikalität die Fähigkeit, Musik zu genießen und sie in sein Leben einzubinden, ihr Wesen und ihre geistigen Leistungen denkend und urteilend zu erfassen, aufgeschlossen zu sein für ihre geschichtlichen und naturwissenschaftlichen Bedingungen und für ihre formalen Gegebenheiten, so ist dies alles eine andere Qualität von Musikalität. Goethe besaß sie in hohem Maße, und sie befähigte ihn, als Ästhet und Denker Musik zu genießen und zu beurteilen. Damit hat Goethe einen schon fast modernen, d. h. intellektuellen Standpunkt zur Musik entwickelt. Denn Musik fesselte ihn – neben ihren sinnlichen Qualitäten – auch als geistiges, ästhetisches, soziales und naturwissenschaftliches Phänomen.

Auch eine andere Frage bleibt außerhalb: die nach der Bedeutung Goethes für die Musik. Sie soll wenigstens mit dem Hinweis gestreift werden, daß kein anderer deutscher Dichter so überwältigend oft vertont worden ist; verlockte doch die »Musik« seiner Sprache ganze Musikergenerationen, unter ihnen die bedeutendsten Komponisten, zu Vertonungen seiner Texte. Auch gibt es kaum einen anderen neuzeitlichen Dichter, der die Verbindung von Wort und Ton so leidenschaftlich gewünscht und viele seiner Werke, nicht nur die Lieder und Singspiele, im Blick auf Musik verfaßt hat; das stärkste Beispiel ist der »Faust«.

*

Wie nicht anders zu erwarten, war Goethes Musikverständnis mitbestimmt von der Musikkultur seiner Zeit. Wie Goethe an ihr teilnahm und wie er selber in sie hineinwirkte, darüber zunächst einige Bemerkungen. Musikkultur seiner Zeit: das meint die riesige Zeitspanne von der ausgehenden Aufklärung über den Sturm und Drang hin zur Klassik und Romantik. Goethes Kindheit und frühe Jugend fielen in die Zeit der Aufklärung, die eine noch festgefügte Musikauffassung hatte. In Frankfurter Kirchen und Konzertsälen hörte der Heranwachsende diese von der musica sacra geprägte, »empfindsame« und liederfreudige Musik; auf der Bühne sah er italienische und französische Opern.

Im Elternhaus hatte die Musik ihren festen Platz, wie es damals in großbürgerlichen Kreisen üblich war: Musik als geselliges und geistiges Bedürfnis.[4] Goethes Mutter sang sehr gern, deutsche und italienische Arien, spielte Klavier und bildete sich durch Musikunterricht weiter. Der Vater spielte Laute, die er, wie Goethe in »Dichtung und Wahrheit« mit leiser Ironie bemerkt, »länger stimmte, als er darauf spielte«. Goethe selbst hatte wie seine Schwester Cornelia Klavierunterricht. Der dreijährige, keineswegs enthusiastisch durchgehaltene Unterricht fruchtete immerhin soviel, daß 30 Jahre später ein Besucher Goethes, der Jenaer Student David Veit, an Rahel Levin schreiben konnte: »Noch eins: er spielt Klavier, und gar nicht schlecht.«

Als Student in Leipzig (1765-1767) war Goethe am Musikleben im »sächsischen Kleinparis« aufs lebhafteste interessiert. Es war nicht mehr das Leipzig des Thomaskantors Johann Sebastian Bach, der 1750 gestorben und schnell vergessen war, sondern seines Nachfolgers Johann Adam Hiller, der mit seinen idyllisch-empfindsamen Singspielen einiges zu deren Entwicklung beigetragen hat. Den jungen Goethe haben sie ebenso entzückt wie die Konzerte der großen Sängerinnen Corona Schröter[5] – Goethe holte sie später nach Weimar – und Gertrud Schmehling-Mara, denen er »als ein erregbares Studentchen wütend applaudierte«.[6] – In Leipzig verkehrte Goethe im Hause des Musikverlegers Breitkopf und fand hier den ersten Vertoner seiner Gedichte[7], den jungen Bernhard Theodor Breitkopf, dessen Musik von empfindsam-zierlicher Art war. Ein wesentlicher Zug von Goethes Musikverständnis zeigt sich schon hier: seine Gedichte wünschte er vertont, erst dann hielt er sie für vollendet.

Neue musikalische Eindrücke dann in der Straßburger Studienzeit (1770-71). Goethe hatte musikalisch versierte Freunde, die ihn ins Musikleben der Stadt zogen. Er lernte Cello spielen und wirkte im Ensemble der Freunde mit. Im Elsaß sammelte er Volkslieder, ließ sie sich »aus denen Kehlen der ältsten Müttergens« vorsingen. Eine neue Dimension von Musik öffnete sich ihm: die des Volksliedes mit seinen »alten Melodien, wie sie Gott erschaffen«, schrieb er an Herder, der ihm den Zugang zur Volksdichtung erschlossen hatte. Ihm schickte er zwölf Aufzeichnungen dieser »Lieder des Volkes«, wie Goethe sie lieber nannte. Es war die erste Sammlung deutscher Volkslieder in Herders Intention, eine kleine Pioniertat Goethes, der eine breite Bewegung in der Romantik folgte: das Aufspüren, Aufzeichnen und Herausgeben von Volkspoesie, wie sie damals in vielen Teilen Europas in der mündlichen Überlieferung noch lebte. – Goethe setzte die frühe Beschäftigung mit dem Volkslied, das er als Einheit von Text und Melodie begriff, lebenslang fort. »Meine frühere Vorliebe für eigentümliche Volksgesänge hat späterhin nicht abgenommen, vielmehr ist sie durch reiche Mitteilungen von vielen Seiten her nur gesteigert worden«, sagt er 1823 in dem Aufsatz »Volksgesänge abermals empfohlen«. Seine Liedauffassung, insbesondere seine Neigung zum Strophenlied und zur einfachen, beseelten Melodie ist unverkennbar vom Volkslied beeinflußt. Volkslieder und Volksliedhaftes daher auch in vielen seiner Werke, so im »Götz«, »Egmont« und »Faust«, auch in den Singspielen.

Wieder in Frankfurt, jetzt als promovierter Jurist, setzte Goethe weiter auf das Zusammenwirken von Dichtung und Musik. Lyrische Texte wünschte er damals von Gluck vertont, dessen Musik er hoch schätzte; der aber sagte ab. In jener Zeit hatte die Leidenschaft fürs Theater und besonders für die musikalische Bühne alle Stände in Deutschland ergriffen. Goethe war bestrebt, durch eigene Libretti kräftig mitzuwirken. Er gewann Musiker für die Vertonung seiner Singspiele, so Johann André[8], der »Erwin und Elmire« in Musik setzte, und Philipp Christoph Kayser[9], den Frankfurter Freund, für den er »Scherz, List und Rache« verfaßte. »Als ich das Stück schrieb, hatte ich nicht allein den engen Weimarischen Horizont im Auge, sondern den ganzen Teutschen, der doch noch beschränkt genug ist«, schrieb er Kayser am 20. Juni 1785, nun schon von Weimar aus.

Hier, wo Goethe von 1775 an lebte, war er in eine Hofgesellschaft gekommen, die der Musik besonders zugetan war. Um die Herzoginmutter Anna Amalia[10], die Seele des musikalischen Lebens, ausübende Musikerin und Komponistin – sie vertonte u. a. Goethes Singspiel »Erwin und Elmire« – sammelten sich musikfreudige Persönlichkeiten: der hochmusikalische Herder, der musikalisch stark interessierte Wieland, von Seckendorff[11] betätigte sich als Komponist von Singspielen, ebenso die Sängerin Corona Schröter, die Goethes Singspiel »Die Fischerin« vertonte; Goethes Freundin Charlotte von Stein spielte Klavier und Laute – die Reihe ließe sich fortsetzen. Was Goethe im ersten Weimarer Jahrzehnt an Musikerfahrung gewann, das verdankte er vor allem diesem hochgesinnten, wenngleich dilettierenden Kreise.

Ihm gegenüber war das professionelle Musikleben in Weimar damals unbedeutend. Das war noch ganz anders gewesen, als J. S. Bach dort Hoforganist und Kammermusiker war (1708-1717); später spielte die bekannte Seylersche Theatergruppe in Weimar. 1774 aber brannte mit dem Weimarer Schloß der Theatersaal ab, Schauspieler und Musiker verließen die Stadt. Goethe und sein Herzog begannen tatkräftig mit dem Wiederaufbau; sie holten Künstler nach Weimar und etablierten dort 1783 ein italienisches Theaterensemble, die Bellomosche Theatergesellschaft. »Ich bin immer für die Opera buffa der Italiener«, schrieb

Goethe an Kayser, nachdem er »ein Dutzend der besten Produktionen dieser Gattung« in Bellomos Theater gehört hatte. Er besorgte sich sogar die Partituren einiger Stücke, ein bemerkenswertes Zeichen seines musikalischen Bemühens.

Als Goethe 1786 nach Italien ging, geschah dies auch um der Musik willen. Groß war seine Neugier auf den italienischen Volksgesang, den er in Venedig und Rom hörte, auf die Kirchenmusik, die er Wochen hindurch in der Sixtinischen Kapelle genoß, weiter auf die Musikbühne, besonders die Opera buffa, die ihm oft Vergnügen machte, anders als die Opera seria, die ein »Ungeheuer ohne Lebenskraft und Saft« sei; tatsächlich stand es damals in Italien schlecht um das ernste Musikdrama. Vor allem entzückten Goethe die heiteren Werke Cimarosas, wenn die Aufführungen »Runde und Vollkommenheit« hatten.

Die italienischen Erfahrungen wollte Goethe auch für die eigenen Opernpläne fruchtbar machen. Denn »in die eigentliche Opernform und ihre Vorteile hatte ich mich, bei meinem Aufenthalte in dem musikalischen Lande, recht eingedacht und eingeübt; deshalb unternahm ich mit Vergnügen ›Claudine von Villa Bella‹ metrisch zu bearbeiten, ingleichen ›Erwin und Elmire‹ und sie dem Komponisten zu freudiger Behandlung entgegenzuführen«, bemerkt er in den Annalen von 1787 bis 1788. Doch Freund Kayser, den er eigens nach Italien hatte kommen lassen, damit er seine Libretti im italienischen, d. h. durchkomponierten Sinne vertone, versagte trotz Goethes Mithilfe und seiner schier endlosen Geduld. Zurück blieb ein Torso von Plänen und halbfertigen Stücken, tief enttäuschend für Goethe.

Nach der Rückkehr aus Italien gewann er endlich einen Musiker, der ihm als Vertoner seiner Dichtungen einiges bieten konnte: Johann Friedrich Reichardt.[12] Auch konnte er, als er 1789 nach Weimar kam, Goethes Drang nach Gedankenaustausch mit einem Musiker von einigem Rang standhalten. Er wurde in jenen Jahren, wie später Zelter, *der* Komponist von Goethe-Liedern, und in einigen Vertonungen hat er für *seine* Zeit, *vor* Beethoven und Schubert, Bemerkenswertes geschaffen. »Er war der erste, der mit Ernst und Stetigkeit meine lyrischen Arbeiten durch Musik ins Allgemeine förderte«, urteilt Goethe über ihn in den Annalen von 1795. Das gilt auch für das Singspiel, und das freute Goethe besonders, denn in wenigen Jahren brachte er alle Goetheschen Singspiele auf die Weimarer Bühne und fand damit großen Anklang.

In den späten 90er Jahren trat, zunächst zögernd, ein anderer Musiker in Goethes Blick: Carl Friedrich Zelter[13] in Berlin. Der schickte ihm 1796 »12 Lieder am Clavier zu singen«, von ihm vertont, darunter mehrere aus »Wilhelm Meisters Lehrjahren«. Ein Briefwechsel, der mit den Jahren immer freundschaftlicher wurde und zum Du führte, entwickelte sich über mehr als drei Jahrzehnte bis zu Goethes Tod. Diese Briefe, fast 900 an der Zahl, sind die ergiebigste Quelle für Goethes Musikverständnis, war die Musik doch ein wichtiges Medium ihrer Freundschaft. Goethe hielt diesen Briefwechsel für so bedeutend, daß er seine Veröffentlichung wünschte – was er nur noch dem Briefwechsel mit Schiller zugebilligt hat.

Worauf gründete sich die freundschaftliche Bindung der beiden? Einmal auf Goethes Wunsch, einen Fachmann in musikalischen Fragen zur Seite zu haben. Oft bat er Zelter um Auskunft in Sachen Musik, und der Freund gab sie freudig, gelegentlich allzu sicher im Urteil. Auch berichtete er über vieles, was sich im geistigen Leben Berlins ereignete, vor allem über Theater, Oper und Konzerte. Auch von seinen großen Reisen erzählte er dem Freund in seiner prächtig-frischen Art. Das alles war für Goethe wichtig und erfreulich, litt er doch unter der Enge des weimarischen Kulturlebens.

Goethe hoffte auch, in Zelter endlich einen Komponisten zu finden, mit dem er seine Bühnenpläne realisieren könne. Er vertraute ihm die Vertonung von Szenen aus dem »Faust« an, später die Vertonung der »Zauberflöte, II. Teil«, einer Fortsetzung von Mozarts Oper; nach Schillers Tod plante er eine szenische Darstellung des »Liedes an die Glocke«, Musik dazu erbat er von Zelter. 1808 bot er ihm sein Pandorafragment zur Vertonung an, 1817 den Entwurf einer Reformationskantate zum Gedenken an Martin Luther. Alle diese Pläne blieben unausgeführt. Zelter wagte sich letztlich nicht an größere Musikformen. Es ehrt ihn, daß er seine Grenzen spürte, denn ein großer Komponist ist er nicht gewesen.

Um so erfreulicher war die Zusammenarbeit in der Kleinform des Liedes, obwohl oder weil Zelter, aufgewachsen mit dem Generalbaß, sich in der alten Musikpraxis wohlfühlte und darin verharrte. Seine Lieder schuf er nach von ihm aufgestellten Regeln der Einfachheit und des natürlichen und beseelten Ausdrucks. Manche standen dem Volkslied nahe. Zelter sind reizvolle Vertonungen gelungen. Einige seiner Lieder wie »Der König in Thule« mit der schönen äolischen Baßmelodie sind Allgemeingut geworden. Gewiß: von den Liedschöpfungen Beethovens, Schuberts und Schumanns aus gesehen nehmen sich Zelters Vertonungen bescheiden aus. Aber sollte man Zelter nicht in *seiner* Zeit sehen, dem 18. Jahrhundert, und innerhalb der Berliner Liederschule, zu der er als einer ihrer solidesten Vertreter gehörte, behaftet mit deren Schwächen und Vorzügen? Wir wollen hier auch wenigstens eines von Goethes Urteilen anführen, der über die »Neue Sammlung« Zeltercher Vertonungen seiner Gedichte aus dem Jahre 1821 so urteilte: »Sie zeugen von der Wechselwirkung zweier Freunde, die seit mehreren Jahren einander kein Rätsel sind; daher es denn dem Komponisten natürlich ward, sich mit dem Dichter zu identifizieren, so daß dieser sein Inneres aufgefrischt und belebt, seine Intentionen ganz aufs neue wieder hervorgebracht fühlen mag und dabei erwarten darf, daß diese Anklänge in Ohr und Gemüt so manches Wohlwollenden noch lange widerzutönen geeignet sind.«[14]

Goethe nennt Zelter hier seinen Freund. In der Tat gründete ihre Freundschaft im Menschlichen, vor allem in Zelters unverbrüchlicher Treue und Zuverlässigkeit. In Krisenzeiten erschien er manchmal geradezu als Retter, so im Herbst 1823, als Goethe nach der Trennung von Ulrike von Levetzow schwer erkrankte. Auf diese Nachricht hin reiste Zelter nach Weimar: »Schon zweimal hatte ich den Freund in ähnlichem, dem Tode nahen Zustand getroffen und ihn unter meinen Augen gleichsam wieder aufleben sehen. Diesmal, seine Genesung sozusagen befehligend, sah ich ihn von Stund an zur Verwunderung der Ärzte so schnell sich erheben, daß ich ihn in der Mitte des Dezembers in völliger Munterkeit verlassen durfte.« (Aus Zelters Tagebuch.)

Goethe hat öfter die Ausstrahlung bestätigt, die von diesem Mann ausging, so seinem Herzog gegenüber: »Wenn die Tüchtigkeit sich aus der Welt verlöre, so könnte man sie durch ihn wiederherstellen.«[15] Und zu Eckermann am 2. April 1829, als er ihm Zelters Handschrift zu raten gab und Eckermann auf einen Bekannten Goethes tippte: »Nein«, sagte Goethe, »der war nicht edel und positiv genug. Es ist von Zelter. Papier und Feder hat ihn bei diesem Kuvert begünstigt, so daß die Schrift ganz seinen großen Charakter ausdrückt.«

Goethes Musikverständnis wird häufig – wie ich meine, etwas verkürzt – an seiner Freundschaft mit Zelter gemessen. Denn Goethe sah die schöpferischen Grenzen des Freundes und übersah sie taktvoll, sich der erquickenden Freundschaft erfreuend.

*

Einige Aspekte von Goethes musikalischer Erfahrungswelt sind noch zu nennen. Zunächst der seiner Tätigkeit als Intendant des Weimarer Theaters[16], zu dem Schauspiel und Oper gehörten. Beiden stand Goethe fast drei Jahrzehnte vor. In den Annalen von 1791 sagt er darüber: »Gar sehr begünstigte mich jene Neigung zur musikalischen Poesie. Ein unermüdlicher Konzertmeister, Kranz, und ein immer tätiger Theaterdichter, Vulpius, griffen lebhaft ein. Einer Unzahl italienischer und französischer Opern eilte man, deutschen Text unterzulegen und alte deutsche Texte zu verbessern. Die Partituren wurden durch ganz Deutschland verschickt. Fleiß und Lust, die man hierbei aufgewendet, obgleich das Andenken völlig verwunden sein mag, hat nicht wenig zur Verbesserung deutscher Operntexte mitgewirkt. Diese Bemühungen teilte der von Italien mit gleicher Vorliebe zurückkehrende Freund von Einsiedel, und so waren wir von dieser Seite auf mehrere Jahre geborgen und versorgt, da die Oper immer ein Publikum anzuziehen und zu ergötzen das sicherste und bequemste Mittel bleibt.«

Die Liste der unter Goethes Leitung aufgeführten Opernkomponisten ist erstaunlich mannigfaltig: Mozart, Gluck, Beethoven, Dittersdorf, Paisiello, Cimarosa, Cherubini, Boildieu, Paër, Spontini und viele andere standen im Programm, an der Spitze aber Mozart, der durch Jahrzehnte in Weimar zu sehen war: »Don Giovanni« 68mal, »Figaros Hochzeit« 20mal, »Die Entführung aus dem Serail« 49mal und »Die Zauberflöte« sogar 82mal.[17] Wie sehr gerade »Die Zauberflöte« den Dichter faszinierte, zeigt seine unvollendet gebliebene Dichtung einer »Zauberflöte II. Teil«. Was in Mozarts Oper an Geheimnisvoll-Symbolischem angelegt war, reizte Goethe zum tiefsinnigen Weiterdichten.

Der zweite Aspekt: Goethes Bemühen um eine eigene Hausmusik. »Da es mein Geschick nicht war, an der reichen

Tafel einer großen Stadt bequemlich mitzuschwelgen, so muß ich im Kleinen bauen und pflanzen, hervorbringen und geschehen lassen, was dem Tag und Umständen nach möglich ist«, schrieb er am 20. April 1808 an Zelter, als er mit dieser sonntäglichen Hausmusik begann. Man sang zunächst geistliche Gesänge, ging zu weltlichen ernsterer Art über und schloß mit heiter-geselligen Liedern. Zum gemeinsamen Mahl blieb man dann zusammen. Goethe griff bei den Proben gelegentlich ein, wenn es um Fragen des Ausdrucks, des Tempos, der rhythmischen Gestaltung ging.

Als diese »kleine Sang- und Klanggesellschaft« einmal unterbrochen werden mußte, meinte Goethe: »Ich verlor dabei sehr viel«[18], und der mit ihm befreundete Kanzler von Müller berichtet: »Sein ganzes Herz schien daran zu hängen.«[19] Nach dem Tode seiner Frau Christiane (1816) hörte das regelmäßige Musizieren in seinem Hause auf. Nicht nur für Goethe, auch für das Musikleben in Weimar war dies ein Verlust.

Goethe aber nahm bis ins hohe Alter dankbar Gelegenheiten wahr, Musiker zu hören: den tüchtigen Bachspieler Schütz aus Berka[20], den außergewöhnlichen Pianisten Hummel, die Sänger Moltke und Genast, die Sängerinnen Caroline Bardua, Henriette Sontag[21] und Wilhelmine Schröder-Devrient, die Pianistinnen Caroline von Pentheler und Clara Wieck, den »Teufelsgeiger« Paganini[22] und andere mehr. Nicht zu vergessen Zelter und seinen berühmten Schüler Felix Mendelssohn Bartholdy[23], dessen Besuche dem alten Goethe außerordentliche Freude gemacht haben. Der junge Felix entzückte Goethe durch seine Anmut und Genialität. Er spielte ihm auf dem Flügel vor, oft über Stunden, Bachsche Fugen und viel klassische und »neuere« Musik.

Dabei ging es Goethe nicht nur um den Genuß der Musik, sondern auch um ihr besseres Verstehen, um Einblicke in ihre historischen Bedingungen, in ihre Formen und Ausdrucksmittel. Schon in Italien waren ihm musiktheoretische Einsichten wichtig gewesen. Seitdem waren Fragen dieser Art nie ganz verstummt. »Vergnügen und Nutzen, Anwendung und Fortschreiten in eins verbunden«, das bot ihm seine Hausmusik. Musikgenuß und -kenntnis wollte er auch andern vermitteln; gern ließ er aus seinen Hauskonzerten solche Werke öffentlich aufführen, »welche zu hören das Publikum sonst keine Gelegenheit findet und woran jeder Gebildete sich wenigstens einmal im Leben sollte erquickt und erfreut haben«.[24]

Von diesen musiktheoretischen Bemühungen, dem dritten Aspekt, zeugen neben dem Briefwechsel mit Zelter seine »Tonlehre«, die Goethe parallel zur »Farbenlehre« entwarf, und Nebenarbeiten wie seine Übersetzung von Diderots »Rameaus Neffe« aus dem Französischen mit Goethes ausgezeichneten Anmerkungen zur Musik jener Zeit. Auch bat er gerne darum, ihm »nach historischer Reihe« vorzuspielen; denn »was man Genuß nennt«, schwebte bei ihm »immer zwischen Sinnlichkeit und Verstand«. Das letzte Kapitel dieser Sammlung enthält musiktheoretische Beiträge Goethes, von denen er sagte, daß auch sie für ihn eine so angenehme Beschäftigung gewesen seien.

II

Nehmen sich – am Riesenwerk gemessen – Goethes Musikgedanken nicht nur wie Splitter aus, die sich spontan in Augenblicken der Ergriffenheit, meist aber durchaus absichtsvoll abgelöst haben? Aber haben nicht auch die Splitter das unverwechselbar Goethische: Unmittelbarkeit und Gefühlstiefe bis hin zu poetischem Glanz, intuitives Erahnen, Faßlichkeit, auch Verhüllend-Angedeutetes bis hin zum gelegentlich Widersprüchlichen?

Eine geheimnisvolle Macht, unerklärlich im letzten, war ihm die Musik allemal. Noch 1831, ein Jahr vorm Tod, sagte er zu Eckermann: ». . . es geht von ihr [der Musik] eine Wirkung aus, die alles beherrscht und von der niemand imstande ist, sich Rechenschaft zu geben.« Musik ist es und nicht die Botschaft des Osterglaubens, die Faust in der Osternacht zurückreißt vorm selbstgewählten Tod und ihn flehen läßt: »O tönet fort, ihr süßen Himmelslieder! Die Träne quillt, die Erde hat mich wieder!« Auf andere Weise demonstriert die »Novelle« die Macht der Musik: der entsprungene Löwe wird bezwungen durch sanfte Töne, die der Knabe seiner Flöte entlockt, und durch fromme Lieder. Musik, erzeugt von Menschen reinen Sinns, überwältigt das gefürchtete Tier, wie es auch der Prophet Daniel in der Löwengrube oder der Sänger Orpheus erfahren haben, um an alte Paradigmen für die außerordentliche Wirkung von Musik zu erinnern. Musik, eine »dämonische Macht« auch, der »kein Verstand beikommen kann«. Ihre großen Schöpfer – Goethe nennt Mozart – und ihre großen Interpreten – er nennt Paganini und Hummel – sind, so Goethe, von Dämonen geleitet, die entgegen gängigem Verständnis gute Mächte sind und sich in »durchaus positiver Tatkraft« äußern. Vor allem in Musikern sieht Goethe sie am Werke. Eine erstaunliche Hochschätzung durch einen Dichter, der Musik gerne zu »alleroberst setzen« würde, wenn ihm nicht doch Sprache noch höher stünde.

Daß Musik die älteste aller Künste ist, so Goethe, von der die andern »entspringen« und zu der sie »zurückkehren«, auch das ist Zeichen ihrer Würde. Und obwohl Musik die älteste der Künste ist, veraltet sie, so wiederum Goethe, weniger als die andern Künste, womit er ein ganz wesentliches Merkmal der Musik nennt: überlebt sie doch von allen Künsten die Zeiten am ungeschmälertsten und ist auch als »alte« Musik keineswegs alt.

Nicht minder beeindruckend Goethes Meinung von der

therapeutischen Wirkung der Musik. Heilkraft spricht er besonders dem Gesang zu, dem Wort also, das »innig verschmolzen mit Musik ... alle Seelenleiden aus dem Grunde« heilt. Auch »leise Töne« wirken so, z. B. der »süße Harfenklang« des Alten und »das Flötenspiel durchreisender Musikanten«, dem Wilhelm Meister den wiedergewonnenen innern Frieden zu danken glaubt (»Lehrjahre«). Goethe weiß aber auch um die Steigerung der Erregung, die Musik hervorrufen kann, so zu lesen im Brief an Zelter vom 24. August 1823 und in den Werther-Texten.[25] Das Begriffspaar »Musik und Medizin«, seit der Antike gekoppelt, war in sein Denken und Leben eingewoben: er brauchte Musik zur Aufhellung, als Trösterin in verdrießlicher Lage; er brauchte sie zur Belebung seiner »Imagination«, als Stimulanz in weniger fruchtbaren Zeiten. Sein Musikverständnis ist geradezu zentriert auf ihre lebenssteigernde Wirkung. So hat Goethe ahnungsvoll praktiziert und poetisch formuliert, was die Psychotherapie inzwischen längst weiß.

Weil Musik dem Menschen so wohltut, schien sie Goethe wichtig in der Erziehung. In der Pädagogischen Provinz der »Wanderjahre« ist Musik und vor allem Gesang Grundlage und Ausgang *aller* erziehenden und bildenden Bemühungen, Gesang in Gruppen, durchsetzt von Wettstreit, Tanz, Instrumentenspiel. Eine Erziehungsutopie? Dem Homo faber unserer Tage mag das so scheinen; er zeigt damit seine unendliche Ferne von einer Gesellschaft, die Musik tätig in ihr Leben integrierte, um ihre »sinnliche und sittigende Kraft« zu genießen.

Auch ihrer geselligen Wirkung wegen liebte Goethe Musik; wir würden heute von ihrer gesellschaftlichen Funktion sprechen. Musik als Therapie zur Stabilisierung des einzelnen wie der Gruppe: ». . . wenn sie zusammen sein mußten, so nahm man geschwind seine Zuflucht zur Musik, um alle zu verbinden, indem man jeden sich selbst wiedergab«, lesen wir in »Wilhelm Meisters Lehrjahren«. Aber nicht nur die Zuhörer eint die Musik, sondern auch die ausübenden Musiker: »Wie sind sie bemüht, ihre Instrumente übereinzustimmen, wie genau halten sie Takt, wie zart wissen sie die Stärke und Schwäche des Tons auszudrücken! Keinem fällt es ein, sich bei dem Solo eines andern durch ein vorlautes Akkompagnieren Ehre zu machen . . .«, so wiederum in den »Lehrjahren«. In der Notwendigkeit, ein dem Ganzen dienendes harmonisches Zusammenwirken zu erreichen, sah Goethe einen glücklichen Vorzug der Musiker vor andern Künstlern.

Die »kleine Singanstalt«, wie er seine Hausmusik gern nannte, war als geselliges Zusammensein angelegt. Ausdrücklich rühmt er in den Annalen von 1808 den »höchst erfreulichen Anklang«, den sie dem geselligen Leben gab. Daher sein energisches Bemühen, seine Enkel, deren Erziehung ihm sehr am Herzen lag, früh in die »höchst gesellige Region der Musikfreunde« einzuführen. Daher sein oft geäußertes Bedürfnis nach Musik, ist sie doch das »unschuldigste und angenehmste Bindungsmittel der Gesellschaft«.

Tisch- und Abendgesellschaften in seinem Hause bereicherte er gern durch Musik, meist durch mehrstimmige Gesänge.

Beglückend erschien Goethe auch die Wirkung des Rhythmus, war er ihm doch etwas »Zauberisches«, das den Menschen erhöht und verwandelt, »Schritt und Tanz, Gesang und Jauchzen« in ihm weckt. So enthusiastisch hat sich noch der fast Achtzigjährige geäußert, fürchtete aber in eben diesem Alter Tanzexzesse – überraschend genug für einen begeisterten Tänzer, der er in guten Jahren war –, wenn »ein nach sittig-galanter Polonaise aufgespielter Walzer die sämtliche Jugend zu bacchischem Wahnsinn hinreißt«. Spricht hier der einsame alte Mann? Oder der Erzklassiker, dem alles Gestaltlose zuwider war?

*

Besonders auffallend ist Goethes ganz entschiedene *Bevorzugung der vokalen Musik*. In der »Tonlehre« sagt er ohne Umschweife, daß die Menschenstimme *über* den Instrumenten stehe, diese seien nur ein Surrogat derselben. Poetisch heißt es in »Wilhelm Meisters Lehrjahren«: »Das Instrument sollte nur die Stimme begleiten; denn Melodien, Gänge und Läufe ohne Worte und Sinn scheinen mir bunten Schmetterlingen oder schönen bunten Vögeln ähnlich zu sein, die in der Luft vor unsern Augen herumschweben, die wir allenfalls haschen und uns zueignen möchten; da sich der Gesang dagegen wie ein Genius gen Himmel hebt und das bessere Ich in uns ihn zu begleiten anreizt.«

Mit dieser Auffassung, die der Instrumentalmusik zwar den Reiz des Sinnlich-Schönen, der Vokalmusik dagegen existentiellen Wert zuerkennt, steht Goethe in einer seit der Antike geltenden Tradition, die in der Vokalmusik die eigentliche Musik sah. Nach Plato sind Harmonie, Rhythmus und Logos (d. h. Sprache als Ausdruck menschlicher Vernunft) die drei Grundelemente der Musik. Musik ohne Sprache galt seitdem und bis ins 17./18. Jahrhundert hinein als reduzierte, in ihrem Wesen geschmälerte Musik. In Goethes Zeit, etwa um 1790, wandelte sich dieser Musikbegriff fundamental, indem allmählich die vom Wort gelöste, die absolute Musik gleichwertig neben die Vokalmusik trat; im 19. und 20. Jahrhundert erfuhr jene Musik eine außergewöhnliche Entfaltung.

Was hat Goethe in Weimar von ihr erfahren – fernab von den damaligen Musikzentren Wien, Paris, London, Berlin? Auch stand er damals bereits in der zweiten Hälfte seines Lebens, war durch Jahrzehnte aufs engste mit Vokalmusik verbunden: als Operndirektor, als Initiator seiner Hausmusik, als Dichter, der sich unermüdlich um Vertonungen seiner Texte bemühte. Sicher: er hat Haydn gehört, aber vor allem seine Messen und Oratorien, also ans Wort gebundene Musik. Er hat Mozart gehört und schätzte dessen

Opern über alles, wiederum ans Wort gebundene Musik. Er hat Beethoven gehört, von ihm auch Klaviermusik, er hat sie ihm selbst 1812 im böhmischen Teplitz vorgespielt, »köstlich«, wie Goethe im Tagebuch vermerkt. Aber Faszination auf Dauer hat Beethovens instrumentale Musik in Goethe nicht ausgelöst. Als Mendelssohn ihm, dem Achtzigjährigen, den ersten Satz der fünften, der Schicksalssymphonie, am Klavier vorspielt, drückt er Bewunderung und Abwehr zugleich aus. »Über dem Niveau der menschlichen Empfindungen« erschienen ihm sogar die Kompositionen des von ihm so geliebten jungen Mendelssohn: »Man kann solchen Sachen aus eigenem Geist und Herzen nichts mehr unterlegen . . .«, äußerte er sich Eckermann gegenüber, als sie ein Quartett von Mendelssohn hörten, und meinte weiter: »Doch das Allegro hatte Charakter. Dieses ewige Wirbeln und Drehen führte mir die Hexentänze des Blocksbergs vor Augen, und ich fand also doch eine Anschauung, die ich der wunderlichen Musik supponieren konnte.«

Überdeutlich wird hier: Goethe suchte auch in der Instrumentalmusik eine Anschauung, ein Bild, einen faßlichen Sinn, einen Gehalt, wie er in der Vokalmusik durch den Text gegeben ist. Es sei denn, Instrumentalmusik habe eine andere Qualität: sie rühre an seine Empfindung, sie treffe sein Gemüt, sie bewege etwas in ihm. Das war eher der Fall, wenn sie von nur wenigen Instrumenten gespielt wurde; seine Vorliebe für kleine Besetzungen, insbesondere für das Streichquartett, ist bekannt.

Auch die Steigerung der technischen Perfektion in der »neueren« Musik sah Goethe nicht ohne Bedenken, fürchtete er doch den Verlust an Seele und an Sinn. Mit leiser Geringschätzung spricht er in Briefen an Zelter von jungen Musikern als von den »neueren Technikern«. Seine Irritation durch Paganinis singuläre Virtuosität hat wohl auch hier ihren Grund. Sie hat ihn, den Achtzigjährigen, nicht daran gehindert, diese Musik als etwas »Meteorisches«, als

»Flammen- und Wolkensäule« anzuerkennen. Und es reizte ihn, dies Wunder an technischer Vollkommenheit aus natürlichen Bedingungen, eben den physischen Besonderheiten Paganinis, zu erklären.

Und doch hat Goethe wenigstens der Idee nach der Instrumentalmusik, wie sie sich in der zweiten Hälfte seines Lebens so machtvoll entfaltete, seine Zustimmung nicht versagt. In den Anmerkungen zu seiner Übersetzung von »Rameaus Neffe« (1805) äußert er sich zur zeitgenössischen Musik, beschreibt die »gefällige«, sinnlich-schöne Musik der Italiener, die »ernstere«, »Sinn, Empfindung, Leidenschaft« ausdrückende der Deutschen, Franzosen und aller Nordeuropäer, sieht das Ideal in der Vereinigung beider Richtungen und drückt die Überzeugung aus, daß diese Vereinigung »sich in den besten Arbeiten der besten Meister finde und notwendig finden müsse«. Das ist in nuce Goethes Musikbegriff, ein klassisch idealistischer: Durchdringung von formschöner *und* bedeutungsvoller Musik, von sinnlich-schönem Formenspiel *und* Seelen- und Geistessprache, von Sinnlichkeit *und* Faßlichkeit, von Form *und* Gehalt. Denn »sie [die Musik] ist ganz Form und Gehalt«, und ihre Würde besteht darin, daß sie »keinen Stoff hat, der abgerechnet werden müßte«, eine Idealkunst an sich also, die reine Instrumentalmusik.

Aber: in seiner Musikpraxis und in seinem Musikdenken gehörte seine ganze Liebe der vokalen Musik und hier – wie könnte es anders sein – dem Lied. Äußerungen zur Instrumentalmusik sind bei ihm ganz selten, die erstaunliche Ausnahme ist Johann Sebastian Bach. Immerhin gesteht er den Instrumenten, die zwar »unter der Menschenstimme stehen«, zu, daß sie letzterer »gleichgehoben werden durch gefühlte und geistreiche Behandlung«. Man bedenke die Reihenfolge der Attribute!

In der *Vokalmusik* glaubte Goethe vor allem seine Gedichte gut aufgehoben, erhoffte er doch, ihnen durch Verbindung mit Musik Verbreitung und damit Wirkung und Dauer zu geben. Seine Ansprüche an den Komponisten waren nicht gering, wünschte er doch dessen Identifizierung mit dem Dichter, so daß »dieser seine Intentionen ganz aufs neue wieder hervorgebracht fühlen mag«. Gleichgewichtung von Wort und Ton, eher eine gewisse Vorrangigkeit des Wortes, das ja sinngebend ist und dem sich die Begleitung anzupassen habe, damit sie die Melodie nicht übertöne – das sind Kriterien seiner Liedauffassung. Dazu gehört seine unbeirrbare Zustimmung zum Strophenlied; fürchtete Goethe doch im durchkomponierten Lied eine Überwucherung des Gedichts durch die Musik.

Zur Zurückhaltung der Musik, die Goethe im Lied für angemessen hielt, gehört auch seine Forderung, auf naturalistische Tonmalerei zu verzichten. »Den Donner in Musik nachzuahmen, ist keine Kunst, wohl aber würde der Musiker, der das Gefühl in mir errege, als wenn ich donnern hörte, sehr schätzbar sein«, antwortete er dem Liederkomponisten Adalbert Schöpke, der wissen wollte, was er denn im Lied »malen« dürfe. Was Tonmalerei im idealen Sinne sein sollte, kann kaum gültiger gesagt werden. Goethe äußert hier einen Grundgedanken der klassischen Ästhetik: Die Welt der Erscheinungen dürfe nicht realistisch wiedergegeben werden, ihr höheres Sein und damit Sinn und Gehalt der realen Erscheinungen solle ausgedrückt werden. Mit Bezug auf Musik spricht Goethe hier »von einer Art Symbolik fürs Ohr, wodurch der Gegenstand, insofern er in Bewegung oder nicht in Bewegung ist, weder nachgeahmt noch gemalt, sondern in der Imagination auf eine ganz eigene und unbegreifliche Weise hervorgebracht wird . . .«. Eine solche symbolische Tonsprache rühmte Goethe an einigen von Zelters Liedern, so an »Johanna Sebus«. – An der Zustimmung zu Zelters Vertonungen, die durch einige Jahrzehnte allenthalben in Goethes Umkreis gesungen wurden und ihn oft beglückten, hielt er fest, auch als die neue Musikergeneration längst zum durchkomponierten romantischen Stimmungslied gelangt war.

Anders als im Lied sah Goethe das Wort-Ton-Verhältnis im musikalischen Bühnenstück: hier gab er der Musik den Vorrang vorm Wort. Widersprüchlich sind seine Ansprüche ans Libretto; sie reichen vom Hinnehmen ihrer völligen Bedeutungslosigkeit »nach dem edlen Beispiel der Italiener« bis zur Forderung eines dramatisch-bewegten und sinngebenden Textes. Seine eigenen Singspiel- und Operntexte sah er als »Nebenwerke« an, leicht hingeworfen. Aber »der Geist der Poesie weht auch hier unmittelbar uns an«, so Hugo von Hofmannsthal.[26]

Am eindrucksvollsten entwickelte Goethe seine Vorstellung von der Durchdringung von Wort und Ton auf dem Theater in »Faust II«. So in der klassischen Walpurgisnacht und in den Szenen, die in der kaiserlichen Pfalz spielen. Musik ist schon in Versen dieser Szenen anwesend, wird assoziiert, die Gestalten führen feierlich-mimische Tänze auf und

> So wie sie wandeln, machen sie Musik.
> Aus luftgen Tönen quillt ein Weiß-nicht-Wie,
> Indem sie ziehn, wird alles Melodie.
> Der Säulenschaft, auch die Triglyphe klingt,
> Ich glaube gar, der ganze Tempel singt.
>
> *Faust II, 1. Akt, Rittersaal*

Hat Goethe in solchen Szenen, deren Vertonung er ersehnte, etwas vom Gesamtkunstwerk des 19. Jahrhunderts vorweggenommen? Sicher nicht im musikdramatischen Sinne Richard Wagners. Aber das Zusammenwirken von Handlung, Sprache, Musik, Gesang, Bewegung, Tanz, Gestik, Malerei und Dekoration sollte nach Goethes Vorstellung ein großartiges Ganzes, ein wahres Fest ergeben.

Einen beachtlichen Teil der vokalen Musik machte zu Goethes Zeiten die *musica sacra* aus. Mit ihr von Kindheit an vertraut, schätzte er sie überaus. Er war überzeugt, daß der religiöse Kultus sie nicht entbehren könne, da sie höhere Gefühle im Menschen wecke, einen »Vorschmack der Seligkeit« gebe und »den Menschen seine Gottähnlichkeit empfinden« lasse – so in den »Bekenntnissen einer schönen Seele« (6. Buch der »Lehrjahre«), die seine Begegnung mit pietistischer Frömmigkeit widerspiegeln. Auch später ist geistliche Musik ihm mehr als Erbauung und Erweckung frommer Gefühle; sie ist Medium der Transzendenz und unmittelbarer Ausdruck des Göttlichen.

Einige Stücke der musica sacra schätzte er besonders, dazu gehörten Bachs Choräle, Händels »Messias«, die Hymne »Veni creator spiritus« und Messen von Haydn und Mozart. In seiner Hausmusik spielte geistliche Musik eine zentrale Rolle; mit ihr begann man, und das war wohl mehr als eine Einstimmung; Goethe mochte ohne sie nicht auskommen. Sein Tagebuch verzeichnet mehrstimmige geistliche Gesänge: Kantaten, Psalmen, Motetten, Stücke aus Messen und als bevorzugte Komponisten Gluck, Händel, Jomelli, Haydn, Mozart. Als es keine regelmäßige Hausmusik mehr bei ihm gab, wünschte er wenigstens »einen Abglanz« von Zelters Berliner Singakademie und bat den Freund um »eine wahrhaft Zelterische Komposition« des »Veni creator spiritus«, »damit solche jeden Sonntag vor meinem Hause chormäßig möge gesungen werden« (12. April 1820). Geradezu symbolisch will es scheinen, daß Goethes einziger Kompositionsversuch einem religiösen Text galt, dem Psalm »In te, Domine, speravi«. Er schrieb ihn 1813 »bei besonderen innern und äußern Bedrängnissen« während eines Badeaufenthalts in Böhmen, sich des Wagnisses, des »eignen Nachtwandelns« durchaus bewußt. Die vierstimmige Aufzeichnung ist nicht erhalten.

Im Gegensatz zu Ernst und Würde der »heiligen« Musik wünschte Goethe die »profane« Musik durchaus heiter – ein ganz wesentlicher Zug seines Musikverständnisses.

Selbst der »neueren« Musik konnte er seine Zustimmung nicht versagen, wenn sie heiter, anmutig, aufregend (im Sinne von anregend) war, wenn sie Spannungen löste und Harmonie bewirkte. Daher spielten in seiner Hausmusik die »heiteren und scherzhaften Sachen« neben der geistlichen Musik eine wichtige Rolle. Oft bat er Zelter um »liebliche Melodien«, die »ergötzen und erquicken« sollten. Für dessen Liedertafel schrieb er gern Scherze und Erheiterungen und bat den Freund um Mitteilung, welche Art von Gedichten seinen Gästen »am meisten ohret. Wenn man das weiß, so kann man den Freunden allerlei Späße machen.«

Sagten Zelters Vertonungen Goethe auch darum zu, weil sie seinen geselligen Intentionen entgegenkamen?

*

Ein paar Anmerkungen noch zu Goethes Verständnis für einige Große im Reich der Musik. So für *Johann Sebastian Bach*[27], obgleich Goethe nur wenig von ihm gehört hat: Präludien und Fugen aus dem Wohltemperierten Klavier, Sonaten, Choräle, wahrscheinlich etwas Orgelmusik. Vermittler war vor allem der Organist Schütz in Bad Berka. Goethe war damals bereits im 7. Lebensjahrzehnt. »Bei vollkommener Gemütsruhe und ohne äußere Zerstreuung« hörte er ihm zu, manchmal stundenlang. »Ich lege mich ins Bett und lasse mir von unserem Bürgermeister-Organisten in Berka Sebastiana vorspielen«, hat er Zelter mitgeteilt; der antwortete: »So ist er, er will belauscht sein.« Durch Jahre hindurch fanden – laut Tagebuch – diese »Bachstunden« statt. Jahre später hat auch Mendelssohn ihm Bachsche Fugen und Sonaten vorgespielt.

In Bildern macht Goethe sinnfällig, was Bachs Fugen in ihm weckten; er verglich sie mit »illuminierten mathematischen Aufgaben«, deren Themen »so großartige poetische Resultate hervorbrächten«. Ihn bewegte der hohe geistige

Gehalt dieser Musik. Zelter gestand er, wie die Bachschen Fugen ihn trafen: »Ich sprach mir's aus, als wenn die ewige Harmonie sich mit sich selbst unterhielte, wie sich's etwa in Gottes Busen, kurz vor der Weltschöpfung, möchte zugetragen haben, so bewegte sich's auch in meinem Innern . . .«[28]

Goethe hat so etwas wie eine eigene einsame Bachrenaissance geleistet, und dies bei einem schmalen Fundus Bachscher Musik und viele Jahre bevor Bach wiederentdeckt wurde und am Rande dieser Bewegung, an der allerdings seine Freunde entscheidenden Anteil hatten: Zelter und Mendelssohn in Berlin und Friedrich Rochlitz in Leipzig. Goethes Verständnis für den »Großmeister«, gewachsen in intensivem Hören, ist Zeugnis für seine Genialität im Erfassen »unvergänglicher« Musik.

Zu *Mozart*[29] hat sich Goethe in längerem Bemühen hingearbeitet und sich dann rückhaltlos zu ihm bekannt. Seiner intensiven Hinwendung zu Mozarts Opern – insgesamt 280 Aufführungen fanden unter seiner Regie in Weimar statt, ein eklatantes Bekenntnis zu Mozart –, dieser Hinwendung entsprechen Goethes Urteile über Mozart. Er stellt ihn auf eine Stufe mit Großen andrer Künste und andrer Zeiten wie Michelangelo, Raffael, Shakespeare. Wie jenen spricht er Mozart fortwirkende Dauer und höchste Genialität zu, und dies zu einer Zeit, in der Mozarts Bedeutung noch keineswegs allgemein erkannt war. Auch Goethes lange verfolgtes und geliebtes Projekt einer »Zauberflöte II. Teil«, dessen Libretto bis in den 2. Akt gediehen war, ist beredtes Zeugnis seiner Hommage à Mozart.

Als Goethe *Beethoven*[30] kennenlernte, war er über 50 Jahre alt; Beethoven, mehr als 20 Jahre jünger, gehörte einer neuen Generation an, die mit Macht in die Romantik strebte. Alters-, Mentalitäts- und Temperamentsunterschiede haben die schwierige Beziehung mitbestimmt. Sie sollte in zweifacher Hinsicht gesehen werden: einmal die menschliche Beziehung der beiden so gegensätzlichen Naturen, zum andern Goethes Urteil über Beethovens Musik.

Im persönlichen Verhältnis und auch im spärlichen Briefwechsel, der Beethovens enthusiastische Verehrung Goethes ausdrückt, ist die von Beethoven so heiß ersehnte Annäherung nicht erfolgt. Goethes Vorbehalte waren groß gegen die »neuere« Kunst, die er zwar als »elementar« und »zum Rasendwerden, schön und toll zugleich« empfand, vor der er aber im letzten zurückschrak, fürchtete er doch, von ihr psychisch überwältigt zu werden.

Aber: Beethovens Musik hat Goethe aufs höchste da geschätzt, wo sie sich mit seinen Werken, mit dem Wort, verband; so die Musik zum »Egmont«: »Beethoven ist mit bewundernswertem Genie in meine Intentionen eingegangen . . .«, und in Vertonungen seiner Gedichte: »Beethoven hat darin Wunder getan.«

Auch hat Goethe die im Gehörleiden mitbegründete Tragik in der Existenz Beethovens gespürt, als er meinte, daß dessen Taubheit »vielleicht dem musikalischen Teil seines Wesens weniger als dem geselligen schadet«. Was die Tonpsychologie heute weiß, nämlich daß fast alles auf das innere Hören ankommt und nur wenig auf die äußeren Klangeindrücke, hat Goethe hier vorweggenommen.

*

Auch Goethes *theoretische Beiträge zur Musik* zeugen für sein umfassendes Interesse an der Musik, hier an ihren psychologischen, physikalischen und physiologischen wie an ihren historischen und formalen Erscheinungen. *Für sich* wollte Goethe Ordnung bringen in die Fülle der Musikwelt; zu mehr fühlte er sich nicht berufen, »schnoperte« er doch nur an den Grenzen des Tonreichs herum, wie er Zelter einmal gestand.

Hartnäckig in der Sache, liebenswürdig im Ton, hat

Goethe in der Bewertung des *Mollgeschlechts* so etwas wie Neuland für seine Zeit erschlossen, wenn auch ohne jede Breitenwirkung. Denn Zeitgenossen unter den damaligen »theoretischen Musikhansen«, auch Zelter, vertraten die im mitteleuropäischen Raum seit dem Barock geltende Auffassung von der Dominanz des *einen* Durgeschlechts, von dem das Mollgeschlecht abgeleitet sei. Goethe aber sah im Mollgeschlecht ein ebenso eigenständiges donum naturae wie im Durgeschlecht und in der Existenz der *beiden* Tongeschlechter das alles durchdringende Polaritätsgesetz wirksam: These und Antithese, Diastole und Systole, Trennen und Zusammenstreben. Er hat endlich sogar den Durmonisten Zelter überzeugt.

Die »*Tonlehre*«[31] ist im Gegensatz zur »Farbenlehre« ein stichwortartiger Entwurf geblieben, dessen Unfertigkeit sich Goethe durchaus bewußt war. Auch hier war sein Interesse auf die anthropologische Seite der Musik gerichtet: Musik als Kraft, die »sich aus und an dem Menschen selbst . . . offenbaret, hervortritt in der Stimme, zurückkehrt durchs Ohr, aufregend zur Begleitung den ganzen Körper und eine sinnlich-sittliche Begeisterung und eine Ausbildung des innern und äußern Sinnes bestimmend«. Auch hier also im dürren Versuch einer Zusammenschau der Wirkungen von Musik ist sein Denken auf deren innigen Zusammenhang mit dem leiblich-seelischen Sein des Menschen gerichtet.

*

Nach allem, was hier über Goethes Musikverständnis gesagt worden ist, die Frage: Ist dieses wirklich so konservativ, ja reaktionär, wie man es in der Vergangenheit gehört hat und gelegentlich auch heute noch hört?

Sicher: Goethe hat sein Musikverständnis selbst bescheiden bewertet: er könne Musik nicht beurteilen, da er zu wenig von ihr wisse, er könne nur von ihrer Wirkung sprechen, wenn er sich ihr rein und wiederholt überlasse, hören wir öfter von ihm. Damit hat er wohl selbst dazu beigetragen, daß ihm Urteilsfähigkeit in Musikfragen nicht recht zugestanden wurde. Seine Bemühungen um Zusammenarbeit mit Musikern brachten wenig, wie wir hörten. Von der späten Klassik und der Romantik hat er in der Weimarer Provinz nur wenig erfahren. Die Weimarer Musikpraxis war, gemessen an damaligen europäischen Musikzentren, in der Tat bescheiden, wenngleich liebevoll gehegt. Goethes Klagen über seine »Fischumgebung« sind Ausdruck dieses permanenten Mangels.

Dem stehen Goethes Gedanken über Musik gegenüber. Wenn ihnen denn eine Tendenz eigen ist, dann wohl die des Klassischen, und dies nicht in einem elitär-erhabenen, sondern in einem kraftvoll-lebendigen Sinn, der das Gültige und Gediegene bewahren möchte. Dafür zeugen z. B. seine Bevorzugung von »alter« Musik und von Musikern wie Händel, Gluck, Bach, Haydn, Mozart; seine Vorliebe für überschaubare, Harmonie bewirkende Strukturen: Bachs Fugen, die geraffte kleine Welt des Liedes, das Streichquartett; seine Zustimmung zum Gesetzmäßigen in der Musik und sein Respekt vorm handwerklichen Können, das ihm in der Musik besonders wichtig erschien; seine Forderung, die Grenzen von musica sacra und profaner Musik nicht zu verwischen; seine Verweisung naturalistischer Tonmalerei; seine Skepsis gegen die Zunahme technischer Perfektion und übersteigerten Virtuosentums; seine Reserve gegen das Lamentable, Schwache, Zerfließende, Unruhige und allzu Expressive, das er in der »neuern«, der romantischen Musik kommen fürchtete; schließlich seine Grundforderung: Musik müsse Herz *und* Geist, Sinne *und* Verstand erreichen, um »faßlich« zu sein.

Das Klassische in Goethes Musikverständnis sollte auch sehr weit gefaßt werden. Denn wenn Goethe die im letzten unerklärbaren Wirkungen der Musik, der »Himmlischen«, bedenkt; wenn er in Musik und Musikern das »Dämonische« in besonderem Ausmaße wirksam glaubt; wenn er sich der Sehnsucht, die sich im Moll ausdrückt, zu Zeiten gerne hingibt; wenn er die Kantilene als »Fülle der Liebe und jedes leidenschaftlichen Glücks verewigend« deutet; wenn er den Gesang über alles stellt; wenn er die zauberische Wirkung des Rhythmus preist; wenn Musik ihm Ausdruck Gottes und dessen »schönste Offenbarung« ist: dann liegt darin eine Weite und Tiefe im Fühlen und Denken, die sich nicht auf einen engen Begriff des Klassischen festlegen lassen.

Noch eines wird deutlich: Goethes Musikgedanken und seine karge Musikpraxis klaffen auseinander; stehen doch seine Musikgedanken auf einer ganz anderen Ebene, was ihre Bedeutung angeht. Dies ist m. E. lange übersehen worden, wenn Goethes Musikverständnis zur Frage stand. Man rühmte seine Empfänglichkeit für Musik; man beschrieb seinen vielfältigen Umgang mit Musik und Musikern; man wußte, daß Musik Geltung und Würde in seinem Leben hatte. Aber seine oft in einsamer Versenkung gefundenen Einsichten wurden nicht als das erkannt und gewürdigt, was sie sind: tiefgefühlte, faßlich-vernünftige, z. T. große und gültige Gedanken über Musik.

Und doch war Goethe alles Denken über Musik – soviel »Köstliches« ihm auch dabei gekommen ist – ein »sehr ernstes Surrogat«. Oft hat er gesagt, daß Musik gespielt, gesungen und unmittelbar gehört werden müsse, daß alles Reden darüber eine »böse Unterhaltung« sei. Musikgenuß dagegen war ihm ein »schöner Teil des Lebensgenusses«, ein »herrlicher« Genuß, ein »großer und unschätzbarer Genuß«, der »höchste und schönste Genuß«, ein »Genuß, der wie alle höhren Genüsse den Menschen aus und über sich selbst, zugleich auch aus der Welt und über sie hinaus hebt«, so in Briefen an Zelter. Auch Freunden wie Schiller und Knebel gegenüber preist Goethe den Genuß, den Musik, dies »herrliche Kunst- und Naturelement« [Annalen 1816] ihm gab. Und er weiß, daß ihm »ein Drittel des Lebens fehlt, da er jenen großen Genuß in Begriff und Wort zu verwandeln gezwungen« ist, wie er am 2. Mai 1820 Zelter antwortet, als der ihm über ein Berliner Konzert berichtet hatte.

Das sind wohl Liebeserklärungen Goethes an die Musik, des *Nichtmusikers* Goethe, dem Musik Sinnenbedürfnis, Seelenbedürfnis, Denkbedürfnis, Lebensbedürfnis war.

Anmerkungen zum Nachwort

Der Quellennachweis für Goethes Aussagen im Nachwort findet sich in den folgenden Anmerkungen nur dann, wenn er sich weder aus dem Textzusammenhang ergibt noch sich in der Sammlung selbst findet.

1 Riemer, Friedrich Wilhelm, Briefwechsel zwischen Goethe und Zelter. Berlin 1833, Bd. 1, S. VI.

2 Ausgewählte bibliographische Hinweise zum Thema »Goethe und die Musik« in chronologischer Reihenfolge:

Hiller, Ferdinand, Goethes musikalisches Leben. Köln 1883.

Frimmel, Theodor, Beethoven und Goethe. Wien 1883.

Friedlaender, Max, Goethes Gedichte in der Musik. In: Goethe-Jahrbuch 17 (1896), S. 176-194.

Nagel, Willibald, Goethe und Beethoven. Langensalza 1902.

–.–, Goethe und Mozart. Langensalza 1904.

Moser, Hans Joachim, Goethe und die musikalische Akustik. In: Festschrift für R. v. Liliencron. Leipzig 1910, S. 138-172.

Bode, Wilhelm, Die Tonkunst in Goethes Leben. 2 Bände, Berlin 1912.

Hackmann, A., Goethes musikalisches Leben. In: Bayreuther Blätter 1913.

Friedlaender, Max, Goethe und die Musik. In: Jahrbuch der Goethe-Ges. 3 (1916), S. 275-340.

–.–, Gedichte Goethes in Kompositionen. 2 Bde. = Schriften der Goethe-Ges. 11 (1896) und 31 (1916).

Abert, Hermann, Goethe und die Musik. Stuttgart 1922.

Roland, Romain, Goethe et Beethoven. Deutsch in: Jahrbuch der Sammlung Kippenberg 7 (1927/28), S. 9-74.

John, Hans, Goethe und die Musik. Langensalza 1928.

Nohl, Walter, Goethe und Beethoven. Regensburg 1929.

Müller-Blattau, Joseph, Zur Musikübung und -auffassung der Goethezeit. In: Euphorion 37 (1930).

Moser, Hans Joachim, Goethes Anschauungen vom Wesen der Musik. In: Teubners Neue Jahrbücher 1932.

Katalog von Goethevertonungen. Leipzig: Breitkopf & Härtel 1932.

Küchler, Ferdinand, Goethes Musikverständnis. Zürich 1935.

Blechenschmidt, K., Goethe in seinen Beziehungen zur Oper. Frankfurt/M. 1937.

Benz, Richard, Goethe und Beethoven. Leipzig 1944.

Blume, Friedrich, Goethe und die Musik. Kassel 1948 (Wiederabdruck in: Blume, Syntagma musicologicum. Gesammelte Reden und Schriften. Hg. von Martin Ruhnke. Kassel 1963, S. 757-813).

Moser, Hans Joachim, Goethe und die Musik. Leipzig 1949.

Reich, Willi (Hrsg.), Goethe und die Musik. Aus den Werken, Briefen und Gesprächen dargestellt von W. R. Zürich 1949.

Fisch, Samuel, Goethe und die Musik. Frauenfeld 1949.

Smend, Friedrich, Goethes Verhältnis zu Bach, Berlin und Darmstadt 1956.

Blume, Friedrich, Johann Wolfgang von Goethe. In: Die Musik in Geschichte und Gegenwart. Allgemeine Enzyklopädie der Musik. Bd. 5. Kassel 1956, Sp. 432-457 (Wiederabdruck in: Blume, Syntagma musicologicum. Gesammelte Reden und Schriften. Hg. von Martin Ruhnke. Kassel 1963, S. 735-757).

Wiora, Walter, Goethes Wort über Bach. In: Hans Albrecht in memoriam, Gedenkschrift mit Beiträgen von Freunden und Schülern, Kassel 1962, S. 179-191.

Müller-Blattau, Joseph, Goethe und die Meister der Musik, Stuttgart 1969.

3 Unbeachtet blieb z. B. der lange Bericht des damals 17jährigen R. v. Beyer, eines Zelter-Schülers, der 1820 in Berka beim Organisten Schütz Goethe begegnete; sein Enkel Rudolf Schade hat 1930 die Erinnerungen seines Großvaters herausgegeben (Rudolf von Beyer, Meine Begegnung mit Goethe und andern großen Zeitgenossen, Tagebuchblätter, bearbeitet von seinem Enkel Rudolf Schade, Berlin 1930). Die Darstellung bestätigt zwar die Ergriffenheit Goethes beim Anhören geistlicher Musik; dessen Ausführungen über die Bedeutung der Musik für den religiösen Menschen können hier jedoch nicht als authentisch herangezogen werden, da Rudolf Schade nichts über Methode und Grad seiner Bearbeitung der bisher nicht vorgelegten Tagebuchblätter seines Großvaters sagt.

4 Musik in Goethes Elternhaus, siehe dazu Text und Abbildung 1.

5 Corona Schröter, siehe Text und Abbildung 13.

6 Goethe an Zelter, 3. Februar 1831.

7 Erste Vertonung von Goethe-Gedichten, siehe Text und Abbildung 3.

8 Johann André, siehe Text und Abbildung 8.

9 Philipp Christoph Kayser, siehe Text und Abbildung 10.

10 Herzogin Anna Amalia, siehe Text und Abbildung 11.

11 K. Fr. Siegmund von Seckendorff, siehe Text und Abbildung 12.

12 Johann Friedrich Reichardt, siehe Text und Abbildung 23.

13 Carl Friedrich Zelter, siehe Text und Abbildung 25.

14 Goethe, Schriften zur Literatur, 1822.

15 Goethe an den Herzog Carl August, 10. August 1805.

16 Das Weimarer Hoftheater, siehe Text und Abbildung 16.

17 Alfred Orel, Goethe als Operndirektor. In: Jahrbuch der Bayerischen Staatsoper, München 1982, S. 65. Siehe dazu auch Texte und Abbildungen 17 und 18.

18 Goethe, Annalen 1811.

19 Bericht Friedrich von Müllers, 1812.

20 Joh. Heinr. Friedr. Schütz, siehe Text und Abbildung 28.

21 Henriette Sontag, siehe Text und Abbildung 42.

22 Niccolò Paganini, siehe Text und Abbildung 43.

23 Felix Mendelssohn Bartholdy, siehe Text und Abbildung 34.

24 Goethe, Annalen 1810.

25 Lotte am Klavier, siehe Text und Abbildung 6.

26 Hugo von Hofmannsthal, Einleitung zu einem Band von Goethes Werken, enthaltend die Singspiele und Opern. In: Jahrbuch der Bayerischen Staatsoper, München 1982, S. 121.

27 Johann Sebastian Bach, siehe Text und Abbildung 27.

28 In diesem oft gedeuteten Text, liest man ihn weiter (siehe S. 181), skizziert Goethe seine Auffassung von der Entwicklung der Musik von ihren Anfängen an. Ausgehend von kraftvollen Äußerungen wie Bewegung und Gesang bis hin zum Jauchzen über einfachere Musikformen wie Janitscharenmusik und Jodeln erreicht die Musik dann vor allem im Gesang (Kantilene und »harmonischer Chor«) eine hohe Kultur und entfaltet sich hin zu ihrem »göttlichen Ursprung«. Eine Auslotung dieser berühmten Aussage findet sich in: Ernst-Jürgen Dreyer, Musikgeschichte in nuce. Goethes dritte grundsätzliche Äußerung zur Natur der Musik. In: Jahrbuch des Freien Deutschen Hochstifts 1979, S. 170-198.

29 Wolfgang Amadeus Mozart, siehe Text und Abbildung 2.

30 Ludwig van Beethoven, siehe Text und Abbildung 26.

31 In der Musiktheorie ist Goethes Tonlehre bislang wenig beachtet worden. Erst in jüngster Zeit beginnt man, ihre Einbindung in Goethes Weltbild zu versuchen und ihre Bedeutung zu erkennen; siehe dazu vor allem: Ernst-Jürgen Dreyer, Versuch, eine Morphologie der Musik zu begründen, mit einer Einleitung über Goethes Tonlehre, Bonn 1976, und vom gleichen Verfasser: Die Tonmonade, in: Zeitschrift für Musiktheorie 1977-1, S. 4-14.

Quellenverzeichnis

Die Texte dieser Sammlung werden nach der Artemis-Goethe-Gedenkausgabe (Johann Wolfgang Goethe, Gedenkausgabe der Werke, Briefe und Gespräche. Hrsg. von Ernst Beutler. 24 Bde. Zürich: Artemis 1948-1954) mit Band- und Seitenzahl zitiert.

Buchstabenzusätze bezeichnen folgende Ausgaben:

B   Nohl, Walther, Goethe und Beethoven. Regensburg 1929.

G   Goethes Gespräche. Auf Grund der Ausgabe und des Nachlasses von Flodoard Freiherrn von Biedermann ergänzt und herausgegeben von Wolfgang Herwig. 4 Bde. Zürich und Stuttgart: Artemis 1965-1984.

St   Goethes Briefe an Charlotte von Stein. Hrsg. von Jonas Fränkel. 2 Bde. Berlin: Akademie-Verlag 1960.

W   Goethes Werke. Hrsg. im Auftrage der Großherzogin Sophie von Sachsen-Weimar: H. Böhlau. 148 Bde. 1887-1912 (Römische Ziffern nennen die Abteilungen der Weimarer Ausgabe).

Z   Der Briefwechsel zwischen Goethe und Zelter. Hrsg. von Max Hecker. 3 Bde. Leipzig: Insel 1913-1918.

Goethe, Johann Wolfgang von: Insel-Goethe. 6 Bände. Herausgegeben von Emil Staiger, Walter Höllerer, Hans-J. Weitz, Norbert Miller u. a. Leinen in Kassette.
– – Sonderausgabe. Broschiert.
– Jubiläumsausgabe in sechs Bänden. Aus Anlaß des 150. Todestages am 22. März 1982. Gebunden, mit Dekorüberzug.

Einzelausgaben:
– Anschauendes Denken. Goethes Schriften zur Naturwissenschaft in einer Auswahl herausgegeben von Horst Günther. Mit Zeichnungen des Autors. it 550
– Briefe an Auguste Gräfin zu Stolberg. Herausgegeben und mit einem Nachwort von Jürgen Behrens. Mit Abbildungen und Faksimiles. IB 1015
– ›Das Tagebuch‹ Goethes und Rilkes ›Sieben Gedichte‹. Erläutert von Siegfried Unseld. IB 1000
– Dichtung und Wahrheit. Mit Bildmaterial. 3 Bde. in Kassette. it 149/150/151
– – Insel-Bibliothek. Leinen und Leder
– Die erste Schweizer Reise. it 300
– Elegie von Marienbad. September 1823. Faksimile einer Urhandschrift. Herausgegeben von Christoph Michel und Jürgen Behrens. Mit einem Geleitwort von Arthur Henkel. Faksimile und Kommentarband zusammen in Kassette. Leder
– Erfahrung der Geschichte. Historisches Denken und Geschichtsschreibung in einer Auswahl. Herausgegeben von Horst Günther. Mit Zeichnungen des Autors. it 650
– Faust. Erster Teil. Faksimile der Erstausgabe. Leder
– Faust I. Mit Illustrationen von Eugène Delacroix und einem Vorwort von Jörn Göres. it 50
– Faust. Zweiter Teil. Faksimile der Erstausgabe. Leinen und Leder
– Faust II. Mit Federzeichnungen von Max Beckmann. Mit einem Nachwort zum Text von Jörn Göres und zu den Zeichnungen von Friedhelm Fischer. it 100
– Faust. Gesamtausgabe. Leinen und Leder
– Faust. Drei Fassungen. Urfaust. Faust. Ein Fragment. Faust. Eine Tragödie. Herausgegeben mit einem Nachwort von Werner Keller. 2 Bde. it 625
– Frühes Theater. Mit einer Auswahl aus den dramaturgischen Schriften 1771–1828. Herausgegeben und mit einem Nachwort von Dieter Borchmeyer. it 675

Goethe im Insel Verlag

Goethes Leben und Werk in Daten und Bildern. Herausgegeben von
  Bernhard Gajek und Franz Götting unter Mitarbeit von Jörn Göres.
  Mit 517 Abbildungen. Leinen. Sonderausgabe.
Goethe – seine äußere Erscheinung. Literarische und künstlerische
  Dokumente seiner Zeitgenossen. Zusammengetragen von Emil
  Schaeffer. Überprüft und ergänzt von Jörn Göres.
Johann Wolfgang Goethe. Sein Leben in Bildern und Texten.
  Herausgegeben und mit einem Vorwort von Christoph Michel.
  Gestaltet von Willy Fleckhaus. Mit Erläuterungen zu 500 Abbildun-
  gen, einer Chronik und Register. Leinen
Goethe – warum? Eine Auslese aus Werken, Briefen und Dokumen-
  ten. Herausgegeben und mit einem Nachwort von Katharina
  Mommsen. it 759

Romane, Erzählungen, Prosa

Lewis Carroll. Briefe an kleine Mädchen
Aus dem Englischen übersetzt und herausgegeben von Klaus Reichert. Mit Fotografien des Autors. it 172

Miguel de Cervantes Saavedra. Der scharfsinnige Ritter Don Quixote von der Mancha
Mit einem Essay von Iwan Turgenjew und einem Nachwort von André Jolles. Mit Illustrationen von Gustave Doré. 3 Bände. it 109

Adelbert von Chamisso. Peter Schlemihls wundersame Geschichte
Nachwort von Thomas Mann. Illustriert von Emil Preetorius. it 27

Matthias Claudius. Der Wandsbecker Bote
Mit einem Vorwort von Peter Suhrkamp und einem Nachwort von Hermann Hesse. it 130

James Fenimore Cooper. Die Lederstrumpferzählungen
In der Bearbeitung der Übersetzung von E. Kolb durch Rudolf Drescher. Mit Illustrationen von O. C. Darley. Vollständige Ausgabe. 5 Bände in Kassette.
Der Wildtöter · Der letzte Mohikaner · Der Pfadfinder · Die Ansiedler · Die Prärie. – it 760

Alphonse Daudet. Montagsgeschichten
Aus dem Französischen von Eva Meyer. it 649
– Briefe aus meiner Mühle
Aus dem Französischen von Alice Seiffert. Mit Illustrationen. it 446
– Tartarin von Tarascon. Die wunderbaren Abenteuer des Tartarin von Tarascon. Mit Zeichnungen von Emil Preetorius. it 84

Daniel Defoe. Moll Flanders. Herausgegeben und mit einem Essay versehen von Norbert Kohl. it 707
– Robinson Crusoe. Mit Illustrationen von Ludwig Richter. it 41

Deutsche Künstlernovellen des 19. Jahrhunderts
Herausgegeben von Jochen Schmidt. it 656

Charles Dickens. David Copperfield. Mit Illustrationen von Phiz. it 468
– Große Erwartungen. Aus dem Englischen von Margit Meyer. Mit Illustrationen von F. W. Pailthorpe. it 667
– Der Raritätenladen. Aus dem Englischen von Leo Feld. Mit Illustrationen von Cruikshank u. a. it 716